NAGEL & KIMCHE

1. Auflage 2021

© 2021 Nagel & Kimche
in der MG Medien Verlags GmbH, Zürich · München
Satz: im Verlag, gesetzt aus der Adobe Garamond Pro
Umschlaggestaltung: JournalMedia GmbH, München
Druck und Bindung: CPI Books GmbH

ISBN 978-3-312-01206-0
Printed in Germany

VERENA STEFAN

Ein Riss im Stoff des Lebens

MEMOIR

Aus dem Englischen
von Anke Caroline Burger

Mit einer Gedichtübersetzung
aus dem Türkischen
von Christina Tremmel-Turan und Tevfik Turan

NAGEL & KIMCHE

Prolog

Ich verstand nicht mehr, was vor sich ging,
und wie das, was vor sich ging,
mit mir zu tun hatte,
und ob ich es noch mein Leben nennen konnte.

DIONNE BRAND

Du, Krebs

Du bist es also, Krebs. Du bist immer noch da. Du willst fressen. Du bist nicht nur hungrig, du bist gefräßig. Du suchst dir einen Wirtskörper, von dem du dich nährst, einen warmen, lebendigen Körper. Genauer gesagt meinen Körper. Du bist nicht etwas oder jemand, der von außen an mir nagt. Du bist kein Körper, du brauchst einen Körper. Dein Angriff kommt von innen.

Diese überwältigende Tatsachenlage ist schwer zu schlucken. Dabei wollte ich sie nie schlucken. Sprache ist verräterisch.

Ich schreibe das hier im November 2016. Die Welt, in der wir leben, wird von skrupellosen, gierigen, gefräßigen Staatsmännern und -frauen beherrscht, die nichts anderes im Sinn zu haben scheinen, als sich Mutter Erde und das Leben auf ihr einzuverleiben und zu vernichten.

2002 erhielt ich die Diagnose Brustkrebs. Vierzehn Jahre Leben mit Krebs und seinen Tatsachen, verborgenen Tatsachen, Behandlungen. Mittlerweile bin ich Expertin auf dem Gebiet. Je besser ich die verschiedenen Phasen der Krankheit und der herkömmlichen Behandlungsmethoden verstehe, desto besser weiß ich auch, dass Patientinnen und die Menschen, die sie begleiten, viel Übung brauchen, um mit dem fertigzuwerden, was ihnen die Schulmedizin sagt, und welche alternativen Ansätze und spirituellen Heilmethoden noch hinzugezogen werden sollen.

Auf Deutsch sprechen wir bei Metastasierung interessanterweise von einer »Tochtergeschwulst« – das muss wohl bedeuten, dass der ursprüngliche Tumor eine Mutter ist. Das würde heißen, dass Krebs im Allgemeinen als weiblich angesehen wird. Entstammt diese Sichtweise einer Fruchtbarkeits-Idee? Die Primär-Mutter-Geschwulst wird als fruchtbar angesehen, weil sie viele Töchter gebiert. Wird sie als renitentes weibliches Wesen für ihr unkontrolliertes Zellwachstum verurteilt?

Metastasierter Brustkrebs hat meine Lunge, Leber, Risse, Spalten und Brüche in meiner Wirbelsäule und mein Gehirn besiedelt.

Krebs braucht einen Körper, von dem er sich nähren kann. Dieser Körper hat Geschichten zu erzählen.

Krebs. Auf Deutsch bezeichnen wir mit diesem Wort auch Krustentiere. Für mich klingt es noch schrecklicher als *cancer*. Im Berner Dialekt meiner Mutter klingt es noch fürchterlicher: *Chräbs*. Das Wort ist befrachtet mit Erinnerungen an den Darmkrebs meiner Großmutter mütterlicherseits und das Lymphom meiner Mutter. Im Verlauf einer Krankheit entfalten sich Geschichten in Muskeln, Knochen, Faszien, Blutgefäßen, Herz, in Gehirn und Organen, auf der Hautoberfläche, auf inwendigen Geweben, auf Armen und Beinen, in Gelenken, Sehnen, Zehen und Fingern.

Diese Körpergeschichten entfalten sich in linearer Zeit, in konkreten Körperteilen. Etwas kann kaputtgehen, außer Kontrolle geraten, sich zerdehnen, verfärben, bluten oder verbrennen.

Dem folgten Schmerz, ein Pflaster, Pusten, ein Termin mit einer Krankenschwester, einem Heiler, einer Ärztin, die Einwilligung in diese oder jene Behandlung und dann schließlich Besserung und Genesung oder auch nicht.

Man will es hinter sich bringen, die Störung loswerden, zum Alltag zurückkehren, seine Kräfte wiedergewinnen.

Im langen Verlauf der medizinischen Behandlungen bewahrt der Körper eine Menge verschiedener Erinnerungen: an die Folgeerscheinungen der Eingriffe, Verständnisse oder Missverständnisse im Gespräch mit den Ärzten, an das Gefühl, mit seinem Bedürfnis nach Unterstützung und Fürsorge ernstgenommen oder im Gegenteil missachtet, verletzt, unmenschlich oder ungerecht behandelt zu werden.

Parallel zur körperlichen Ebene gehen noch andere Geschichten vor sich. Auf energetischer Ebene ist man vielleicht bereit, Neues aufzunehmen.

Jemand dreht sich zu dir um, sieht dir in die Augen und sagt: Ich habe eine deutsche Osteopathin kennengelernt, ich mache Qi Gong bei X oder Y, ich kennen jemanden, der sich selbst von Knochenkrebs geheilt hat, es gibt eine Gruppe von Heilern, die sich jede Woche treffen und medizinisches Qi Gong und andere Heiltechniken praktizieren. Eure Blicke treffen sich. Ein Lächeln, und in dem Lächeln liegt der Anfang einer neuen Körpergeschichte.

Um welche Methode oder welchen Ansatz es im Einzelnen geht, spielt dabei keine Rolle. Sobald du eine Heilmethode findest, die für dich am besten geeignet ist, die wirklich auf deine Bedürfnisse eingeht und zu deiner derzeitigen Aufnahmefähigkeit passt, wird sich energetisch etwas ändern, wenn du dich für diese Technik oder Methode öffnest. In diesem Augenblick wird sie dir guttun und dir helfen, weiterzukommen und den nächsten heilsamen Schritt zu machen.

Mit dreizehn erkrankte ich an einem rheumatischen Fieber, von dem mein Herz angegriffen wurde. Zwei Monate lang musste ich zu Hause das Bett hüten. Als ich wieder mit dem Klavierunterricht weitermachen konnte, schlug mein Klavierlehrer vor, ich solle Unterricht bei seiner Frau nehmen. Sie war Zen-Buddhistin und bot eine Mischung aus Körperarbeit, Massage, Atmen und Meditation im Sitzen,

Stehen und Gehen an. In ihr lernte ich meine zweite spirituelle Mentorin kennen; der erste war mein Klavierlehrer. Das war im Jahr 1961.

In der oben bereits erwähnten Gruppe von Heilerinnen und Heilern sagte jemand irgendwann »EFT« und »Klopfen«. Ich hatte keine Ahnung, was damit gemeint sein könnte. Ein paar Monate später erwähnte ein Bekannter, er habe an einem EFT-Workshop in Montreal teilgenommen. Diesmal machte es *Klick*. Ich begann mit EFT (Emotional Freedom Technique). Endlich nahm alles eine klare Gestalt an. Die Grundlage war durch das Schreiben und die Energiearbeit, die ich im Laufe der letzten fünfzig Jahre mit Unterbrechungen immer wieder gemacht hatte, gelegt worden.

Ein kurzer Blick auf
die Tatsachen

Im Sommer 2002 wurden ein Tumor in meiner linken Brust und vierzehn Lymphknoten entfernt. Vier davon waren befallen. Ich machte drei Runden Chemotherapie, verweigerte die Bestrahlung, schluckte aber die Anti-Östrogentabletten.

2006. Vier Jahre später war der Brustkrebs wieder da, ein winziger, wenige Millimeter kleiner Tumor. Er wuchs in der Narbe meiner ersten Operation. Ich ließ ihn entfernen und entschied mich wieder gegen die empfohlene Strahlentherapie.

Eine Computertomografie in jenem Sommer zeigte Knötchen in beiden Lungenflügeln.

Bei jeder neuen Hiobsbotschaft durchlebte ich den Schock der ersten Diagnose erneut, dann verdrängte ich das Ganze und machte mit meinem gewohnten Leben weiter: Schreiben, einen anderen Körper, einen Text, erschaffen.

Die Onkologin riet zu einer Biopsie oder noch besser einer Operation, um herauszufinden, ob die Lungenknötchen Brustkrebsmetastasen waren.

Ich weigerte mich. Ich war überzeugt, keinen weiteren Krebs im Körper zu haben. Ich wollte nicht noch eine Operation mit Vollnarkose und neuem Narbengewebe. Stattdessen ging ich in die Lukasklinik in der Schweiz und unterzog mich einer aus der anthroposophischen Medizin stammenden Mistelbehandlung.

Auf Computertomographien in den folgenden Jahren war zu sehen, dass die Knötchen in beiden Lungenflügeln zwar außerordentlich langsam, aber dennoch beständig wuchsen. Zu diesem Zeitpunkt war mir bekannt, dass Brustkrebs streuen und Lunge, Leber und Knochen befallen kann. Ich hatte herausgefunden, dass die afroamerikanische, lesbische Dichterin Audre Lorde dank Misteltherapie trotz Lebermetastasen noch zehn Jahre weitergelebt hatte. Von ihren Onkologen war sie aufgegeben worden.

Ab 2006 wurde meine Krankheit aufgrund der Tochtergeschwülste in der Lunge als »Krebs mit Fernmetastasen« bezeichnet. Half es mir, dass ich von dieser Klassifikation nichts ahnte und deswegen auch nicht so darüber dachte? Wahrscheinlich. Zwischen 2006 und 2012 schrieb und veröffentlichte ich zwei Bücher. Ich machte weiter mit den Mistelinjektionen.

2012 verspürte ich ungewohnte Schmerzen im Rücken. Mit einem Mal tat mir der Rücken nicht nur bei der Gartenarbeit weh, sondern auch, wenn ich mich nachts im Bett umdrehte. Der Knochen-Scan zeigte eine Metastase zwischen den Rückenwirbeln T4-T5, ungefähr zwischen den Schulterblättern, auf der Höhe des Herz-Chakras. Wieder ein Schock, der mich in die ungeliebte Realität katapultierte. Meine Wirbelsäule stand auf dem Spiel, meine Fähigkeit, in der Senkrechten zu bleiben, stark, unabhängig zu sein, auf eigenen Füßen zu stehen. Die Onkologin empfahl Herceptin – Infusionen mit einem monoklonalen Antikörper, der die HER2-Rezeptoren bestimmter Tumore angreift.

Im Frühjahr 2013 wurden die Schmerzen in meiner Wirbelsäule schlimmer. Die Onkologin erklärte, die Schmerzen rührten daher, dass die Wirbel 40 Prozent an Höhe verloren hätten. Sie überwies mich an die Schmerzklinik für Krebskranke, wo ich einen Termin mit einem Chirurgen hatte, der eine Vertebroplastie durchführen würde. Bei diesem Eingriff werden die beschädigten Rückenwirbel mit heißem »Knochenzement« gefüllt und dadurch stabilisiert. Auch Osteoporose wird oft mit Vertebroplastie behandelt, um die Schmerzen zu lindern.

Bis März 2014, als ich nach Europa fliegen wollte, um meinen neuen Roman in der Schweiz und Deutschland vorzustellen, war ich schmerzfrei.

Bei einer Routineuntersuchung zeigte sich eine neue Metastase am untersten Halswirbel. Ich musste meine Lesereise absagen und stattdessen fünf Bestrahlungen über mich ergehen lassen.

Im Mai 2014 verschob sich meine Realität wieder komplett. Multiple Metastasen hatten sich zusammengetan und starrten mich mit ihren grotesken Grimassen zu Boden.

2012 – 2013 Rennen

Er rannte durch die Wüste;
er rannte durch die Berge;
er rannte durch die Salzpfannen;
er rannte durch die Riedbänke;
er rannte durch den Eukalyptus;
er rannte durch den Spinifex;
er rannte, bis seine Vorderfüße wehtaten.
Er musste!

RUDYARD KIPLING
DAS LIED DES ALTEN KÄNGURUMANNES

Gestern habe ich es wieder getan. Ich musste. Morgens riefen
mich die Baumwipfel. Ihre Äste schwanken hoch über den
Häusern, auf die ich aus meinem Fenster blicke. Sie rufen
mich: Komm raus! Wir bieten dir Rinde, wir bieten dir Blätter, Wind und zwischen den Zweigen blauen Himmel.
Ich verlasse das Haus.

Vor etlichen Jahren ging meine Freundin Andrée jeden
Morgen im Park joggen. Auch ihr japanischer Nachbar lief
durch den Park, aber er bewegte sich nicht wie ein Läufer.
Er machte alle möglichen Bewegungen, unter denen sie sich
nichts vorstellen konnte. Wochenlang lief sie ihm lautlos
hinterher und versuchte herauszufinden, was er da wohl

trieb. Eines Morgens drehte er sich um und sagte: »Es geht ums Atmen, verstehen Sie?«

Andrée ist Tänzerin und unterrichtet Körperarbeit. Sie sprach mich an, ob wir nicht vielleicht zusammen ein Workshopkonzept entwickeln wollten, mit gemeinsamen Schreib- und Bewegungsübungen. Wir nannten das Ganze *MoveWrite!* und begannen mit den ersten Sessions, anfangs zu zweit, dann zu viert.

Das Motto, das ich der ersten Session voranstellte, war das oben erwähnte Rudyard-Kipling-Zitat über das Rennen. Die hier zum Ausdruck gebrachte Leidenschaft, wenn nicht sogar Besessenheit vom Laufen sprach mich sehr an. Als kleines Mädchen schoss ich beim Kurzstreckenlauf wie ein Pfeil los. Ich war eine echte Sprinterin und liebte es, über die Aschenbahn zu fliegen. Ich liebte es, in der kürzest möglichen Zeit alles zu geben und zu spüren, wie mich das Leben herrlich heiß und funkensprühend durchströmte. Das Leben hatte die Form einer Glitzerkugel – wenn ich rannte, war ich diese Kugel. Schnell zu sein, war für mich das Größte.

Dauerlauf, Durchhalten, Disziplin hingegen fand ich schrecklich.

Beim Sprinten weitete sich die Welt in alle Richtungen. Lunge, Beine und Arme, Herz und Atem wurden eins, wenn ich mit einer Mischung aus überschäumender Energie und Leidenschaft dahinraste. Ich gab alles, und bekam genauso viel, angereichert mit Euphorie und Schweiß, zurück.

Die Lust am Rennen war mir mein Leben lang eine treue Begleiterin. Mit dem allmählichen Verfall meines Körpers wurde das Rennen für mich unmöglich, ja sogar gefährlich. Je mehr der Körper sich auflöste, desto größer wurde die vom Körpergedächtnis genährte Sehnsucht nach dem Rennen. Und irgendwann verwandelte sich das Rennen in Text.

Ich blicke hinauf in die alten Pappeln. Im Winter lassen sie zwischen ihren nackten Ästen mehr Platz für den Himmel. Sie sind so groß, dass es mir im Nacken wehtut, an ihnen hochzuschauen.

»Meine Lunge ist keine Aschenbahn mehr«, sage ich zu ihnen. An sonnigen Wintertagen gehe ich mittags in den Park.

»Wie gern würde ich rennen, bis es in meiner Lunge brennt. Das Herz setzt die Grenzen, die Muskeln und Lunge auch. Ich wäre das ganze Zeug darin so gerne los. Wenn ich nur wie ein Kaninchen durch die Müllhaufen hopsen könnte.«

Die Bäume hören mir zu.

»Es war einmal eine Dame respektierlichen Alters, die geriet an einen wildfremden Ort«, sage ich, während ich eine Pappel umrunde, mich mit dem Rücken daran reibe oder die Hände an die raue Rinde lege.

Vor einem Jahr musste ich ein paar Nächte im Krankenhaus verbringen und wurde in die Abteilung für Patienten mit kurzer Verweildauer gesteckt. In dem Zimmer, in dem ich lag, befanden sich vier Betten, und vier in dem dahinter. Es gab keine Tür zwischen dem Zimmer und der Schwesternstation.

In dem Bett rechts neben mir lag eine alte Dame.

»Fünfundneunzig!«, antwortete sie jedes Mal stolz, wenn ihr Gedächtnis und ihre Orientierungsfähigkeit getestet wurden.

»Wann haben Sie Geburtstag?«

»Im Januar.«

»*Savez-vous dans quel pays vous êtes? Quelle province? Quelle année? Votre date de naissance?*«

»*Le vingt-et-un janvier, c'est bientôt! J'aurai quatre-vingt-quinze ans!* Warum muss ich das alles beantworten? Wenn ich nur noch zwei Tage habe.«

»Wie meinen Sie das?«

»Ich bin fast hundert! Und ich sterbe bald, in zwei Tagen.«

»Zahlen beeindrucken mich überhaupt nicht, Madam«,

erwiderte die Sozialarbeiterin. »Viele Leute werden hundert, das ist gar nicht schwer. Welcher Feiertag ist demnächst?«

»Weihnachten!«, antwortete die alte Dame, die diese Frage offensichtlich als Beleidigung empfand.

»In welcher Stadt sind wir? Wissen Sie, wo Sie hier sind?« Die Sozialarbeiterin blickte auf ihre Liste, den gezückten Bleistift in der Hand, um die nächste Frage abzuhaken.

»Im Gefängnis«, antwortete die alte Dame, »ich bin im Gefängnis.«

»Nein, wir befinden uns hier im Krankenhaus«, wurde sie von der Sozialarbeiterin verbessert. »Wissen Sie, warum Sie hier sind?«

»Ich will nach Hause.«

»Sie sind gestürzt«, erklärte die Sozialarbeiterin. »Wissen Sie das nicht mehr?«

»Ich will nach Hause.«

»Wissen Sie, in welchem Stockwerk wir uns hier befinden?«

Die Sozialarbeiterin ging eine Frage nach der anderen auf ihrem Bogen durch.

»Ich bin im Gefängnis«, wiederholte die alte Dame.

»Nein, das sind Sie nicht, Sie sind im Krankenhaus.«

»Aber ich kann nicht nach Hause gehen, ich werde hier festgehalten!« Und erzürnt: »Mir geht es nicht gut! Ich bin verrückt! Ich kann nicht nach Hause!«

Ich wusste auch nicht, in welchem Stockwerk wir uns befanden. Würden sie mich für immer hierbehalten oder rausschmeißen, wenn ich die Frage nicht beantworten konnte?

Am Nachmittag kam ihr Mann zu Besuch, ein freundlicher Herr ihres Alters, um ihr das Neueste aus der Familie zu berichten.

»Die Kinder kommen zu Weihnachten; sie wollen in Mont-Tremblant Skifahren gehen. Du weißt ja noch, wer Cecil ist, stimmt’s?«

»Natürlich weiß ich, wer Cecil ist«, antwortete sie. »Wo ist er?«

»Weihnachten kommt er uns besuchen«, wiederholte ihr Mann. So unterhielten sich die beiden noch eine ganze Weile in einem freundlichen und vertrauten Tonfall. Im Gespräch mit ihrem Mann schien ihr Kopf klarer zu sein, weil Stimme und Körpersprache vertrautes Gelände signalisierten.

Eine Physiotherapeutin erschien, um die Mobilität der alten Dame zu testen. Selbst mit Rollator konnte sie nur sehr schlecht gehen. Sie schwankte auf schrecklich dünnen Beinen und schaffte es kaum, einen Fuß gefahrlos vor den anderen zu setzen. Wie lang lag sie schon im Bett, und niemand hatte sich die Mühe gemacht, ein wenig mit ihr herumzulaufen? Und nun musste sie auf einmal den Test bestehen, der darüber entschied, ob sie heimkehren durfte oder nicht.

»Ich will nach Hause!«, verkündete sie jedem, der in ihre Nähe kam.

»Sie können aber nicht nach Hause!«, wurde sie von einem Arzt angeraunzt, der an ihrem Bett vorbeiging. »Sie kommen auf die Geriatrie!« Das alles im Gehen, ohne sie dabei auch nur anzusehen.

Ich zog einen Stuhl an ihr Bett und setzte mich zu ihr. Ihre Augen waren verschleiert wie bei einem Wesen, dessen wissender Blick vor langer Zeit hinter einer trüben Schicht verschwunden war.

Mit einem Mal entlud sich eine Wut auf mich, die sich lange in ihr angestaut zu haben schien:

»Es ist genau wie beim letzten Mal! Du warst nicht da, und jetzt machst du es schon wieder!«, platzte es aus ihr heraus. »Du bist genau wie die anderen«, fügte sie nach einer Weile hinzu, »du erzählst mir immer die gleichen Sachen.«

»Das stimmt überhaupt nicht!«, gab ich zurück. »Ich verstehe sehr gut, warum Sie nach Hause wollen. Es ist nicht schön hier im Krankenhaus.«

Sie dachte eine Weile über das von mir Gesagte nach und gab dann zum Besten: »Warum ertragen wir diese miserable Situation, wenn wir doch etwas daran ändern könnten?«

Mitten in der Nacht sagte sie auf einmal laut und deutlich: »*Mais avez-vous contesté ou rejeté vos parentes?*«

Am nächsten Morgen wurde sie in die Geriatrie verlegt. Niemand hatte ihr vorher Bescheid gesagt, nicht einmal ihr Mann.

Zu meiner Linken liegt ein junger Haitianer, mit dem ich mir ein Telefon teilen muss. Wenn ich nicht die Vorhänge auf allen Seiten zuziehe, was ich als sehr bedrückend empfinde, kann ich ihn von meinem Bett aus sehen. Er telefoniert die ganze Zeit, läuft mit offen hängendem Krankenhauskittel durchs Zimmer und stellt seinen nur halb bedeckten Unterleib zur Schau, wenn er auf dem Bett liegt. Der schwarze Pfleger ermahnt ihn immer wieder: »Du musst dich ordentlich bedecken!« Der Haitianer tut so, als würde er gehorchen, aber kurz darauf liegt er wieder halbnackt da. Wenn er auf die Toilette geht, lässt er die Tür offen. Er verströmt eine beunruhigend provozierende, rebellische Energie. Ich benutze lieber das zweite Badezimmer auf der anderen Seite des Zimmers.

Ich muss an die vielen Male zwischen 1999 und 2002 denken, bei denen ich Autorin und Malerin Mary Meigs nach ihrem Schlaganfall ins Krankenhaus begleitet habe. Als ich herausfand, dass es in Montreal üblich ist, ein und dasselbe Zimmer mit Männern und Frauen zu belegen, war ich entsetzt. Welcher Wahnwitzige ist nur auf die Idee gekommen, dass das etwas mit Fortschritt und Gleichberechtigung zu tun haben könnte? Ich weiß noch genau, wie leidenschaftlich ich damals hoffte, dass ich niemals in die Situation geraten würde, in einem solchen Krankenzimmer liegen zu müssen.

Marys Demut beeindruckte mich. Sie hätte ein Privatzimmer verlangen können, das Geld dafür hatte sie. Stattdessen lag sie in einem Vierbettzimmer, passte sich vollkommen an und ließ die Situation mit stoischer Geduld über sich ergehen. Eine der Patientinnen in ihrem Zimmer, eine übergewichtige Mittfünfzigerin, litt an schwerer Verstopfung. Als ich Mary einmal besuchen kam, wurde ich Zeugin, wie eine Krankenschwester ihr ein Zäpfchen in den After steckte. Die Patientin lag auf der Seite und klammerte sich verzweifelt an der Taille ihres Mannes fest.

Dann wurde sie von der Schwester und ihrem Mann auf die Toilette gehievt. Der Mann setzte sich auf ihr Bett und unterhielt sich durch die offene Toilettentür mit seiner Frau: »Es kommt bald raus, mach dir keine Sorgen, wart' ab und hab' Geduld, dann kommt es schon raus«, und immer so weiter, in einer grotesken, berührenden Beschwörung der Kräfte der Unterwelt.

Vierzehn Jahre später lande ich wegen einer bakteriellen Infektion selbst auf der Kurzzeitstation.

Am 17. Dezember 2012 fuhr ich von unserem Wochenendhaus nach Montreal. Am Morgen danach hatte ich einen Termin bei meiner Onkologin.

Eine Woche zuvor hatte ein Chirurg unterhalb meines rechten Schlüsselbeins einen Portkatheter eingesetzt. Über diesen Port wird ein Zugang zum Blutgefäßsystem hergestellt und die Chemotherapie verabreicht. Damit wird das Herumstochern in den Armvenen auf der Suche nach einer, die noch funktioniert, überflüssig. Das Risiko, dass eine Armvene birst, weil ein Tropfen hochgiftiger Chemikalien danebengegangen ist, wird vermieden.

Auf der Fahrt in die Stadt hatte ich schon einen unangenehmen Druck rund um den Port verspürt. Als ich bei mir zu Hause ankam, war klar, was mir der Druck zu sagen hatte: Die Haut rund um das Implantat war brüllend heiß und empfindlich gerötet.

Innerlich zuckte ich jedes Mal zusammen, wenn ich an den Augenblick dachte, in dem der Chirurg den Port unter meiner Haut eingepflanzt hatte. Schon als ich den Mann zum ersten Mal sah, hatte ich ein ungutes Gefühl. Er grüßte niemanden und lächelte nicht. Er legte mir eine Einverständniserklärung hin, forderte mich zur Unterschrift auf und entfernte sich in Richtung Operationssaal. Unterwürfig eilten ihm die Schwestern und Assistenten hinterher. Während des Eingriffs stellte er eine Metallschale auf meinem Bauch ab und warf die benutzten Instrumente mit lautem Klirren hinein. Dann musste er eine Vene durchstoßen. Das tat weh.

»Hatten Sie Chemotherapie?«, fragte er. »Die Vene ist beschädigt.« Es klang vorwurfsvoll, als sei *ich* schuld daran, dass die Vene von den bisherigen Chemotherapien in Mitleidenschaft gezogen worden waren. Ich antwortete hinter einem blauen Stück Papier, das mein Gesicht von allen anderen im Raum trennte. Eine Krankenschwester, die sich mir sogar mit Namen vorgestellt hatte, steckte den Kopf unter mein Papierzelt und witzelte: »Fast wie Wintercamping!«, um die angespannte Atmosphäre, die den Chirurgen umgab, ein wenig aufzulockern. Seine genervte Stimme erinnerte mich an den allerersten Onkologen, den ich vor zwölf Jahren gehabt hatte. »Haben Sie die Pille genommen?«, fragte er mich mit derselben vorwurfsvollen Stimme, als sei ich selbst Schuld daran, dass ich Brustkrebs bekommen hatte.

»Wie lang hält der Port?«, fragte ich.

»Der übersteht tausend Injektionen«, antwortete der Chirurg. Tausend Injektionen, das ist eine lange Zeit.

Zeit kann man auf viele verschiedene Arten messen. In einem Dokumentarfilm hatte ich gesehen, wie eine Inuitfrau singend über das Eis ging. Die Länge der Strophen sagte ihr, wie weit sie gekommen war. Bei einer Rate von zwei Infusionen pro Monat, vierundzwanzig im Jahr, würden sehr viele Jahre vergehen, bis tausend Injektionen voll waren.

Als der Chirurg mit dem Eingriff fertig war, riss er abrupt das blaue Papierlaken weg, und ich lag, abgesehen von Unterhose und Strümpfen, vor aller Augen nackt da. Ein langer Augenblick verging, bis jemand Mitleid mit mir hatte und mir einen Krankenhauskittel reichte, damit ich meine Blöße bedecken konnte. Der Chirurg hatte sich bereits abgewandt und war gegangen.

Ich war die Einzige, die sich schämte, aber nicht die Einzige, der die Situation peinlich war. Als ich in die Augen der um den Operationstisch Stehenden sah, alle in blauen Kitteln mit Kopfbedeckung und Mundschutz, spürte ich ein betretenes Schweigen. Hastig half mir eine Krankenschwester beim Aufstehen und instruierte mich, meinen rechten Arm in regelmäßigen Abständen über dem Kopf kreisen zu lassen.

Die Helferin, die mich zurück zur Umkleide brachte, wo ich mich wieder anziehen durfte, empfahl mir, zwei Tylenol zu schlucken, wenn die Betäubung nachließ.

Als ich am 17. Dezember 2012 die Entzündung rund um den Port sah, war mir klar, dass ich an diesem Montagnachmittag um fünfzehn Uhr keine andere Wahl als die Krankenhaus-Ambulanz hatte.

Ich rief Lise an. Seit ich weggefahren war, hatte es unaufhörlich geschneit; es sollte noch die ganze Nacht weiterschneien, sagte Lise. Sie würde warten müssen, bis das Schneeräumfahrzeug gekommen war und den Schnee aus der Einfahrt geschoben hatte.

Die erste Nacht verbrachte ich in der Notaufnahme auf einer Liege. Um elf Uhr abends war klar, dass es sich um eine bakterielle Infektion handelte und ich über Nacht und bis zum nächsten Tag und möglicherweise noch länger bleiben musste. Die Cafeteria war geschlossen; zum Glück kamen

Ginette und Renée und brachten mir etwas zu essen. Vor zehn Jahren hatte ich mit gerade diagnostiziertem Brustkrebs zitternd bei ihnen in der Montrealer Küche gesessen. Es fiel mir leicht, ihre Hilfe anzunehmen. Damals wusste ich noch nicht, dass die beiden immer für alle Verwandten und Freundinnen da waren. In den letzten zehn Jahren haben sie drei enge Freundinnen bis zum Krebstod begleitet.

Als ich die Nacht auf einer Liege in der Notaufnahme verbringen musste, über mir der laufende Fernseher, fand ich Trost im Gedanken an die hohen Pappeln im Park. Wie gern wäre ich jetzt dort spazieren gegangen und hätte meine Entzündung von Schnee und kalter Luft kühlen lassen.

Am zweiten Tag im Krankenhaus rollten mich Pfleger von einem Stockwerk zum nächsten, überall wurden Untersuchungen durchgeführt. Bei einer Untersuchung wurde eine Flüssigkeitsprobe direkt aus dem Port entnommen.

Engel erscheinen in vielerlei Gestalt.

Der Radiologe, von dem die Untersuchung durchgeführt wurde, sah meinen Vornamen und fragte, woher ich stamme.

Schweiz, sagte ich, und er setzte das Gespräch umgehend auf Schwyzerdütsch fort; er selbst kam aus der Stadt Solothurn, wo jedes Jahr ein Literaturfestival stattfindet. Als ich in die geruhsame Melodie meiner Muttersprache wechselte, ging mein Atem sofort tiefer und entspannter. Die Zeit verging in einem gemächlicheren Fluss. Aufgrund unserer gemeinsamen Herkunft verstanden wir uns, als ich mich über die unhaltbaren Zustände in der überfüllten Notaufnahme beschwerte, die langen Wartezeiten, die verdreckten Toiletten mit den übervollen Mülleimern und den Urinspritzern auf der Klobrille.

»Sie haben Recht«, erwiderte er. »Ab und an gehe ich hin und sage: Hört zu, Leute, so geht das nicht. Andererseits weiß ich natürlich auch, dass die Krankenschwestern und

Ärzte sehr lange Schichten haben und unter schwierigen Umständen arbeiten. Natürlich würde das in der Schweiz ganz anders aussehen, und man müsste auch nicht zwölf Stunden oder mehr warten, bis man drankommt. Andererseits zahlt meine Mutter zum Beispiel über sechshundert Franken pro Monat für ihre Krankenversicherung. Und hier ist alles kostenlos, und die Leute erscheinen in der Notaufnahme, als ob sie zum Walmart gehen würden.«

Die Onkologin organisierte ein echtes Bett auf der Kurzzeitstation für mich. Ich schlief wie ein Stein. Weil ich kein Halstuch dabeihatte, bedeckte ich die Augen mit einer blauen Schlafmaske. Am Morgen erwachte ich von der liebevollen Stimme einer großen Schwarzen, die auf mich wie eine indigene Australierin wirkte. Sie scherzte mit mir, während sie Blutdruck und Temperatur maß.

»Die ganze Nacht lang habe ich mich gefragt, was für ein Gesicht sich wohl hinter dieser Maske versteckt.« Diesen Singsang wiederholte sie immer wieder, mehr zu sich selbst als zu mir, als sänge sie mir ein Aufwachlied.

Lise war komplett eingeschneit. Fast ein Meter Schnee war gefallen, und es schneite immer noch. Der Schneepflug würde erst kommen, wenn der Schneesturm vorbei war.

Mir wurden zwei Mal täglich intravenös Antibiotika verabreicht. Die Entzündung ging zurück, aber nur sehr langsam. Die Haut rund um den Port sah krank, deformiert und rot aus. Die Onkologin bestand darauf, dass die angesetzte Chemotherapie trotz meiner misslichen Lage durchgeführt wurde. Als die Schwestern die Entzündung sahen, sagte eine von ihnen: »Da wird der Chirurg aber enttäuscht sein.«

»Was meinen Sie, was für eine Enttäuschung das für mich ist!«, erwiderte ich fassungslos. Ich wollte, dass der Port herausgenommen wurde, obwohl mir davor graute, den Chirurgen wiederzusehen.

Wir trafen in einem eiskalten Sprechzimmer aufeinander. Er hielt drei Schritte Abstand von mir und starrte aus sicherer Entfernung mit verschränkten Armen auf die entzündete Stelle. Er begrüßte mich nicht. Er sah mir nicht ins Gesicht. Das pochende Rot des geschwollenen Gewebes schrie durch den Raum. Sich schon abwendend sagte er: »Der muss raus« und ging davon.

Ich musste ihm zustimmen. Nichts wollte ich lieber, als die kleine, runde Irritation unter meiner Haut entfernen zu lassen. Ein Pfleger schob mich im Rollstuhl in den Teil des Krankenhauses, in dem auch nachmittags noch Eingriffe durchgeführt wurden, und dort in ein kleines Sprechzimmer.

»Springen Sie auf den Tisch«, sagte der Chirurg.

Ich weiß noch, dass ich verzweifelt die Hand des zu meiner Linken stehenden Pflegers drückte. Ich muss ihm während der gesamten Prozedur die Fingernägel in den Handteller gebohrt haben.

An mehr erinnere ich mich nicht, nur an Wut, an heiße Tränen der Wut. Wahrscheinlich war es das gleiche Spiel wie immer: orangefarbenes Desinfektionsmittel rund um den Port, örtliche Betäubung durch Vereisung, ein Schnitt.

Ewig, wie es schien, wurde an mir herumgerissen. *Kling klang klong!*, knallte das Besteck in die Schale auf meinem Bauch. Und damit war der Arzt verschwunden.

Der Pfleger half mir auf und schob mich zur Anmeldung. Ich bat die Sekretärin, auf meiner Krankenstation anzurufen, damit ein anderer Helfer kam und mich dorthin zurückbrachte. Zum Laufen war es zu weit, und an den Weg erinnerte ich mich auch nicht mehr. Wo war ich?

In Tränen aufgelöst war ich, ich konnte nichts dagegen tun. Mir war klar, dass mein Verhalten inakzeptabel war. Zähne zusammenbeißen und keine Verletzlichkeit zeigen. Seine Rolle spielen. So lief das hier. Ich benahm mich wie jemand aus den *vieux pays*, wie eine echte Europäerin. Zu meiner Verwunderung sah ich meine Onkologin hinter einem anderen Empfangsschalter. Sie warf mir einen beunruhigten Blick aus dem Augenwinkel zu. Der Chirurg ging an ihr vorbei, sie lachten und plauderten angeregt miteinander.

Meine Ärztin kam nicht zu mir herüber und fragte, wie es mir ging. Ich warf einen Blick auf die Klientel dieser Klinik. Alle waren elegant gekleidet, sorgfältig geschminkt und sahen aus wie Privatpatienten. *Un air blasé*, abweisend, gleichgültig. Hier wurde nicht geweint, o nein. Kein Mitleid. Die Sekretärin war offensichtlich verärgert, als ich sie zum zweiten Mal bat, auf meiner Station anzurufen. »Die haben niemanden«, schnappte sie. Nach einer weiteren halben Stunde Wartezeit benutzte ich den Rollstuhl als Gehhilfe und bat einen Helfer, mir den Weg zu beschreiben. Vom Chirurgen keine Spur. Meine Onkologin verließ ihren Tisch, kam zu mir und sagte, es tue ihr leid, dass es bei mir mit dem Port nicht geklappt habe.

Ich schrieb keinen Protestbrief an den Vertrauensbeauftragten, wie ich es eigentlich vorgehabt hatte, und machte auch keinen Termin mit dem Ombudsmann. Beim nächsten Termin mit meiner Onkologin erwähnte ich, dass ich das vorhatte. Sie hielt die Luft an und musterte mich schockiert. Ich wartete. Sie fragte nicht: »Was ist denn eigentlich vorgefallen?«

Ist das Schlimmste erst einmal überstanden, sorgt man dafür, dass du ständig beschäftigt bist, mit der Weiterbehandlung oder den Nebenwirkungen, du bist müde, um nicht zu sagen erschöpft, und du willst zu deinem wahren Leben zurückkehren und dich mit inspirierenden Menschen treffen. Du willst endlich den Faden wiederaufnehmen und da weiterschreiben, wo du unterbrochen wurdest. Du schreibst darüber, wie lang dir diese deprimierende Erfahrung noch in den Knochen gesessen hat.

Am Donnerstag kam Lise endlich aus der zugeschneiten Einfahrt heraus und konnte mich besuchen. Sie saß an meinem Krankenbett, regte sich fürchterlich auf und fühlte sich machtlos. Wenigstens konnten wir uns gegenseitig trösten. Bis Samstag musste ich noch bleiben.

Am Vortag hatte ich die Erlaubnis bekommen, kurz zu entfliehen und ein paar Sachen von daheim zu holen. In meiner Wohnung war das Licht an und die Heizung voll aufgedreht. Ich packte ein paar Kleider zusammen, checkte meine Mail, transferierte das Manuskript meines Romans auf den kleinen Laptop, brachte den stinkenden Müll nach unten und ging zurück zur Bushaltestelle. Ich war froh, ein bisschen an der frischen Luft zu sein.

Den ganzen Abend lang konnte ich meinen Text überarbeiten und fühlte mich nicht mehr ganz so verloren.

Ich arbeitete immer noch an dem Roman über meinen Großvater. Während des Ersten Weltkriegs hatte er als Stabsarzt in einem Lazarett in Zagreb, Kroatien, gedient. Ich recherchierte den Stand des medizinischen Wissens zur damaligen Zeit. Vorrangig war die aseptische Wundbehandlung, lernte ich aus diversen Berichten von Feldlazaretten an der Front.

Ich drehte das Gesicht Richtung rechter Schulter und blickte zum ersten Mal nach unten, als die Krankenschwester den Verband abnahm. Unter meinem rechten Schlüsselbein klaffte eine offene Wunde. Sie sah aus wie das Loch einer Gewehrkugel. Mit einer sterilen Schere zog die Schwester endlos lange Stücke Verbandsmull heraus und schob danach dieselbe Menge wieder herein. Mir drehte sich der Magen um. Ich hatte noch nie etwas, das wie eine Schussverletzung aussah, aus nächster Nähe betrachtet, und erst recht nicht in meinem eigenen Körper, auch nicht in meinem früheren Beruf als Krankengymnastin. Die Wunde sollte sich langsam von innen heraus selbstständig schließen. Das würde ungefähr vier Wochen dauern, erklärte mir die Schwester.

Nach meiner Entlassung musste der Verband täglich gewechselt werden. Damals konnte ich noch schnell gehen, sogar laufen. Damit meine ich nicht rennen wie eine Läuferin. Meine Arme und Beine wagten die notwendigen Bewegungen und schossen aus meinem Rumpf wie wild wuchernde Zweige – als würden sie Wasser durchpflügen.

Der Januar 2013 war bitter kalt. Morgens waren es zwanzig bis fünfundzwanzig Grad unter null. Die auf die Straße geworfenen Weihnachtsbäume rollten im eisigen Wind, wenn ich die zwanzig Minuten von meiner Wohnung zur Ambulanz an der Avenue Mt-Royal, Ecke St-Laurent, ging. Obwohl die gleißende Wintersonne auf mich herabschien, ließ ich mir immer ein heißes Bad ein und kroch dann ins Bett, sobald ich zu Hause war.

Die Krankenschwestern in der Ambulanz hatten jedes Mal ein Lächeln für mich und versorgten die Wunde ausgezeichnet; genau wie im Krankenhaus sind sie die tragende Säule und die Seele der Krankenversorgung. Sie waren es gewöhnt, sich auf ihr Wissen und ihre Erfahrung zu verlassen. Vielen von ihnen hatten schon *dans le grand Nord* oder weit weg in Afrika gearbeitet.

Voller Staunen sah ich mit an, wie meine Wunde tatsächlich verheilte. Tag um Tag wurden die Mullstücke kürzer. Mein Körper wusste, was zu tun war. Der Tag kam, an dem die Ränder der bisherigen Wunde sanft aufeinandertrafen und sich schlossen. *Une trés belle plaie*, lobte mich eine Schwester. Im Lauf seines Lebens bekommt man die überraschendsten Komplimente.

Doch wie unglaublich gern würde ich noch einmal lossprinten! Wie ich mir wünschte, in meiner Lunge wäre noch einmal so viel Platz.

In meinem Körper ist die Erinnerung ans Rennen noch lebendig. Er sehnt sich danach, unter Einsatz aller Muskeln in vollem Tempo über eine Wiese zu rennen. Sonnenlicht tröpfelt zwischen Blättern hindurch; es kündet mir von blauem Himmel und Wasserflächen. Zwischen den Bäumen beginne ich damit, mit Armen und Beinen in alle möglichen Richtungen zu rudern; beim Gehen recke und dehne ich mich, beuge mich, flattere mit den Armen.

Warum diese miserable Situation ertragen, wenn wir doch etwas daran ändern könnten?

Ich wünschte, wir könnten zwischen Menschen und Vierbeinern herumschwimmen wie die Fische. Es gäbe kein Zischen, Knurren oder Bellen, kein Wort, kein Lächeln. Schwimmend bewegten wir uns im selben Element, als wären wir Fische. Es gäbe nur Farben und Sonnenstrahlen, die durch die dünne Wasserschicht eindringen, von der unsere Welten getrennt werden. Die Fische mit ihren leuchtenden Farben schwimmen ganz nah heran, voller Neugier, so stelle ich es mir zumindest vor, sie schwimmen im Kreis um uns herum, neben unserem Körper her. Fische müssen sich bewegen, damit das Wasser durch ihre Kiemen strömt und sie mit Sauerstoff versorgt. Sie müssen sich bewegen, sonst sterben sie.

Eines Tages wird jemand anfangen, mir im Park zu folgen, weil er herausfinden will, was ich für seltsame Bewegungen mache. Eines Morgens werde ich mich umdrehen und sagen: »Am Wichtigsten ist das, wonach der Körper sich sehnt, verstehen Sie?«

2014 Eindrücke

As I was moving ahead,
occasionally I saw brief glimpses of beauty.

Jonas Mekas

Mittlerweile ist es üblich geworden,
die schlimmsten Extreme des Wetters und Reisens
herauszupicken und einander zu erzählen,
als wäre einfach leben – egal, wo wir sind –
nicht aufregend genug.

Gretel Ehrlich: The Future of Ice

Keine schöne Geschichte,
die man sich in
fröhlicher Runde erzählen mag

9. MAI 2014. In meinem Kopf ist alles leer. Eigentlich mehr grau als leer. Unter »leer« stelle ich mir einen angenehm weißen Raum vor. Ich sitze auf einem Stuhl in einer fensterlosen Zelle in der Notaufnahme, neben mir die Untersuchungsliege. Hinter der Tür zu meiner Linken ist ein Wartezimmer voller Menschen, an der Decke quasselt der laufende Fernseher. Hinter der Tür zu meiner Rechten ist ein großer Büroraum, in dem sich Schwestern und Ärzte besprechen oder auf Bildschirme schauen.

Ein paar Worte durchbrechen das Grau in einer Endlosschlaufe: *Das kann nicht wahr sein das kann nicht wahr sein das kann nicht wahr sein.* Nichts scheint mehr zu stimmen. Gibt es überhaupt einen Ort, der passend wäre, um entsetzliche Neuigkeiten zu erfahren? Der Schock sorgt für eine umgehende Loslösung von jeder gewohnten Umgebung und lässt sie surreal erscheinen.

In einem anderen Leben, in meiner Jugend, landete ich mal auf einer Berliner Polizeiwache in der Einzelzelle. Das ist eine Anekdote, die ich erzähle, wenn wir »*Deux verités, un mensonge*« spielen.

Jede Teilnehmerin muss zwei wahre Ereignisse aus ihrem Leben nennen und eine Lüge beziehungsweise eine ausgedachte Geschichte. Die Freundinnen müssen herausfinden, welche Story wahr und welche gelogen ist, immer eine Frage nach der anderen.

Ich bin erst seit drei Stunden in der Notaufnahme. Mein Kopf muss durchleuchtet werden. Als ich höre, wie der Pfleger »Kopf-Scan« sagt, tritt mir sofort das Bild meiner verstorbenen Nachbarin Silvie vor Augen, die Metastasen im Kieferknochen hatte. Dies ist der zweite Frühling, in dem ich mich mit Metastasen in der Wirbelsäule befassen muss; die Angst sitzt mir tief in den Knochen.

Vor zwei Tagen habe ich acht Stunden lang im Flugzeug von Zürich nach Montreal zugebracht. Mit meinem rechten Bein und meiner rechten Hand schien etwas nicht zu stimmen. Ich ging davon aus, dass es etwas mit den Knochenmetastasen im untersten Halswirbel zu tun hatte. Jetzt sitze ich in diesem Kämmerchen und warte. Der Arzt, der irgendwann erscheint, äußert einen kurzen, vollständigen Satz, der so beginnt: »Es ist ein …«, gefolgt von einem längeren Wort. Seine Stimme ist verhalten und sachlich.

»Es tut mir leid«, fügt er hinzu.

Augenblicklich erfasst mich Apathie.

Die Zeit stürzt von mir fort. Das Raster von Zeit und Ort wird von Unbekanntem geschluckt. Er bittet mich zu warten. Eine Jungärztin wird gleich kommen und mir weitere Informationen und ein Rezept für Kortison geben.

Ich bin die Gefangene eines neuen Tumors in meinem Körper. Das ist keine schöne Geschichte, die man sich in einer fröhlicher Runde erzählen mag.

Die Ärztin in der Facharztausbildung Neurowissenschaft trägt einen Hidschab um ihr faltenloses Gesicht und sieht mich mit einem großen Lächeln an, als würden wir uns zum Teetrinken zusammensetzen. Sie ist gut geschult und weiß, wie man respektvoll, sanft und distanziert mit einer Patientin spricht, deren Leben gerade eine Wendung zum Schlechteren genommen hat.

»Wirklich erstaunlich«, sagt sie, »dass das Karzinom erst jetzt auf das Gehirn übergegriffen hat, zwölf Jahre nach dem ursprünglichen Brustkrebs. Normalerweise passiert das viel früher.«

Diese Aussage verblüfft mich.

Auf der anderen Seite, dort, wo sich die Ärztinnen und Ärzte über meine Krankenakte beugen, gibt es einen kalendarisch angenommenen Verlauf der Reise. Die Annahmen stützen sich auf den Krankheitsverlauf von wie vielen Patientinnen im Laufe von wie vielen Jahren?

Ich trete vor die Tür, um Lise anzurufen.

»Leider keine guten Nachrichten«, sage ich so ruhig wie möglich. »Kannst du mich abholen kommen?«

Starre.

Bevor die Maschinerie sich wieder in Gang setzen kann, muss sie zum Stillstand kommen. Jetzt bin ich diejenige, die meiner Lebensgefährtin den kurzen, vollständigen Satz übermitteln muss. Als ich Freundinnen später von der Verschlechterung meiner Lage erzähle, sage ich: Und dann ging das Licht aus. Als ich hörte, wie der Arzt »Hirntumor« sagte, ging das Licht aus.

In den folgenden Stunden und Tagen öffnen sich kleine Fenster in meinem grauen Kopf. Bekannte Gesichter tauchen auf, Zimmer, Orte. Lises Gesicht und Körper sind ganz nah. Sie steht ebenfalls unter Schock. Mehr oder weniger apathisch bewegen wir uns nebeneinander aus der Notaufnahme zum Auto. Sie bringt mich zu sich nach Hause, an Gretas Wohnung vorbei, über den Berg, die Avenue du Parc hoch bis zur Rue Jean-Talon, am *Marché Jean-Talon* vorbei. Ihre Straße tritt aus der grauen Nebelwand zutage, ihre Wohnungstür, dann die Katzen, die zurückweichen, als sie riechen, woher ich komme. Ich muss sofort mit dem Kortison anfangen. Davon wird die Schwellung rund um den Tumor zurückgehen und es wird die Gefahr weiteren Drucks auf das Gehirn abwenden.

Tage später, zurück in meinen eigenen vier Wänden, erkenne ich zwar alles wieder, aber die Wohnung vermittelt mir ein seltsames Gefühl: Als ob das Mobiliar, die Bücher, Bilder, Teller, Tassen und Gläser, Töpfe und Pfannen, Kerzenhalter, Teppiche und Kissen von jemand anderem dorthin gestellt worden wären. Dieser andere Mensch hat die Farben und Einrichtungsgegenstände ausgesucht, hat entschieden, was schön ist. Ich kann mich nicht so zwischen ihnen bewegen, wie ich das gewöhnt bin.

In meinem grauen Kopf schwimmt jetzt zu allem Überfluss noch eine chemische Substanz. Ich muss zwei Kortisontabletten, Dexamethason (4 mg), zum Frühstück schlucken, idealerweise um sechs Uhr morgens, und sechs Stunden später die nächsten beiden zum Mittagessen. Zwischen den beiden Dosen muss ein sechsstündiges Intervall eingehalten und dazu etwas gegessen werden.

Den erwünschten Effekt des Rückgangs der Schwellung im Gehirn bezahle ich mit Schlaflosigkeit, Zittrigkeit, Unsicherheit auf den Beinen. Bei jedem Mal Pillenschlucken verzehre ich eine volle Mahlzeit. Weil ich nicht schlafen kann, muss ich Schlafmittel schlucken, was zu noch mehr Nebel im Kopf und noch wackligeren Beinen führt. Nachts ist mein Gehirn dazu verdammt, pausenlos quälende Listen abzuarbeiten: Was zu tun ist, was zu besorgen ist. Ich kann nicht mehr schlafen. Wochenlang schlafe ich nicht mehr als zwei bis drei Stunden pro Nacht. Ein fast unmerkliches Zittern hat sich in meinem Körper eingenistet.

Eine Woche nach meiner Rückkehr aus der Schweiz habe ich einen Termin bei der Onkologin. Lise ist an meiner Seite. So hatten wir uns das Wiedersehen nach meiner vierwöchigen

Abwesenheit nicht vorgestellt. Wieder trotten wir durch die langen Krankenhauskorridore voll wartender Menschen, überall Ängste, und unsere machen das Fass noch voller.

Wann ist dieser Tumor aufgetaucht? Wachsen die Krebszellen langsam oder schnell? Haben sie noch eine andere Stelle im Hirn befallen? Fragen, die niemand beantworten kann.

Eine Kernspintomographie wird für ein klareres Bild von meinem Kopf sorgen. Woher stammen die Schmerzen auf der linken Seite meines Brustkorbs? Die Onkologin ordnet ein CT von Lunge und Bauchraum an. Welche Behandlung des Hirntumors schlägt sie vor? Das entscheidet der Radioonkologe. Entweder Bestrahlung oder Operation. Danach ist wieder Chemotherapie dran. Diese schlechten Nachrichten überbringt sie mir so einfühlsam wie möglich.

»Aber es ist eine niedrig dosierte Chemotherapie«, sagt sie, »eine niedrige Dosis über einen langen Zeitraum.« Sie zählt die Vorteile auf: »Kein Haarausfall, keine Übelkeit, keine Geschwüre im Mund…, vielleicht ein wenig Kribbeln in den Zehen und Fingerspitzen, und ein paar Tropfen im Eimer«, fügt sie schnell hinzu.

Ihre Worte rauschen an mir vorbei. Es ist zu viel, wer kann das alles verarbeiten? Im Krankenhaus nimmt das Grau in meinem Kopf wieder zu. Gestresst oder übermüdet muss ich das, was auf Englisch zu mir gesagt wird, im Kopf wiederholen und ins Deutsche übersetzen. Endlich verstehe ich »ein paar Tropfen im Eimer« doch noch. Sie spricht von möglichen Durchfällen.

Und was bedeutet Langzeitchemo eigentlich genau? Monate, Jahre, bis an mein Lebensende? Sie nickt. Ja.

Mit schwerem Herzen und neuer Angst im Nacken verlassen wir das Krankenhaus.

»Sie werden mir ja nicht den Schädel aufsägen, oder?«, frage ich laut, niemand bestimmten.

Die kleinsten alltäglichen Handlungen füllen meine Zeit vollständig aus. Momentan spüre ich den Schock nicht mehr. Ich bin voll und ganz mit den täglichen Verrichtungen beschäftigt, die notwendig sind, um so selbstständig wie möglich zu bleiben. Das Bein heben, um zum Duschen in die Badewanne zu steigen. Wenn ich die Haare shampooniere, muss ich die Augen ein paar Sekunden lang schließen. Ich schwanke. Unter meinen Füßen ist keine Gummimatte. Ich hasse Gummimatten in Badewannen. Blind tasten meine Hände über die Fliesen auf der Suche nach dem fehlenden Haltegriff.

Ich dusche nicht und wasche mir nur schnell die Haare, damit ich möglichst bald zu etwas Wichtigem wie Arbeit übergehen kann. An weitere Handlungen nach dieser Handlung denke ich nicht. Es gibt nichts anderes mehr als diesen Augenblick oder den danach. Ich bemerke keine parallel sich abspielenden Filme in meinem Kopf. Das hat nichts mit achtsam im Hier und Jetzt sein zu tun. Das Kortison hat mich völlig im Griff. Es reduziert mich auf den Augenblick. Ich weiß nicht mal genau, was ein Augenblick ist. Er scheint ewig zu dauern.

Wenn sich der graue Nebel lichtet, verändert sich auch die Wahrnehmung der Zeit. Diese Öffnung in der Nebelwand geschieht meist mit einer Freundin, die sich anders durch die Zeit bewegt. Ich bin umgeben von guten Freundinnen, die ihre Hilfe anbieten – denselben Freundinnen, die seit zwölf Jahren für mich da sind, und neuen Freundinnen.

Wenn sie von Zeit reden, dann meinen sie, sie haben nur von dann bis dann Zeit, oder sie müssen sich Zeit nehmen oder noch ein Minütchen aus ihrer knapp bemessenen Zeit herauspressen. Sie treten aus ihrem geschäftigen Leben in meine Welt und eröffnen für mich Räume voller Farben und vertrauter Bewegungen. Mit einem Gegenüber trete ich in eine Öffnung und gehe hinaus in die Welt. Halte mich an meiner Freundin und Nachbarin Ginette fest und gehe die zwei Ecken bis zum Bioladen, bewaffnet mit einer Einkaufsliste: Zahnpasta, Broccoli, Huhn, Duschgel. Ich bin außer Atem.

Das Verhalten von Katzen und Hunden nach einer Operation hat mich immer beeindruckt: Wie sie versuchen, um jeden Preis wieder auf die Füße zu kommen. Sie taumeln, schwanken, fallen um und versuchen immer wieder, sich aufzurichten. Überlebenstrieb. Die Notwendigkeit, auf eigenen Füßen zu stehen, selbstständig zu sein. Unbegleitet das Haus verlassen zu können. Aber diesmal geht es nicht. Wenn ich die Treppe heruntersteige, nimmt der Schwindel zu. Ich halte mich am Geländer fest und setze sehr vorsichtig einen Fuß vor den anderen. Die räumliche Verschiebung auf dem Weg nach unten beansprucht das Gehirn mehr als beim Hochgehen. Draußen muss ich mich an jemandem festhalten; ich kann nicht geradeaus laufen. Ich könnte auf der Straße stürzen. Nach den zwei Blocks bin ich vollkommen erschöpft. Zu Hause lege ich mich ins Bett, schlafe eine Stunde lang wie ein Stein und fühle mich danach halbwegs wiederhergestellt.

Das hier ist die Ausbeute des Tages. Manchmal schreibe ich sie auf. Manche Erlebnisse schreibe ich später auf, denke über die Augenblicke nach und verdichte das, was in mir vor sich geht.

Geliebte Beschäftigungen liegen brach: Spazierengehen, Fahrradfahren, Bücher lesen, am Bildschirm schreiben und lesen. Durch die Kortison-Dumpfheit kann ich mich nicht richtig in ein Buch vertiefen.

Von Hand zu schreiben ist mühsam. Ich habe keine Ahnung, was in der Dunkelheit meines Körpers vor sich geht. Benutze ich das Wort »Dunkelheit«, weil ein Klischee sich meiner bemächtigt hat: Dass der Krebs ein Schurke ist, der im Dunkeln seine finsteren Pläne schmiedet? Wenn ich in diesem Augenblick, jetzt, vollkommen vergesse, was die Krebszellen in meinen Organen und Knochen anrichten, heißt das dann, dass ich meinem Körper entfremdet bin oder im Gegenteil vor allem und in erster Linie leidenschaftlich am Leben hänge?

Ich muss Verwandten und Bekannten schreiben, den Menschen, die mich noch vor Kurzem in der Schweiz gesehen haben. Einigen teile ich nur mit, dass neue Metastasen eine weitere Runde Behandlungen notwendig machen.

Die ernsten Gesichter der Ärzte sprechen Bände über die Lebensgefahr, in der ich schwebe. Eine Sekretärin hält hörbar die Luft an, als ich sie übers Telefon informiere. Die wenigen Male, in denen ich mich entschließe, es einer nahestehenden Person zu verraten, schreibe ich die Neuigkeiten mit winzigen Buchstaben: »es ist ein hirntumor.« Vielleicht dämpft das den Schock bei der Empfängerin ein wenig.

Ganz und gar das Leben leben

I

Was hatte ich für große Pläne! Ich kann mich kaum noch an die Schriftstellerin erinnern, die ihr neues Buch auf einer Lesereise durch die Schweiz und Deutschland vorstellen wollte. Nie im Leben wäre sie zur Show auf der Leipziger Buchmesse in der Lage gewesen, und eine Show hätte es werden müssen. Als ich nach Europa flog, reiste ich unwissentlich bereits mit einem Hirntumor, und wie lange davor auch schon? Zum Glück ahnen wir nichts von den schrecklichen Dingen, die unsichtbar in uns ausgebrütet werden und wachsen und Gestalt annehmen.

Anfang April war ich *Writer in Residence* im Tessin in der Südschweiz. Aus einem extrem kalten Quebecer Winter kommend landete ich in südlichen Gefilden voll blühender Rhododendren und Azaleen. Unter meinem Balkon wuchsen Palmen. Der Kuckuck rief, und abends hörte man im Tal einen Esel schreien, als sei ich auf Kreta.

Nach fünf Bestrahlungen des untersten Halswirbels fühlte ich mich immer noch schwach. Der Radioonkologe hatte mich darüber aufgeklärt, dass es mir möglicherweise noch wochen- und monatelang so gehen würde.

Als ich anfing, im üppig grünen Tessin die Gegend zu erkunden, konnte ich ungefähr eine halbe Stunde lang laufen. Unbemerkt kamen zehn, fünfzehn Minuten dazu, und am

Ende meines Aufenthalts spazierte ich zwei Stunden lang durch die Wälder. Als ich während der zweiten Hälfte meines Schweizaufenthalts Freundinnen besuchte und mit dem Zug zwischen Zürich, Bern und Basel unterwegs war, überfiel mich von Zeit zu Zeit starker Schwindel.

Ich musste mich an meiner Freundin Esther festhalten, als wir ihren kleinen Hund im Wald hinter ihrem Haus bei Zürich ausführten. Nach einer halben Stunde war ich wacklig auf den Beinen, erschöpft und wusste nicht, was mit mir los war. Meine Schritte schienen nicht mehr fest auf der Erde zu landen. Selbst im Haus war mir schwindlig.

Als ich ein paar Tage später Anna in Bern besuchte, fiel mir auf, dass ich mit der rechten Hand nicht richtig nach Gegenständen greifen konnte. Ich traf das angesteuerte Trinkgefäß nicht genau, sondern ein oder zwei Millimeter daneben; das Greifgefühl war unvertraut. Sachen fielen mir aus den Fingern. *It almost feels like default coordination*, schrieb ich in mein Tagebuch und vergaß den Satz im gleichen Augenblick, in dem ich ihn notiert hatte.

Der Halswirbel Nummer sieben war in sich zusammengefallen und hatte nur noch die halbe Höhe. Das Narbengewebe von der Bestrahlung sollte einen Rand um den ruinösen Wirbel bilden und ihn stützen. Bis das auf einem CAT-Scan sichtbar war, würden Monate, wenn nicht Jahre vergehen. Ein Knochensplitter konnte jederzeit abbrechen und auf einen Nerv drücken. Das könnte zu starken Schmerzen oder sogar zu Lähmung führen.

An meinem letzten Tag in Bern hatte ich einen Termin mit einer Hörfunkjournalistin, einer Frau, die ich von früher her kannte. Ich fühlte mich zwar schwach und benommen, aber ich zapfte irgendwelche verborgenen Energiereserven in mir an und war der Situation gewachsen. Wir führten Interviews für drei verschiedene Radiosender durch, und eine Fotografin machte Fotos für die Website. Hinterher traf ich mich mit Freundin Anna im Bahnhofsrestaurant. Ich war fix und fertig. Wir saßen in altmodischen roten Plüschsesseln mit hoher Rückenlehne. Wir ließen Leere zu. Nach zwei Stunden war ich in der Lage weiterzumachen.

Am nächsten Abend sollte die Buchpremiere meines Romans in Zürich stattfinden, am Tag danach würde ich heimfliegen nach Montreal. Am Nachmittag der Buchpräsentation verhielt sich meine rechte Hand mit einem Mal so seltsam, dass ich keine Bücher signieren konnte. Sie befolgte einfach nicht das, was ich beabsichtigte, nämlich mit meinem Namen zu unterschreiben. Ich konnte eine Unterschrift produzieren, aber sie sah so krakelig aus, als wäre sie von jemand anderem geschrieben worden.

Cornelia Schweizer, die nie um gute Ideen verlegene Besitzerin der Buchhandlung, schlug vor, dass ich meine Unterschrift ganz entspannt im Hinterzimmer der Buchhandlung übte und schon vor der Lesung zwanzig Bücher oder so signierte. Sie nahm außerdem einen Papierstreifen mit meiner Unterschrift darauf und kopierte den, der kam dann in weitere Bücher. Das ginge gerade noch als Anekdote für eine fröhliche Runde durch.

Und wieder schöpfte ich aus unbekannten Energiereserven und holte das Letzte aus mir heraus, um den Abend über die Bühne zu bringen. Ich wusste, dass es das einzige Mal bleiben würde, dass ich aus diesem Roman las.

Die Menschen, die den Raum füllten, spiegelten mein Schweizer Leben zu diesem Zeitpunkt: Neue Bekannte, alte Freundinnen, manche, die ich noch aus Schulzeiten kannte, sogar ein paar Familienmitglieder. Enge Freundinnen aus feministischen und lesbischen Kreisen waren da. Kollegen, Kolleginnen waren da, und vom Verlag alle.

Ich hatte das große Glück, zusammen mit einer brillanten jungen Moderatorin auf der Bühne zu sitzen, bei der ich mich entspannen konnte. In der Einführung sprach sie frei und von Herzen kommend; wir entzündeten Ideen ineinander und führten ein inspiriertes Gespräch. Auf den im Anschluss aufgenommenen Bildern sieht mein Gesicht gelblich aus, unter den Augen habe ich dunkle Ringe. Meine Lieblingsjacke, aus einem antiken japanischen Seidenkimono geschneidert, den ich 1990 auf einem Flohmarkt in Tokio erstanden hatte, ist mir zu weit geworden.

Wochentage werden wieder mit einem Wort gepaart oder einer Zahl, Sonntag zum Beispiel, und 18, dazu kommt ein Monat, Mai. Manchmal schreibe ich nur die Zahl auf und den Monat, manchmal den Wochentag, manchmal die Stunde und Minuten. All das kombiniere ich auf immer neue Art und Weise, klebe die Daten zusammen wie die verschiedenen Materialien in einer Collage.

Ich bin nicht desorientiert. Ich bin apathisch. Der Hirntumor beeinträchtigt meine kognitiven Funktionen nicht. Es ist eher eine durch Schock und Kortison ausgelöste Dämpfung.

Für mich besteht kein Unterschied, ob ich Sonntag, 18. Mai schreibe, oder 18 Sonntag oder Mai Sonntag 18, oder irgendeine andere Kombination. So oder so ist es ein weiterer Tag, an dem ich nicht die Treppe hinunterrennen, aus dem Haus flitzen und schnell an der Ecke etwas holen kann. Momentan kann ich gar nichts schnell.

Wichtig zu erwähnen ist, ob etwas auf dem Land oder in der Stadt passiert.

Auf dem Land steht alles kurz vor seiner Entfaltung. Die Pflanzen sind erfüllt von ihrer eigenen Zeit. Den ganzen Morgen bis in den Nachmittag hinein schimmert in der Mitte jedes Frauenmantelblatts ein Tautropfen. Ein großes Fenster ist in meinem vernebelten Geist aufgegangen, und der Frühlingsbeginn überwältigt mich.

Ich sitze auf der Erde. Das ist eine Tätigkeit. Ehrfurcht zu empfinden ist eine Tätigkeit. Die alten, hohen Birken sind getupft mit kleinen Blattknospen und einem Vorhang gelber Kätzchen.

Nachdem ich einmal tief südländische Üppigkeit eingeatmet habe, bin ich in eine nördliche Landschaft zurückgekehrt. Die kleinen, gefalteten Blätter des Frauenmantels bedecken den Boden, daneben die Blätter der *Monarde*: die Goldmelisse. Die Knospen der Kuhschelle, *Pulsatilla*, schieben sich aus der Erde und zeigen ihre zarte, violette Haarigkeit. Wir haben ein paar rote Tulpen, und die Pfingstrose unter dem Zierapfelbaum ist auch wiedergekommen. Die Pflanzen und Bäume bersten nur so vor Energie, weil sie bis Ende April an sich halten mussten. Unter der dicken Schneedecke haben sie sich mit neuer Kraft aufgeladen. An jeder Pflanze glänzt Schönheit und Wunder.

Das ist Wirklichkeit, diese glänzenden Blätter, dieser Tautropfen. Zarte Pflänzchen haben einen Winter überstanden, der für die Menschen härter war als jeder andere Winter in den letzten zwanzig Jahren. Schnittlauch, Liebstöckel, Petersilie und Rhabarber wuchern. Aus den Knoblauchzehen, die wir letzten Herbst gesetzt haben, sind vierundvierzig junge Schösslinge gesprossen.

Es gibt nichts weiter zu tun als Zeugin zu werden, wie sich meine Stimmung aufhellt. Nichts weiter zu tun, als auf der Erde zu sitzen, die Seiten von Inger Christensens »Alphabet« offen zum Himmel.

1

die aprikosenbäume gibt es, die aprikosenbäume gibt es

2

die farne gibt es; und brombeeren und brombeeren
und brom gibt es; und den wasserstoff, den wasserstoff

3
die zikaden gibt es; wegwarte, chrom
und zitronenbäume gibt es;
die zikaden gibt es; die zikaden, zeder, zypresse, cerebellum

4
die tauben gibt es; die träumer, die puppen
die töter gibt es; die tauben, die tauben;
dunst, dioxin und die tage; die tage
gibt es; die tage den tod; und die gedichte
gibt es; die gedichte, die tage, den tod

Ein Alphabet bietet Trost. Es schafft Ordnung. Mit der
Erfindung eines neuen Alphabets kann man an der Welt
arbeiten: Es erlaubt einem eine neue Sicht auf die Welt. Die
Struktur eines Romans zu erfassen ist für meinen grauen
Kopf ausgeschlossen. Poesie öffnet Pfade zu Realitäten wie
eine Traumsprache, die Kopf und Herz nährt.

In Inger Christensens »Alphabet« kommt immer alles zugleich: erschreckende, beruhigende und bezaubernde Augenblicke in einem. Die Dichterin arbeitete mit der Fibonacci-
Folge, einer mathematischen Zahlenreihe, die mit 0, 1, 1, 2, 3,
5, 8, 13, 21 ... beginnt; jede Zahl ist die Summe der beiden
vorhergehenden Zahlen.

Etwas fängt klein an und wird aufgrund einer innewoh-
nenden Logik immer größer und raumgreifender, bis es auf
der Seite oder im Leben die Gewalt einer Lawine erreicht. Ist
die Katastrophe dann über einem hereingebrochen, gibt es
für nichts anderes mehr Raum. Wie soll ich unter der Lawine
bemerken, was außen um mich herum ist?

»Metastasen gibt es, *Monarda didyma*, Frauenmantel,
Wunder gibt es.«

Angst, Wut und Verwirrung durchströmen mich.

Der Tumor sitzt in der linken Gehirnhälfte im Motorkortex. Sprachvermögen und Sehfähigkeit sind nicht betroffen. An dieser Tatsache klammere ich mich fest wie an einer Planke in der rauen See. Meine rechte Hand, meine Schreibhand, war aber trotzdem vorübergehend beeinträchtigt. Ich muss das Wenige, das ich zu verstehen beginne, von Hand niederschreiben. Am Computer arbeiten geht nicht mehr. Davon werden mein siebter Halswirbel, mein ganzer Hals und das Gehirn zu stark belastet. Wenn ich am Computer sitze, steigt die ganze Energie in den Kopf, weg vom Bauch und den Füßen. Mein Kopf fühlt sich dann an wie ein grotesk aufgeblasener Luftballon, der mit fremdartiger Materie gefüllt ist. Wenn ich aufstehe, bin ich wackliger und schwindliger als vorher.

Von Hand zu schreiben ist ungewohnt. Auf Englisch schreiben geht langsam. Mit jedem Satz, den ich zu Papier bringe, tut sich eine weitere Öffnung auf, und damit auch neue Leitungsbahnen im Gehirn.

II

DIE NACHT IST WOHLTUEND FEUCHT, und die großen Bäume trinken dankbar den Regen. Um vier morgens schlurfe ich durch die Küche und koche eine Linsen-Kürbissuppe, damit ich etwas Vernünftiges zu essen im Haus habe. Während die Suppe kocht, mache ich zwanzig Minuten lang Qi Gong im Stehen. Ein heftiger Wolkenbruch trommelt kurz und freundlich auf die Blätter.

Die Vorarbeiten für die Bestrahlung begannen um acht Uhr morgens und dauerten zwei Stunden. Eine neue Kopfmaske musste angefertigt werden. Sie bestand aus dickerem Kunststoff als die von 2012 und drückte schwer auf mein Gesicht. Ich lag auf einem Behandlungstisch in einem schmalen Raum, der kaum doppelt so breit war wie der Tisch. Hinter meinem Kopf lief das Radio, und ein Techniker war damit beschäftigt, die verschiedenen Teile der Maske zu fertigen: Sie wurden auf mein Gesicht aufgelegt, solange sie noch heiß und geschmeidig waren.

Wie Menschen, die keine Entspannungs- und Atemtechniken gelernt haben, so etwas überstehen, war mir unbegreiflich. Zwanzig Minuten musste ich mit dem Ding daliegen, bis es getrocknet war.

»Die meisten nehmen Beruhigungsmittel«, erklärte der Techniker.

Der Morgen war eine einzige Großbaustelle. Zuerst war die Kopfmaske dran, dann ein MRT, gefolgt von einem CAT-Scan. Ich wurde von einem Assistenten an den nächsten weitergereicht und in die nächste Maschine geschoben.

Alle waren freundlich und geduldig.

Myriam und ich konnten das Krankenhaus wie durch ein Wunder schon nach zwei Stunden wieder verlassen. Als wir hinaustraten in den luftigen Sommertag, flehte ich das Universum an, dass es nie wieder Grund für eine weitere Kopfmaske geben möge.

Während der einen einzigen, hochdosierten Strahlenbehandlung war ungefähr ein Millimeter mehr Platz zwischen der Maske und meinem Gesicht als bei der Anfertigung. Es fühlte sich *un soupçon* weniger beklemmend an, aber dafür kam ein Mundstück aus Gummi dazu, das ich dreißig Minuten lang leicht zwischen den Zähnen halten und dabei durch den offenen Mund atmen musste. Währenddessen ließ der Techniker die Liege mit mir darauf um ein Rad rotieren und in zehn verschiedenen Positionen für die Bestrahlung stoppen.

Unsichtbar ist sie, die Strahlenbehandlung. Sie hat keine Farbe, keinen Geruch, keinen Geschmack. Kein Geräusch. Man weiß nicht, wo die radioaktiven Strahlen sind und was sie in deinem Körper ausbrüten.

»Die Kopfmaske müssen Sie noch ein halbes Jahr aufbewahren«, informierte mich ein junger chinesischer Assistenzarzt, »nur für den Fall…«. Er zuckte die Achseln mit einem entschuldigenden Lächeln.

Auf der linken Seite meines Kopfs, wo die Strahlen eingedrungen sind, wird sich eine kahle Stelle bilden, aber erst viel später. Sie werden erschöpft sein, sagt der Radioonkologe, und die Erschöpfungszustände werden monatelang andauern. Die Bestrahlung wirkt noch Monate, wenn nicht Jahre weiter.

Ungefähr sechzig Prozent der Tumorzellen werden dabei abgetötet.

Mir erscheint es wie ein relativ großes Risiko, dass die verbleibenden vierzig Prozent einen weiteren Tumor bilden könnten oder, *plus angoissant*, andere Gehirnregionen besiedeln könnten. Werde ich jetzt noch schneller vom Krebs aufgefressen?

Er zuckte die Achseln. »*Une journée à la fois*«, sagte er. »Man kann nie wissen, was die Zukunft bringt.«

Die andere Möglichkeit bestände in der Bestrahlung des gesamten Gehirns, was aber zu Gedächtnisverlust und Konzentrationsmangel führen könnte. Er sah mich an und sagte: »Ich glaube nicht, dass das für Sie persönlich empfehlenswert wäre.«

Bei einem unserer Termine hatte er sich nach der Leipziger Buchmesse erkundigt. Er hatte in *La Presse* davon gelesen und wollte wissen, ob sie das Ereignis sei, das ich hatte absagen müssen.

»Sie wollen sagen, bei der Bestrahlung des ganzen Gehirns würde mein schöner Verstand zum Teufel gehen?«, fragte ich.

Er nickte: *Ja, so ungefähr.*

Zu meiner Erleichterung hatte er sich gegen eine Hirnoperation entschieden. Wegen der anderen Tumore in meinem Körper könnte es bei einer Operation zu einer großflächigen Ausbreitung der Krebszellen kommen.

Freundinnen steigen in ein Flugzeug und heben ab. An einem Mittwoch im Mai begibt sich Freundin Greta auf den Weg nach Japan. Viele Stunden lang wird sie hoch oben über den Wolken fliegen und Gott weiß wo umsteigen, *en route* zu Abenteuern in einem unbekannten Land.

Die Magnetresonanztomographie war für 15:30 Uhr angesetzt. Um fünf kam ich endlich dran, sie hatten mich dazwischenschieben müssen. Myriam fuhr mich hin und blieb bei mir. Sie war eine erfahrene und beruhigende Begleiterin bei Krankenhausterminen. Mit ihrer Mutter musste sie diese Gabe oft genug unter Beweis stellen.

Bei einer Magnetresonanztomographie (MRT) werden die Atomkerne im Körper mit einem sehr starken magnetischen Feld angeregt. Die resultierenden Signale werden von einem Computer in ein Bild übersetzt, das die Gewebe und Organe, die exakte Lokalisation eines Tumors und bis zu einem gewissen Maß auch seine Art darstellt.

Ich steige in die Röhre.

Die Radiologieassistentin begrüßt die Patienten mit einem überschwänglichen Lächeln, als beträten sie ein Spa, um sich verwöhnen zu lassen. Unglaublich, wie sich die Mitarbeiterinnen Freundlichkeit und menschlichen Umgang bewahren, obwohl sie sehr lange Arbeitstage haben und einen Patienten nach dem anderen durch die Maschinen schleusen. Im Schichtbetrieb wird bis spätabends gearbeitet. Die Krankenhäuser haben sich in riesige Fabriken verwandelt.

»Macht Krach wie auf der Baustelle«, sagte die MTRA, reichte mir Ohrstöpsel und schob die dicke Polsterung zwischen meinen Ohren und der Kopfstütze zurecht, bevor sie die Maschine über mir zuklappte. »Es ist sehr laut da drin!«

Und schon legte die Maschine los, ratterte, zirpte, klopfte, hupte und hämmerte mit elektronischen Geräuschen in höllischer Lautstärke auf mich ein. Es war ein Gefühl, als läge ich in einer Klanginstallation, in der Musiker mit vielfältigen Maschinentönen experimentierten, was eine nervenzerfetzende Kakophonie zum Ergebnis hatte. Ich entspannte mich total, nickte sogar ein, todmüde und einfach froh, mich hinlegen zu können. In meinem Kopf geht es möglicherweise genauso seltsam zu wie in dieser Maschine.

Ein paar Tage später, am 22. Mai, schreibe ich zum ersten Mal seit meiner Rückkehr wieder etwas am Computer.

Am Morgen habe ich eine radioaktive Injektion für den Knochen-Scan bekommen; ich soll erst nach dreizehn Uhr dreißig drankommen. Normalerweise wäre ich durch die Straßen gelaufen und hätte mich gern eine Stunde lang irgendwo in ein Café gesetzt, in dem alle anderen auch vor einem aufgeklappten Laptop sitzen. Aber ich bin zu schwach, um das zu tun. Wenn ich einen Computer auf dem Rücken trage, wird mein Hals zu sehr belastet. Der fühlt sich zerbrechlich wie ein *chicken wishbone* an, der jederzeit in der Mitte knacksen könnte. Ich gehe steif und manchmal schlurfend; meine Schritte folgen Schlangenlinien und unsichtbaren Schwankungen. Durch den Schwindel läuft alles wie in Zeitlupe ab. Im Widerspruch zur schrecklichen, kortisonverursachten Verlangsamung werde ich von einer inneren Hast gepeitscht wie von elektrischem Strom.

Ich weiß nicht, ob dieser kraftlose Körper an mir hängt oder ich an ihm. Jede Bewegung hat sich reduziert auf eine Geste, und die Geste spielt sich im Schneckentempo ab. Ich trage immer einen einzelnen Gegenstand von A nach B, eine Tasse, einen Teller, ein Buch, eine Bluse, und das langsam. Das mache ich nicht absichtlich. Der Körper organisiert sich jetzt auf diese Art. Nur einzelne Bewegungsabfolgen sind übriggeblieben.

Es ist auf eine seltsame Art und Weise beruhigend, fast friedlich, unter dem Einfluss von Kortison von Augenblick zu Augenblick zu leben und jeder einzelnen Geste mit Achtsamkeit zu begegnen.

Die Geste selbst verlangt es. Ich führe diese Gesten nicht absichtlich so aus.

In jedem Augenblick gibt es für mich nur eine einzige konkrete Aufgabe. Mein Kopf beschäftigt sich nicht mit anderen Möglichkeiten, die gleichzeitig auch noch stattfinden könnten.

Ich bin mir unsicher, ob das wirklich wahr ist. Ich habe das seltsame Gefühl, als müsste ich Zeit totschlagen.

Es mangelt mir an Motivation.

Die Kortisontabletten sorgen für ein vom eigenen Körper und Geist entfremdetes Gefühl. Die Körperrhythmen sind so ungewohnt, als befände ich mich in einem drogenveränderten Bewusstseinszustand. Solange ich mich nicht bewege, fühle ich mich tiefenentspannt. Doch sobald ich mich in Bewegung setze, haben mich Schwindel und leichter Tremor wieder im Griff. Die Pharmaindustrie macht mit mir, was sie will, lässt mein Gehirn benommen und meinen Körper zittrig werden.

In dieser neuen Realität nehme ich vertraute Wünsche und Begierden nur noch wie schwache Signale aus Regionen wahr, zu denen ich keinen Zugang mehr habe.

Die bisher bekannten Absichten, einer Idee, einem Wunsch, einem Plan zu folgen und die entsprechenden Bewegungsfolgen auszuführen, werden von dem Arzneimittel gedämpft und in die Irre geleitet. Absichten und Wünsche begeben sich auf wilde Irrwege. Ich kann mich noch daran erinnern, was für ein Gefühl es wäre, bildeten sie ein organisches Muster, aber ich gelange nicht mehr an diesen Punkt.

Auch körperlich ist etwas im Weg. Als gäbe es ein kaputtes Rädchen im Getriebe.

Jede Tätigkeit behauptet von sich, das gesamte Leben zu sein. Ich koche nichts mehr schnell oder gehe mal schnell vor die Tür, um schnell etwas zu Mittag zu essen und dann mit etwas anderem, scheinbar Wichtigerem wie Schreiben weiterzumachen.

Ich verspüre den Wunsch, weiterzuschreiben, habe aber nicht mehr die dafür notwendige Energie. Mir fehlt der Antrieb, und jeder Tag verschwimmt stärker mit dem nächsten.

Ich führe täglich Tagebuch, damit meine rechte Hand nicht aus der Übung kommt. Es ist gut, mit der Hand zu schreiben und sie den Weg in einen vertrauteren, beständigen Schreibfluss finden zu lassen.

Ich übe meine Unterschrift immer noch erst auf einem Stück Papier, bevor ich sie unter einen Scheck setze.

Beschränkung oder Sparsamkeit besitzen eine gewisse Eleganz – wie bei einem Haiku, der in nur drei oder fünf kurzen Zeilen eine ganze Geschichte erzählt. Oder wie an Entlastungstagen, wenn man nur braunen Reis und Gemüse isst, was ein Gefühl von Langeweile, Leere, Beunruhigung und Unbefriedigtsein hervorrufen kann, weil wir in einer Welt leben, in der wir es gewohnt sind, jeden Tag eine riesige Auswahl an Nahrungsmitteln zur Verfügung zu haben.

Wenn wir uns die enormen Mengen an geistigem und körperlichem *clutter* bewusstmachen, spüren wir ganz konkret, wie überladen unser Leben in Wirklichkeit ist. Beschränkung zeigt mir, wie wenig ich zum Glücklichsein brauche. Glücklichsein? Habe ich gerade Glücklichsein geschrieben? Um Frieden zu finden. Frieden? Habe ich gerade

Frieden geschrieben? Meine ich damit, zufrieden mit einem Leben zu sein, das sich in einem einzigen Augenblick präsentiert, mit dem ganzen Leben in einem Wassertropfen?

Wie wir uns an das klammern, was bekannt und vertraut ist: gewohnte Bewegungen ausführen, ohne dass man lange darüber nachdenken muss. Sich einfach im Bett umdrehen, ohne Rückenschmerzen daliegen, sich auf Ellbogen und Händen hochdrücken, an Kissen lehnen und lesen. Ein einziges Sandkorn im Getriebe einer Bewegungsabfolge bringt mich aus dem Gleichgewicht. Ich muss mich fügen. In was fügen? Dass die Bewegungsabfolge anders ist. Dass das Zeitgefühl anders ist.

Momentan ist eine Treppe heruntersteigen oder eine volle Teetasse durchs Zimmer zu tragen in sich bereits das ganze Leben.

Ich esse und lese nicht mehr gleichzeitig. *Multitasking* geht nicht mehr, abgesehen von Radiohören beim Kochen oder Putzen, aber manchmal mache ich selbst das nicht mehr. Mittlerweile nehme ich das Zubereiten der Mahlzeiten und das Essen so ernst, wie der türkische Dichter Nazim Hikmet das ganze Leben nimmt:

Über das Leben

I
Nicht zu leicht nehmen darfst du das Leben
Und musst es leben mit großem Ernst,
*   wie ein Eichhörnchen zum Beispiel,*
das heißt, nichts außerhalb und jenseits des Lebens musst du erwarten,
*   das heißt, ganz und gar musst du das Leben leben.*

Du musst das Leben ernstnehmen,

so sehr, wirklich so sehr,

dass du, zum Beispiel, die Hände hinten gefesselt, mit dem Rücken an die
Wand gestellt,

oder mit dicken Gläsern vor den Augen

  und dem weißen Kittel am Leib, im Labor,

   für Menschen sterben kannst,

  und zwar für Menschen, die du nie gesehen hast,

  und ohne dass dich einer dazu zwingt,

  und du weißt dabei ganz genau, dass das Schönste und Wahrste

   das Leben ist.

Das heißt, du musst das Leben so ernst nehmen,

dass du, zum Beispiel, mit siebzig Jahren Oliven pflanzen kannst,

  nicht etwa, weil deine Kinder sie einmal ernten sollen,

  sondern weil du an den Tod nicht glaubst, obwohl du ihn fürchtest,

  das heißt, weil das Leben schwerer wiegt.

              (1947)

2

Angenommen, wir sind krank und müssen zur Operation,

das heißt, es ist schon möglich,

  dass wir nie wieder aufstehen vom weißen Tisch.

Sicher sind wir traurig darüber, etwas verfrüht von hier zu gehen,

doch wir lachen über einen frechen Schwank, den jemand erzählt,

oder schauen aus dem Fenster, ob es regnet,

oder warten mit Ungeduld

       auf die neusten Nachrichten im Radio.

Angenommen, wir halten etwas für einen Kampf wert,

    und angenommen, wir sind an der Front.

Und schon beim ersten Angriff, an Ort und Stelle,

    werden wir zu Boden geworfen und sind tot.

Mit einer seltsamen Wut wissen wir das,

    doch wir sind gespannt bis zum Wahnsinn,

wie dieser Krieg erst nach Jahren vielleicht ausgehen
wird.
Angenommen, wir sind im Gefängnis,
und fast schon fünfzig Jahre alt,
und erst in achtzehn Jahren geht die Eisentüre auf.
Dennoch müssen wir zusammen leben mit dem da draußen,
mit seinen Menschen und Tieren, seinem Kampf und seinem Wind,
das heißt, mit dem Draußen hinter der
Mauer.
Das heißt, wo wir sind und wie wir sind,
müssen wir leben, als gäb' es den Tod nicht...

(1948)

3
Die Erde wird erkalten,
nur noch ein Stern unter vielen sein,
sogar einer der kleinsten,
das heißt, ein Glitzerkörnchen auf dem blauen Samt,
ich meine, diese unsere riesige Erde.
Die Erde wird erkalten eines Tages,
nicht einmal so wie ein Eishaufen,
oder so wie eine tote Wolke,
sie wird dahinrollen wie eine taube Nuss
in der weiten, weiten Finsternis.
Den Schmerz darüber muss man schon heute spüren,
muss die stille Trauer darüber spüren.
So sehr musst du die Welt lieben,
damit du je sagen kannst: »Ich habe gelebt.«

Nâzım Hikmet

Lehrerinnen
und
Weggabelungen

Aus dem Nichts kommt mir auf einmal meine alte Lehrerin Gora in den Sinn.

Damals in Berlin bot sie einmal pro Woche einen Kurs für die Allgemeinheit an. Sie nannte den Kurs *Turnen*. Ob wir Dehn- oder Atemübungen, Bewegungen auf der Matte machten oder gingen, für sie war alles *Turnen*.

Wir warfen fünf Mark in eine Schale an der Tür, kamen herein und warteten. Gora blieb auf ihren Stock gestützt in einer Ecke stehen und leitete uns mit ihrer melodischen Stimme an, durch den Raum zu gehen. Sie selbst war gehbehindert.

Wir machten zu viel, wollten zu viel, strengten uns zu sehr an; geduldig versuchte sie immer wieder, uns das klarzumachen. Nur der Hüftknochen brauchte sich ein klein wenig zu heben; das restliche Bein folgte von allein und machte einen Schritt, wenn wir es nur ließen. Hin und wieder tat sie einen kleinen Schritt, um zu demonstrieren, was sie meinte, und dann stand sie wieder ruhig auf den Stock gestützt da. Ihre suggestive Stimme lullte uns so sehr ein, dass wir anfingen, uns entspannter zu bewegen. Ich erinnere mich an ein paar glückselige Augenblicke, als ein Bein sich tatsächlich von allein aus meiner Hüfte hob und einen nicht vorhergeplanten Schritt machte.

Wer Gora wirklich war, welche Art von Körperarbeit sie unterrichtete, weiß ich nicht. Soweit ich mich erinnere, wurde sie Gora Levsky genannt. Ich besuchte die allwöchentliche Turnstunde nur ein paar Monate lang.

Gora vertrat keine spezielle Schule. Sie sah sich den inneren, unsichtbaren Impuls zu einer Bewegung an, eigentlich nur den Beginn einer Regung und deren Verbindung zum nächsten Beginn einer Bewegung und deren Zusammenhang mit Geweben, Sehnen, Muskeln, Körperflüssigkeiten und Knochen. Sie konnte sehr genau beobachten. Sie sah und hörte winzige Fragmente einer Bewegung und wie sie miteinander in Verbindung standen.

Das muss 1971 gewesen sein. Ich war ungefähr vierundzwanzig und arbeitete als Krankengymnastin.

Ihr Ansatz verband sich in mir mit der Arbeit meines früheren Klavierlehrers und seiner Frau. Meine Eltern wollten, dass ihre drei Kinder zusammen musizierten. Als ich auf die Welt kam, spielten meine beiden Brüder, elf und neun Jahre älter als ich, bereits vielversprechend Geige und Querflöte. Ich sollte den Klavierpart übernehmen, nur hatte ich keine Lust auf diese Rolle. Zum Unterricht musste ich aber trotzdem gehen; das Klavier war teuer gewesen.

In den ersten Jahren wurde ich zur Klavierlehrerin im Dorf mit ihrem Metronom geschickt. Daraus ergab sich nichts Inspirierendes.

Als ich elf war, zogen wir nach Bern, und das Rad des Schicksals drehte sich in meine Richtung. Der neue Klavierlehrer sah sich als erstes meine Haltung an. Unglaublicherweise sprach er über meine Füße und das Geerdet-Sein. Er sprach vom Atmen und von der Mitte, auch *Tan Tien* genannt. Er forderte mich auf, nicht gegen das Klavier zu kämpfen, sondern einen Pakt mit ihm zu schließen. Er lehrte mich, eine Verbindung mit der Taste einzugehen, die ich anschlug, und geistig nicht schon am Ende des Stücks zu sein.

Er war der Allererste, der mir beibrachte, dass der Weg das Ziel ist. Er lehrte mich, einen Arm ungebremst fallen zu lassen, loszulassen, das Vertrauen aufzubringen, dass der Arm fallen und der Finger den richtigen Ton treffen würde.

»Die falsche Taste zu treffen oder einen Fehler zu machen, das gibt es nicht«, sagte er immer. »Wenn es doch passiert, sei's drum. Jeder macht mal einen Fehler, und das ist nichts Schlimmes. Spiel einfach weiter, als sei alles in bester Ordnung.«

Ich wurde keine Klavierspielerin; es gab keine Kammermusik mit meinen Brüdern. Stattdessen erhielt ich allwöchentliches Training in Bewusstseinsbildung: Ich lernte, im Hier und Jetzt zu sein. Es war der Anfang eines lebenslangen Lernprozesses.

»Wenn du auf den Bus warten musst und dich langweilst«, sagte er oft zu mir, »kannst du dir die Noten des Stücks einprägen, an dem du gerade arbeitest, jede Hand einzeln. Abends vor dem Einschlafen kann man das auch gut machen.« Er forderte mich nicht zu Achtsamkeit auf; den Begriff gab es damals noch nicht. Das hätte auch Stress für mich bedeutet: Wieder etwas, in dem ich erfolgreich sein musste. Er richtete meine Aufmerksamkeit auf einfache Tätigkeiten: in den Bauch atmen, die Füße auf dem Boden spüren, eine Zeile auf dem Notenblatt auswendig lernen.

Nicht allzu lang nach dem Beginn des Unterrichts bei ihm erkrankte ich mit dreizehn Jahren an rheumatischem Fieber, das auch mein Herz in Mitleidenschaft zog. Als ich drei Monate später zum Klavierunterricht zurückkehrte, fragte mein Lehrer mich, ob ich nicht Atemübungen mit seiner Frau machen wolle. Dabei benutzte er aber das Wort »Übungen« nicht. Genau wie bei Goras »Turnen« geschah alles in der einfachen Form eines Verbs: *atmen.*

»Es würde dir sicher guttun, wenn du zum Atmen zu meiner Frau gehst.«

Da meine Gesundheit angeschlagen war, erhielt ich eine Überweisung von unserem Hausarzt, und mein Vater bekam die Kosten von der Krankenversicherung zurückerstattet. Sonst wäre die Sache für uns zu teuer geworden. Ich erlebte zum ersten Mal, dass Kranksein auch seine positiven Seiten haben kann.

Jo, wie sie von ihren Patienten und Schülerinnen genannt wurde, war Massagetherapeutin und stammte aus Berlin, wo sie Psychologie studiert hatte, das Studium aber kriegsbedingt abbrechen musste. Sie kannte sich mit Meditation und Zen-Buddhismus aus. Als Jo mich, eine atemlose, nervöse Jugendliche, die von ihren Gefühlen und Ängsten, von Wut und innerem Aufruhr wie ein Blatt im Wind umhergewirbelt wurde, zum ersten Mal sah, musterte sie mich und sagte: »Du bist ganz schön oben (in der Brust; sie meinte damit, dass ich nicht in den Bauch atmete), aber ich werde dich runterbringen.«

Sie brachte mir bei, wie man in den Bauch und in den unteren Rücken atmete, wie man im ganzen oder halben Lotussitz saß, wie man richtig stand, wie man geerdet und präsent war und wie man ging, immer einen Schritt nach dem anderen. Manchmal massierte sie mich; manchmal verbrachte ich eine ganze Stunde damit, von einem Zimmer ins nächste zu gehen, und wurde immer wieder von ihrer Stimme ins Hier und Jetzt zurückgeholt: »Sei in deinen Hacken, deinen Zehen, was ist hinter deinem Rücken, zu deiner Linken, deiner Rechten, über deinem Kopf, wie verändert sich das Licht, wenn du ein anderes Zimmer betrittst?«, so begleitete ihre Stimme immer weiter und weiter.

Sie sprach davon, präsent zu sein, da zu sein, dass der Weg das Ziel war. Auch bei ihr gehörte das Wort »Achtsamkeit« nicht zum Diskurs.

Nach ungefähr zwei Jahren musterte sie mich wieder von Kopf bis Fuß und sagte: »Ein bisschen bis du schon runtergekommen, aber du schwebst immer noch eine Handbreit über dem Boden.«

Fast fünf Jahre lang ging ich jede Woche außer in den Schulferien zu ihr. Eines Nachmittags zeigte sie mir ihren Bogen für das Zen-Bogenschießen. Ich durfte ihn sogar mal in die Hand nehmen.

»Lass den Pfeil erst los, wenn du eins mit dem Ziel geworden bist«, darum ging es in der Kunst des Zen-Bogenschießens.

»Schlag die Taste erst an, wenn du eins mit ihr geworden bist«, sagte mein Klavierlehrer.

Später ließ Jo sich von ihm scheiden und heiratete den Philosophen Jean Gebser. Nach dessen Tod 1974 bildeten einige seiner Schülerinnen, Schüler und Kollegen die Gebser Gesellschaft, um sein Andenken lebendig zu halten und zwei Mal jährlich Symposien zu seiner Arbeit zu organisieren. Zu meiner Überraschung wurde ich 2012 eingeladen, bei einem solchen Symposium in Bern zu lesen.

Von Gora fand ich nur eine einzige Erwähnung im Internet, auf der Website eines Schweizer Schauspielers. Dieser beantwortete meine E-Mail sofort und schrieb mir, er habe in den Achtzigerjahren in Berlin gelebt und sei jede Woche bei ihr zum *Turnen* gewesen. Damals sei sie über achtzig und gelähmt gewesen, schrieb er mir. Zwei Mann trugen sie in den Raum, und dann saß sie auf einer schmalen Bank und gab mit derselben melodischen Stimme wie immer ihre Anleitungen.

Ganz und gar das Leben leben

II

Die Sprechzimmer von Sozialarbeiterinnen, Psychotherapeutinnen und Psychiaterinnen sind in einem Flügel des Krankenhauses untergebracht, den ich bisher noch nicht betreten habe. Auf halber Höhe der Wand hängt eine schmucklose Hinweistafel. Durch diese Korridore weht noch der Geist der Vergangenheit. Die altmodischen Bedürfnisse der Seele prägen die Atmosphäre, geflüsterte Geschichten, die Symbolsprache der Träume und Märchen. Hier sind nur wenige Menschen unterwegs, anders als im restlichen Krankenhaus, wo Patienten, Patientinnen, Krankenschwestern, Ärzte, Angestellte entlanghasten, als sei man zur *rush hour* in einer U-Bahnstation.

Die Psychologin in der psychosozialen Einrichtung erklärt, dass mir bei krankheitsbedingten Lebenskrisen kostenlose Therapie zusteht. Dem Fragebogen zufolge bin ich weder depressiv noch leide ich unter Panikattacken, aber meine Verzweiflung darüber, aus der Gesellschaft ausgeschlossen und nutzlos zu werden, die Angst, nach dem nächsten Hirntumor dahinzuvegetieren oder nach einer plötzlichen Kompression des untersten Halswirbels gelähmt zu sein, verschaffen mir zusammen mit den schweren Schlafstörungen ein paar Termine bei ihr. Dafür bin ich dankbar. Was für eine Erleichterung, dass ich etwas zu tun habe, so wie die ganzen schwer beschäftigten Leute um mich herum, deren Kalender mit wichtigen Terminen randvoll gefüllt sind.

Die Therapeutin empfiehlt Achtsamkeitsmeditation.

»Still sitzen ist nicht unbedingt meine Stärke«, erwidere ich. »Langsame Bewegungsübungen wie Qi Gong oder Gehmeditation passen besser zu mir.«

»Es könnte wichtig werden, eine Strategie zur Hand zu haben, mit der man sich Räume im Innern schafft; nur für den Fall, dass man sich eines Tages nicht mehr bewegen kann«, sagt sie; ich erwidere:

»Das Schreiben schafft diese inneren Räume für mich, sehr stark sogar ...«

»... Und kommt der Geist beim Schreiben zur Ruhe?«

»Eigentlich nicht. Schreiben ist aufregend, elektrisierend, leidenschaftlich ...«

»Und finden Sie beim Schreiben inneren Frieden?«

»Nein, es erfüllt mich mit Zweifeln und Dämonen und Angst ...«

»Und hilft Ihnen das Schreiben beim Einschlafen?«

»Nein, es treibt mich an, fieberhaft immer weiter zu schreiben ...«

Auch die Patientinnenverfügung spricht sie ganz offen an.

»Sie hatten einen Hirntumor«, konstatiert sie. »Sie müssen Ihre Wünsche schriftlich festhalten, damit Ihre Lebensgefährtin deren Umsetzung in die Hand nehmen kann, falls Sie nicht mehr dazu in der Lage sein sollten.«

Mein Herz krampft sich zusammen. Dass sie die Tatsachen so einfach beim Namen nennt, übersteigt mein Fassungsvermögen. Ja, ich hatte einen Hirntumor. Will ich ständig daran erinnert werden? Nein. Das Kortison, das ich nehmen muss, damit die Schwellung rund um den Tumor zurückgeht, erinnert mich jeden Tag schon genug daran. Natürlich kann das Ganze weitere Folgen haben. Doch vielleicht treten sie ja auch nicht ein. Immerhin besteht die Möglichkeit, dass es kein Rezidiv geben wird.

Fressen oder gefressen werden, das ist hier die Frage.

Montagnacht in der Stadt – Müllnacht. Die Müllabfuhr hält direkt unter meinem offenen Fenster und macht beim Zermalmen von Material, das wie Glas und zersplitterndes Holz klingt, einen Wahnsinnslärm. Heute habe ich erfahren, dass der Lebertumor auf eine Größe von sechs Zentimetern angewachsen ist.

»Ein Tumor ist wie ein Säugling: Er denkt nur an sich und sorgt immer dafür, dass er genug zu essen kriegt«, sagt die Psychologin, als ich berichte, dass ich keinen Zucker mehr zu mir nehme.

Für einen CAT- oder PET-Scan wird einem zuerst eine Glukoselösung mit einer sehr kleinen Menge radioaktivem Material darin injiziert. Diese Substanz wird von den Organen oder Geweben aufgenommen, die untersucht werden sollen. Daran, wie die Glukose absorbiert wird, können beim Scan beschädigte oder krebsbefallene Zellen erkannt werden. Die radioaktive Glukose hilft beim Aufspüren eines Tumors, weil Krebszellen Zucker begieriger aufnehmen als andere Gewebe im Körper. Das Tempo, in dem die Glukose absorbiert wird, gibt Auskunft über die Art des Tumors. Das Gehirn verbraucht zum Funktionieren ein Viertel der täglichen Zuckerzufuhr. Aufgrund des Zuckerbedarfs des Gehirns können Hirntumore auch sehr schnell wachsen.

»Sie können den Krebs nicht aushungern«, sagt die Psychologin. »Vorher wird er Sie aushungern. Ein bisschen Zucker ist erlaubt. Sie müssen als allererstes dafür sorgen, dass Sie ausreichend Nahrung zu sich nehmen, weil der Krebs an Ihnen zehrt.«

Wieder habe ich in einer einzigen Woche zwei Pfund abgenommen. In der einen Woche kaufe ich eine neue Hose, und in der nächsten Woche brauche ich schon wieder eine kleinere Größe. Ich wiege nur noch sechsundvierzig Kilo. Ich beschäftige mich immer mehr mit Ernährung. Seit ungefähr einem Jahr esse ich nicht mehr genug, und seitdem geht der Gewichtsverlust sichtbar, fühlbar vonstatten und lässt sich nicht wieder stoppen. Hätte ich nur für mich selbst essen müssen, wäre es genug Nahrung gewesen. Natürlich bin ich unterernährt, wenn mehr als ein Tumor an mir frisst. In der Schmerzklinik für Krebskranke hat man mir einen Termin mit der Palliativversorgung angeboten, dazu hätte auch eine Ernährungsberaterin gehört. »Nicht, als ob Sie schon Palliativpflege bräuchten!«, wurde hastig hinzugefügt.

Palliativpflege, einer der vielen furchterregenden Begriffe, von denen ich nie gedacht hätte, dass sie irgendwann mal etwas mit mir zu tun haben könnten. Ich hätte auch nicht geglaubt, dass ich eine Ernährungsberaterin brauche. Esse ich nicht gut und gesund, genau wie früher?

Beklommenheit überkommt mich, wenn ich die besorgten, mitfühlenden Blicke sehe. Ich merke, dass etwas Ernstes vor sich geht, dass es ihnen leidtut, wie die Dinge sich entwickeln. Etwas wie Mitleid liegt im Raum und lässt mich immer kleiner auf meinem Stühlchen werden. Weswegen das Mitleid? Brauche ich Mitleid? Ich bin auf dem Weg zur Leipziger Buchmesse! Alle Ärzte, mit denen ich spreche, stellen immer wieder dieselbe Frage, mit demselben besorgten Gesichtsausdruck: »Nehmen Sie immer noch ab?«

Oder, noch direkter: »Wie sieht es mit dem Gewichtsverlust aus?«

Sie warten darauf, dass das Ungeheuer seinen Kopf erneut hebt, einen neuen Kopf. Ich nicht. Auf diese Schlussfolgerung bin ich noch nicht gekommen. Ich bin völlig in eins meiner Manuskripte vertieft und der drohenden Gefahr gegenüber mit segensreicher Blindheit geschlagen.

»Müssen Sie denn produktiv sein? Können Sie nicht einfach nur sein?«, fragt mich die Psychologin, als ich wieder über meine Befürchtungen spreche, nutzlos und aus der Gesellschaft ausgeschlossen zu werden.

Seit über zwölf Jahren lebe ich schon mit Krebs. Während dieser Zeit habe ich drei Bücher geschrieben und in der Schweiz und in Deutschland veröffentlicht. Eins davon ist ins Französische übersetzt worden, eine zweite Übersetzung ist in Arbeit. Ich habe meine Steuern in Quebec gezahlt, auch wenn es nicht viele waren, in manchen Jahren gar keine.

Ich bin Nutznießerin eines Krankenversicherungssystems, das mir Zugang zu allen Untersuchungen, Operationen und Behandlungen mit sehr geringem oder keinem finanziellem Beitrag meinerseits gewährt. Natürlich will ich produktiv sein, wenigstens nützlich. Tatsache ist aber, dass ich mich weiter und weiter davon wegbewege, produktiv zu sein.

»Einfach nur leben« ist ein schwieriges Konzept. Auf der Heimfahrt lese ich im Bus Mary Oliver:

> *Der Traum meines Lebens*
> *Ist, neben einem langsamen Fluss zu liegen*
> *Und auf die Lichter in den Bäumen zu starren –*
> *Etwas zu lernen, indem ich einmal nichts bin,*
> *außer dem großzügigen*
> *Brennglas der Aufmerksamkeit.*

»Ruhen Sie sich auch genug aus?«, ist die Frage, die mir von jedem Homöopathen, jeder Astrologin, Heilpraktikerin, Masseurin, jedem Akupunkteur mein Leben lang immer wieder gestellt worden ist. Sie legen den Kopf schräg und sehen mich zweifelnd an.

»Legen Sie auch wirklich regelmäßig Pausen ein?«

Sehr lange verstand ich diese Frage nicht.

Natürlich ruhte ich mich genug aus. Am Wochenende

schlief ich aus. Nach der Liebe hielt ich ein Schläfchen. Manchmal gönnte ich mir sogar sonntagnachmittags eine Siesta. Jahr ein, Jahr aus machte ich lange Urlaube. Ich ging auf Reisen, ein oder zwei Mal sogar monatelang. Ich führte ein Traumtagebuch, verbrachte Stunden über Tarotkarten. Viele Jahre lang machte ich Yoga und Bauchtanz.

Warum war dann, als ich 2002 die Diagnose Krebs bekam, nach dem anfänglichen Schock, den anfänglichen Tränen, meine erste Reaktion ein tiefer Seufzer der Erleichterung: *Jetzt muss ich endlich gar nichts mehr.*

Ich brauche keine Erwartungen mehr zu erfüllen. Ich brauche nichts mehr zu repräsentieren, nichts darzustellen. Selbstdarstellung ist der neue, allmächtige Tyrann. Ich brauche meinen Lebensunterhalt nicht mehr als Lehrerin für kreatives Schreiben zu verdienen und mir ständig Sorgen darum zu machen, ob auch genug Schülerinnen und Schüler zusammenkommen. Ich brauche keiner Jury mehr zu beweisen, dass ich das Stipendium für das nächste Buch auch wirklich wert bin. Ich brauche gar nichts mehr zu beweisen. Brauche mich nicht mehr durch ein mir fremdes Leben zu mogeln, in dem Lebensläufe und Studienabschlüsse verlangt werden. Brauche nicht mehr Teil des Systems mit seinem ständigen Konkurrenzkampf zu sein, in dem jeder besser, stärker, wichtiger als der andere sein soll.

Öffentliche Selbstdarstellung, Sichtbarkeit, jemanden in der Welt darstellen zu müssen, das ist die Wurzel des Übels der heutigen Welt. Gewinnen heißt immer, dass jemand anderes verlieren muss. Ganz anders als bei Alice im Wunderland, wo es heißt: »Alle haben gewonnen und alle müssen einen Preis bekommen.«

Meine abgrundtiefe Erleichterung nach der ersten Krebsdiagnose geriet in Vergessenheit, als ich den Faden meines geschäftigen Lebens wiederaufnahm und wieder jemand in der Welt vorstellen wollte. Vier Jahre später beim ersten Rezidiv erlebte ich haargenau dieselben Gefühle wieder. Genau wie kurz vor einem Flug, einer Geburt, einem Tod wurde mit einem Mal alles andere unwichtig. Es gab sonst nichts zu tun. *Arrêt sur image.* Und wieder »vergaß« ich das, wieder wurde ich zur Getriebenen: Ich habe nicht genug geleistet, nicht genug geschrieben.

Erst mit der ersten Knochengeschwulst 2012 trat ein Wandel ein.

5. JUNI UND DONNERSTAG. Eine Schriftstellerin, eine Patientin, eine schreibende Patientin. Ich bin keine geduldige Patientin. Ich bin Schriftstellerin.

Weiche, feuchtwarme Luft den ganzen Tag, am Abend Regen.

Ich habe zwei Pfund in einer Woche zugenommen. Mehr zu essen scheint zu helfen. Noch nie im Leben habe ich mich mit der Frage beschäftigt, wie man zunimmt. Essen kommt mir wie das pure Leben vor, mein Leben. *Vorsicht, zerbrechlich!,* sagt das Leben. Koche drei Mal am Tag etwas, für dich ganz allein, nicht wie sonst für ein Abendessen mit sechs Gästen und der Sorge, dass es nicht für alle reichen könnte.

Auf dem Weg zum Eckladen komme ich an einem älteren Mann vorbei, der die Straße hinuntertanzt; er ist einer der drei oder vier Leute, die ich in meinem Viertel öfter auf der Straße sehe. Eine Frau mit langen, grauen Haaren gehört auch dazu; sie kommt mir irgendwie bekannt vor. Sie würde ohne Weiteres in jedes Lesbentreffen der Siebzigerjahre passen. Sie führt ständig Gespräche mit sich selbst oder jemandem, den ich nicht sehen kann. Beide haben den leeren Blick, den Beruhigungsmittel verleihen. Es ist ein schöner Gedanke, dass sie in ihren Wohnungen leben und frei in der Welt herumlaufen können, ohne dass sie weiter beachtet oder behelligt werden. Der auf der Straße Tanzende trägt ein auffälliges pinkfarbenes Top, das gut zu seinen grauen Locken passt, und er steppt, tanzt in kleinen Spiralbewegungen, hebt beide bloßen Arme über den Kopf und bewegt sie auf und ab. Er ist der Mittelpunkt seiner Welt, und nichts um ihn herum spielt noch eine Rolle.

Ich finde ein perfektes Zitat in einem Gedichtband meiner Freundin Uta Regoli:

> *Egal wo ich bin*
> *auf unserem Planeten*
> *ist der Rand auch die Mitte*

An der Supermarktkasse bin jetzt ich diejenige, die alles aufhält, wenn ich nach den Scheinen taste, die ich zerknickt ins Portemonnaie zurückstecke, oder den Schlitz nicht finde, in den man die Kreditkarte schieben muss, oder meine PIN mit zitternden Fingern eintippe. Dann hantiere ich ungeschickt an den Reißverschlüssen meines Rucksacks herum, um die Nylonbeutel herauszuholen und das Portemonnaie wieder einzustecken, bevor ich endlich die gekauften Waren in die Beutel packen und mich von der Schlange der Leute abwenden kann, die sich hinter mir gebildet hat.

Jeden Monat wird sich ein neuer Riss im Stoff des Lebens auftun. Die Onkologin will, dass ich am 26. Juni mit der Chemotherapie beginne; ich spüre, dass mein Körper zustimmt. Die Sache ist zu groß und zu furchteinflößend: neue Tumore im Hirn, in den Knochen und in der Leber. Lise und ich setzen uns zusammen und reden über die Chemo. Wir werden den Sommer über zwei Mal im Monat vom Wochenendhaus reinfahren in die Stadt, jedes Mal zwei Stunden im Auto, wenn man den Verkehr in Montreal mit einrechnet.

Sie ist erleichtert, dass sie im Urlaub Zeit haben wird, mich ins Krankenhaus zu fahren und an meiner Seite zu sein.

»Und wie geht es Antouka und Okazou?«, fragt sie.

»Sie sind traurig«, antworte ich. »Sie haben Angst.« Dann muss ich laut lachen.

»Aber Antouka liegt in der Badewanne und betrachtet ihre hübschen Läuferinnenbeine«, sage ich.

Antouka und Okazou sind sich uneins über die Länge ihrer Beine. Es gibt viele Dinge, über die sie sich uneins sind, aber hinsichtlich ihrer Beine gehen ihre Meinungen besonders stark auseinander. Okazou ist um die fünf Zentimeter größer als Antouka. Weil sie größer ist, geht sie automatisch davon aus, dass auch ihre Beine länger sind. Ihre Beine sind schön. Sie entspringen einem wohlgestalteten, kräftigen Becken und haben zwei muskulöse Oberschenkel, die zu jeder prähistorischen Göttinnenstatue gepasst hätten. Ihre Unterschenkel sind schlank, sehnig und elegant, ihre Füße winzig. Sie trägt Schuhgröße 35/36. Ihr Leben lang hat sie Schwierigkeiten gehabt, das Gleichgewicht zu halten. Diese winzigen Füßchen müssen einen beeindruckenden, großen Körper tragen. Von den Füßen abgesehen ist der ganze Körper wohlproportioniert mit einem etwas längeren Oberkörper und etwas kürzeren Beinen.

»Komm, wir vergleichen«, schlägt Antouka vor.

Sie stellen sich nebeneinander, Hüftknochen an Hüftknochen. »Siehst du!«, sagt Antouka. »Meine Oberschenkel sind auf jeden Fall länger als deine. Das sind Läuferinnenoberschenkel!«

Okazou knurrt. Sie holt ein Maßband. Sie messen nach. Okazou glaubt an wissenschaftliche Genauigkeit. Antouka neigt dazu, dem Augenschein zu vertrauen. Sie weiß, dass ihre Beine länger und hübscher geformt sind. Das Maßband offenbart die Wahrheit: ein Unterschied von 2,5 Zentimeter.

»Na, das ist doch fast dasselbe«, beendet Okazou die Diskussion, legt das Maßband weg und verlässt den Ort der Wahrheit so schnell wie möglich.

Habe von 22:45 Uhr bis kurz nach Mitternacht geschlafen und bin seitdem hellwach. Durch die Chemo hat sich die Schlaflosigkeit noch verschlimmert. Im Kopf erzähle ich der Psychologin von der traumatischen Begegnung mit dem Chirurgen, der mir den Port eingesetzt hat. Nachts ist mein Geist ein riesiger Käfig voller Affen, und ich wälze mich in den Fängen ungelöster Probleme und Kränkungen hin und her. Ich kann der Psychologin nicht die ganze Geschichte erzählen, weil alles, was ich sage, »ins System eingegeben wird«. Sie hat mich darüber in Kenntnis gesetzt, dass sie einen Bericht über unsere Sitzungen schreiben muss; alle Krankenhausärzte haben Zugang dazu.

»Ich halte meine Berichte sehr vage«, sagt sie. Ich vertraue ihr. Trotzdem schaffe ich es nicht, ihr von der Geschichte zu erzählen. »Man sollte ihn nicht in die Nähe anderer Menschen lassen«, will ich sagen: »Steckt ihn in ein Forschungslabor oder eine Bibliothek oder an einen gefühllosen Konferenztisch.«

»Er war brutal«, will ich ihr sagen. »Und er hat sowieso den Ruf, schlecht im Umgang mit Patienten zu sein.«

»Er ist nicht der Netteste«, sagen die Krankenschwestern.

Ich atme einmal tief durch und schlucke. Ich weiß, dass die Sitzungen mit der Psychologin dafür gedacht sind, meine Lebenssituation mit Krebs, Chemo und Bestrahlung in einem neuen Licht zu sehen. Um Erschöpfungszustände besser zu verstehen und einen vernünftigen Umgang mit ihnen zu finden. Der Patientin sollen angemessene Werkzeuge an die Hand gegeben werden, um immer besser und besser mit der Situation fertig zu werden.

Morgens um zwei Uhr dreißig lese ich das kleine Tagebuch, das ich vor dem jetzigen geführt habe. Wenigstens gibt es gewisse Hinweise darauf, wie ich die Zeit verbracht habe, aber es ist gefüllt mit den immer gleichen Einträgen über Schlaflosigkeit, Essen, Zittrigkeit und Medikamente. Ohne das Tagebuch hätte ich keine Ahnung, was ich die letzten vier Wochen gemacht habe. Dass der Sinn des Lebens manchmal spätnachts in einem Sessel zu finden ist, wenn *les mots pour le dire* sich wie Perlen auf einer Kette aneinanderreihen.

Ganz und gar das Leben leben

III

In meinem Kopf ist immer noch alles taub, und deswegen beschäftigt sich der Text, den ich schreibe, nur mit den Früchten des jeweiligen Tages. Jemand stirbt. Die Person, die nicht weitermachen kann wie gewohnt. Die Person, die seit Jahren, seit Jahrzehnten mit allem fertigwerden muss. Diese Bewältigungsmechanismen üben Stress auf jede Zelle im Körper aus: Ich kann das, ich schaffe das, ich bin fit, ich bin jeder Herausforderung gewachsen – als Feministin, als Lesbe, als Schriftstellerin, als Immigrantin und nun als Mensch, der mit Krebs lebt – immer werde ich mich dem Unbekannten anpassen.

Angeregte Unterhaltungen mit mehr als einer Person sind mir zu anstrengend geworden. Ich schaue am Esstisch herum, an dem Freundinnen essen und trinken und reden und lachen und gestikulieren und die Köpfe bewegen. Mir ist akut bewusst, wie viel vom Hals aufwärts los ist, wenn ich mich am Gespräch beteilige. Allein aufmerksam zuzuhören und mit dem Hals eine Zeitlang in derselben Haltung zu verharren, ist eine Strapaze.

Wie schnell Augen und Ohren zwischen den Gesichtern hin- und herwandern! Mir ist bisher noch nie aufgefallen, dass jede dieser Mikrobewegungen meine Halsmuskeln beanspruchen. Alles geht mir zu schnell, die Freundinnen reden zu hastig, zu nervös; Stimmen und Ideen und Anspielungen wirbeln durcheinander, bis mir schwindlig ist.

Ich nehme mir Freiheiten heraus. Ich stehe auf und strecke mich voller Erleichterung auf dem Sofa aus.

Ich höre das leise Murmeln einer Stimme am Horizont, die gehört werden will. Sie kommt aus der nahen Zukunft. Die Stimme ist zwar noch schwach, aber dass sie rau, ungehobelt, ohne eleganten Satzbau ist, lässt sich bereits heraushören. Sie spricht wie ein Kind, das isoliert im Wald aufgewachsen ist und sich nun plötzlich in der Zivilisation zurechtfinden muss. Zum Überleben in der Gesellschaft muss es gewisse Dinge lernen, aber nicht alles. Es wäre gut, wenn manche Dinge so außergewöhnlich blieben wie beim ersten Sehen. Die Stimme ist roh, radikal, wissend.

Die letzten sechzehn Jahre lang haben alle Zellen meines Körpers unter Dauerbeschuss gestanden. Alles in mir ist aufgewühlt. Seit 1998 leidet meine langsame Berner Seite unter der ständig überhöhten Geschwindigkeit. Deutsch ist zwar viel schneller als der Berner Dialekt, aber langsamer als Französisch. Seit ich hergezogen bin, bin ich dem hohen Tempo ständig ausgesetzt. Ich habe mich zu sehr bemüht, *part of the game*, ganz wortwörtlich *up to speed* zu sein: Immer nur rennen. Ständig müht sich die Immigrantin, es allen recht zu machen. Unermüdlich lernt sie neue Worte und verbessert ihr Englisch und ihr Französisch. Immer gibt sie Acht.

Vier Sprachströme durchfließen nebeneinander und sich miteinander verzweigend mein Bewusstsein: Schwyzerdütsch, Hochdeutsch, Französisch und Englisch. Der fünfte Strom – Schweigen – wird zu oft vernachlässigt und trocknet aus. Ich habe ihn nicht gut genug gepflegt. Von Natur aus bin ich Zuhörerin. Vom Reden um des Redens Willen bekomme ich schnell Rückenschmerzen. Ich habe die Veranlagung einer Sprinterin: Eine kurze Zeit lang gebe ich alles, dann brauche ich eine Pause, danach kann ich mich wieder kurz auspowern. Jetzt machte ich schlapp wie ein überdehntes Gummiband: Es ist im Laufe der Zeit ausgeleiert. Jetzt lege ich mich lang aufs Sofa.

Lise und ich lernten uns 1988 in Montreal bei der Internationalen feministischen Buchmesse auf Englisch kennen. Als wir 1997 ein Paar wurden, war Englisch unsere gemeinsame Sprache. Sie ist gleichermaßen anglophon und frankophon. Ich gehöre keiner dieser beiden dominanten Sprachgruppen an. Deswegen lebe ich in zwei Kulturen und in ihrer komplizierten Geschichte aus Unterdrückung, Rebellion, Überlebenskampf und Unabhängigkeitsbestrebungen der Frankokanadier. Die Menschen mit zwei Sprachen, ihre Politik und Kultur, werden »die zwei Einsamkeiten« genannt. Ich habe mich auf einer Insel niedergelassen und bewege mich zwischen zwei Einsamkeiten hin und her.

In einer französischsprachigen Gruppe wird Lise Teil der in Montreal vorherrschenden frankophonen Kultur. Auf Französisch haben wir keine Beziehung. Wenn ich sie in unseren ersten Jahren auf einer sprachlichen Wellenlänge mit ihren engen französischsprachigen Freundinnen und früheren Lebensgefährtinnen erlebte, durchfuhr mich jedes Mal ein bohrender Schmerz. Dieser Schmerz hatte einen Namen: ausgeschlossen sein. *Ingroup*. Geheimsprache. Anspielungen, Geschichten, Anekdoten mit Namen von noch anderen Freundinnen, ehemaligen Geliebten, feministischen und lesbischen Kämpfen und Siegen, alles in einem großen, atemlosen Wirbel erzählt.

Für eine Außenseiterin wie mich ist der Zusammenhalt, das Netzwerk der Quebecerinnen schwer zu verstehen – wie und warum sie zusammengehören und sich gegen die Übermacht der allgegenwärtigen englischen Sprache, Politik und Lebensweise solidarisieren. Sie halten zusammen, allen Widrigkeiten zum Trotz. Sie haben eine französischsprachige

Kultur und Identität zu verteidigen. Unterhaltungen werden schnell zu Insidergesprächen. Aus diesen Gesprächen beziehen die *Québécoises* Rückbestätigung, Selbstbehauptung und auch eine gute Portion Trotz. Teil dieser Komplizenschaft zu werden, ist unmöglich.

Ich muss allerdings anmerken, dass die *Québécoises* ausgezeichnete Geschichtenerzählerinnen sind.

Sie lieben es, sich Geschichten zu erzählen, die zwanzig, dreißig und mehr Jahre zurückliegen. Wenn sie den Namen einer Freundin erwähnen, haben sie ein Gesicht vor Augen, eine Landschaft, eine Straße, ein Haus, und Stimmen, Gespräche.

Lise und ich haben keine gemeinsamen Erinnerungen aus unserer Jugend. Seit ich in ihrem Land lebe, fange ich an, mir ihre Geschichten anzueignen. Es fühlt sich an, als würde ich in einer geborgten Wirklichkeit leben. Ich bin nicht ich. Die Namen meiner Freundinnen aus den vergangenen Jahrzehnten in Europa bleiben farblos und abstrakt. Aus meiner Vergangenheit habe ich keine Verbündeten an meiner Seite. Manche Menschen wollen keine neuen Freunde. Ihr Clan, ihre Clique genügen ihnen. Ich gehe auf sie zu, ich lächle, ich trete mit ihnen in Kontakt. Ich bin gern mit anderen Menschen zusammen. Ich gehöre gern irgendwo dazu. Ihre Welt will mich schlucken. Ich passe auf wie ein Luchs: Ich richte die Ohren auf, ich verenge die Augen. Ich entwickle animalische Fähigkeiten. Ich bin ruhig wie eine Strumpfbandnatter. Von oben habe ich alles im Blick, von verborgener Warte aus sehe ich zu, ich fliege, ich singe, ich schmiege mich an wie eine Katze. Ich gehe meines Weges.

Nach einer langen Zeit, mehrere Jahre sind vergangen, bemerke ich Leute, die immer wieder auf mich zukommen. Ich lerne zu unterscheiden, wer meine Gesellschaft sucht und wer nicht. Für eine Immigrantin muss erst viel Zeit vergehen. Nach und nach gesellen sich Gesichter zu den Montrealer Geschichten; an manchen Orten bin ich schon selbst gewesen und erkenne die Namen wieder. Nach einigen Jahren habe ich meine eigenen Freundinnen. Nach noch mehr Jahren habe ich mein eigenes kleines Dorf um mich geschart. Wiederum mehrere Jahre später dämmert mir beziehungsweise meinem Körper, dass ich aufhören könnte, ständig auf die Welt zuzugehen und mich über meine Grenzen hinwegzusetzen.

Ich höre das Grummeln der zukünftigen, barschen Stimme. Sie ist mir immer ganz nah gewesen, in meinen Eingeweiden, diese Stimme. Ich habe mich gegen sie gewehrt. Man kritisiert die Menschen nicht, die einen willkommen geheißen und aufgenommen haben. Aber jetzt verstehe ich, dass durch die Einwanderung zu dem Fremdsein in dieser Welt als Frau und als Lesbe noch eine weitere Schicht hinzugekommen ist. Es hat meiner Erfahrung als Immigrantin eine neue Tiefe verliehen und mir geholfen, besser zu verstehen, was uns voneinander trennt und wie wir Fremde oder Neunankömmlinge willkommen heißen oder ausschließen.

Wenn wir uns mit einer Freundin zurücklehnen, mit der wir nah und vertraut sind, lehnen wir uns in die gesamte Geschichte einer Person, einer Freundschaft, einer Liebe, zehn oder mehr Jahren gemeinsamer Aktivitäten, Aktionen, Erinnerungen. Wir bilden eine *community* – wir sind füreinander da, die haben wir uns, auf der ganzen Welt verteilt, geschaffen – eine Gemeinschaft. Eine Wahlfamilie.

Englisch war immer schon die Fremdsprache meiner Wahl, obwohl wir in der Schweiz als erstes Französisch lernen, eine der vier offiziellen Landessprachen, zu denen Englisch nicht gehört. Auf Französisch habe ich keine feministische und lesbische Vergangenheit. Ich habe mich nicht in die französischsprachige feministische Theorie vertieft. Die wenigen französischen Autorinnen, die ich gelesen habe, Monique Wittig, Natalie Sarraute und Marguerite Yourcenar, las ich zuerst auf Deutsch, oder ich übersetzte selbst etwas von ihnen, wie im Fall von Monique Wittig. In der englischsprachigen Lektüre fühle ich mich seit den Siebzigerjahren zu Hause, seit ich die ersten amerikanischen lesbischen Feministinnen kennenlernte.

In der französischen Sprache ist mir unbehaglich zumute. Französisch war schon in der Schule einschüchternd. Französisch spricht man weiter oben in der Kehle, mit einer höheren Stimme als Englisch oder Deutsch. Bis zum heutigen Tag habe ich auf Französisch nicht das Gefühl, einen Körper zu haben oder meinen Körper zu bewohnen.

Es hat Zeiten gegeben, in denen ich Mitglied verschiedener englischsprachiger Schreibwerkstätten in Montreal gewesen bin. In manchen Jahren erhielt ich Gelegenheit zum Unterrichten, einmal ein germanistisches Seminar an der McGill University als *Co-teacher* oder Kreatives Schreiben für Einwanderer, doch das war nie von längerer Dauer. Dennoch bin ich außerordentlich dankbar dafür, dass die englische Übersetzung meines ersten und dritten Buchs *Häutungen* (»*Shedding*«) in kanadischen und amerikanischen Universitäten auf der Leseliste steht.

Ich wurde von germanistischen Fachbereichen eingeladen und unternahm einige wunderschöne Reisen durch den riesigen nordamerikanischen Kontinent. Mein Leben als Schriftstellerin hätte gern so weitergehen können: Reisen an neue Orte, Kennenlernen inspirierender Menschen, eine Autorin sein, die ihr Werk vielerorts vorstellt und nach ihrer Rückkehr Geschichten zu erzählen hat. Anfangs war ich sehr begierig darauf, in Kanada anzukommen, hierher zu gehören, es hier zu schaffen. *Es zu schaffen.* Was zu schaffen? Schreiben, egal in welcher Sprache, hat für mich immer Freiheit bedeutet, Zuflucht, Rettung, Schutz. Die Seite oder der Bildschirm war mir der Raum, der die Schläge und Wirrungen abfederte, die mir von Außenwelt oder Mitmenschen zugefügt wurden. Der Raum, der zumindest vorübergehend Erleichterung bot, in dem sich die Last auf meiner Seele ein wenig hob. Der Raum, in dem ich mich ungesehen und ungestört bewegen konnte, um sie zu finden, *les mots pour le dire* – die Worte zu finden, die passenden Worte, um Dinge zu zeigen, den Text immer und immer wieder zu überarbeiten und schließlich in die endgültige Form für die Leserschaft zu bringen.

Während ich dort allein auf dem Sofa ausgestreck liege, erlebe ich meine Erfahrungen als Einwanderin noch einmal, eine Stunde nach der anderen, und mit ihnen meine Ängste vor Unsicherheit und Treulosigkeit. Mein angeschlagener Gesundheitszustand öffnet den Erinnerungen an Erlebnisse, die mich geschwächt haben, Tür und Tor. Sie ziehen in meinen Kopf und in mein Herz ein, als hätte ich ihnen kostenlose Wohnstatt in mir angeboten. Geschlummert hatten die schlechten Erinnerungen, manche waren verblasst. Ich öffne die Luchsohren nach hinten, zur Vergangenheit, und ich höre Grollen. Ich höre Hämmern. Am Leben einer Person wird immer mehr weggemeißelt, alles, was man versucht hat, alle Bemühungen. Das Leben grinst mich an wie ein mottenzerfressener Pelz.

Garten

Das Wetter ist eine Form der Kommunikation.
Der Dialog zwischen dem Ich und der Atmosphäre
gibt den Ton für den ganzen Tag vor.
Die Veränderlichkeit.
Das überwältigende Spektrum an Möglichkeiten
übt vermutlich einen stärkeren Einfluss
auf die menschliche Psyche aus als alles andere.

STANLEY KUNITZ: THE WILD BRAID
A POET REFLECTS ON A CENTURY IN THE GARDEN

Mit Garten meine ich Wetter, Bäume, den vergänglichen Genuss großer Schönheit; Blumen, Gemüse und Tiere; Tiere, die in der Natur leben, und die Katzen, die wir den Sommer über mitbringen.

Die anderthalbstündige Fahrt ist schrecklich für die Katzen, die in ihrer Kindheit nicht gelernt haben, im Auto mitzufahren. Minoushka ist erzürnt darüber, dass sie eingesperrt ist; während der ganzen Fahrt maunzt und knurrt sie und schlägt mit den Tatzen verzweifelt gegen die Gitterstäbe des Käfigs. Manchmal kackt sie ihn auch voll. Tux wird vom Autofahren seekrank und beklagt sich mit seinem kleinen Vogelstimmchen. Kerzengerade sitzt er da; sein Speichelfluss ist so stark, dass ihm der Sabber bei der Ankunft vom Maul bis zum Boden hängt. Die Katzen mit Medikamenten oder Futter ruhigzustellen, ist unmöglich. Wir lassen Klassik laufen und unterhalten uns leise, damit auch unser Herzklopfen während der Fahrt allmählich ruhiger wird.

Am Tag danach kotzen beide Katzen.

Mit Garten meine ich Begegnungen. Lise hat ein Tier am Rand unseres Graslands erspäht, das wir noch nie bei uns gesehen haben. Wie eine Mischung von Hund und Kojote sah es aus, die langen Hinterbeine deuteten auf Kojote hin. Es gefiel ihr gar nicht, dass sich das unheimliche Tier dort ziemlich zu Hause zu fühlen schien. »Die Katzen«, sagte sie und fing augenblicklich an, sich Sorgen zu machen. Die Katzen sind es gewöhnt, nachts draußen zu sein. Lise hat eine starke Verbindung zur Tierwelt und weiß ihre Zeichen zu deuten. In letzter Zeit sind wir nicht häufig auf dem Land gewesen, und das Haus wirkte ein wenig verlassen.

Mit Schönheit meine ich die Existenz von dunkelblauer Iris und hellblauer Iris, und dazwischen entrollen rosafarbene Lilien ihre Blütenblätter.

Ein unauffälliger, flacher, grauer Kiesel mit schwarzen Tupfen liegt auf der umgedrehten, blauen Recycling-Box: ein fast vertrockneter Frosch. Als ich ihn sanft berühre, gerät er in Panik. Ich trage ihn zusammen mit der Box zum Gartenteich und lasse ihn dort ins Gras gleiten.

Mit Garten meine ich Energie. Mit Energie meine ich, wie gut mir die Erde tut in meinem von der Bestrahlung gedämpften, steroidschwindligen Erschöpfungszustand. Neue Energie durchströmt mich, wenn ich über unser Grundstück gehe und auf der Erde sitze. Innerhalb weniger Stunden bin ich wieder in der Lage, die schmale Treppe im Haus problemlos hochzusteigen. Wenn ich zwischen meinen zweistündigen Schlafphasen nachts aufstehe, fühlen sich meine Muskeln erholt und gestärkt an.

Der Gemüsegarten hat sehr unter dem monsunartigen Regen gelitten. Durch das Unwetter hat sich die oberste Humusschicht in alle Richtungen verteilt, die Beete haben ihre Form verloren, die Wege sind ausgewaschen. Die Erde ist klatschnass. Alles wächst und wuchert. Als ich ins Dorf fahre, fühle ich mich voller Elan, lasse laut Pink Martini laufen und möchte Tango tanzen lernen.

Mit Garten meine ich die aus dem Boden aufsteigende Hitze. *Wann* das auf diesem Kontinent eintritt, ist mir nach wie vor ein Rätsel. Es kommt vor, dass der See noch zum Teil eisbedeckt ist oder man sogar auf dem zugefrorenen See herumlaufen kann, und urplötzlich entströmt der Erde Hitze. Sie atmet heiße Flutwellen ein und aus.

Mit Garten meine ich den Genuss des Sommerlichts.

Mit Licht meine ich, dass wir uns aufwärts in den riesigen Himmel fallen lassen und im unablässigen Strom des Lichts mitschwimmen.

Sommersonnwende, ein herrlicher Morgen, um sechs in der Frühe vier Grad Celsius. Sommerfrüchte, ein Mund voller Beeren: Beim ersten Biss sind sie knackig, dann saftig. *Köstlich.* Kaum dem Winter entronnen ist die Hochsaison des Jahres mit viel Sonne und trockener Hitze da.

Wunderschönes Abendlicht, blauer Himmel mit rosa Streifen und taubenblauen Wolkenbändern. Die Seerosen werden uns bald ihre gelben Staubblätter zeigen, die Ochsenfrösche haben mit ihrem ohrenbetäubenden nächtlichen Paarungsruf begonnen.

Mit vergänglichem Genuss großer Schönheit meine ich Augenblicke, in denen ich ganz da bin.

Alltägliche Eindrücke und Empfindungen kehren zurück, die ich in den vergangenen sechzehn Jahren in Quebec liebgewonnen habe: *les gestes et sensations*, die den Quebecer Sommer ausmachen. Den Duft der Kiefern und ihres tropfenden Harzes einatmen, während ich mich barfuß über trockene Nadeln und kleine Zapfen taste. Mit jedem Schritt treffen meine nackten Fußsohlen auf einen anderen Untergrund. Jede Empfindung ist stark und konzentriert. Mit konzentriert meine ich, dass ich meinen betäubten Wattezustand gegen eine vertrautere Art der Wahrnehmung eintausche.

Mit Garten meine ich Verbindung, Verbundenheit. Im Film der Natur sind wieder Pflanzen, Bäume, Blumen und Tiere zu sehen. Er zeigt uns vertraute Bilder auf eine neue Art: als würde man alte Freunde wiedertreffen, die sich ein wenig verändert haben. Der Garten bietet Vergewisserung, Kontinuität, einen Vertrag.

Bei unserer Ankunft liegt eine junge Strumpfbandnatter im Vorgarten an der heißen Backsteinwand. Ihre Haut glänzt in der Sonne. Vielleicht hat sie die alte erst an diesem Tag abgestreift.

Am 23. Juni ist es so warm, dass ich nach einem englischen Äquivalent für »glutheiß« suche: *sizzling hot, blistering heat, the day is a scorcher.*

Beide Katzen haben sich mittlerweile völlig an die neue Umgebung gewöhnt und in glückliche Landkatzen verwandelt. Zwei Tage lang waren sie sichtbar desorientiert und verstört. Für sie muss die Autofahrt eine Art Langstreckenflug sein. Oben auf dem Flur stößt Minoushka einen ihrer markerschütternden Schreie aus, mit denen man Tote wecken könnte.

Ich schlafe ein, Licht an, Brille auf, David Servan Schreibers Buch in Händen: »*On peut se dire adieu plusieurs fois.*« Unendlich tiefer Schlaf von elf Uhr nachts bis ein Uhr morgens, der mir wie acht Stunden vorkommt, ich fühle mich hellwach.

Als ich im Morgengrauen die Toilettenspülung betätige, wird ein in der Schüssel sitzender kleiner Käfer mit weggespült und blinkt im Untergehen. Durch das gurgelnde Wasser hindurch leuchtet ein winziger Lichtblitz auf – das letzte Blinzeln eines Glühwürmchens.

Als ich im Dunkeln die Einfahrt hinuntergehe, um den Müllsack in den Holzbehälter an der Straße zu stellen, taumeln die Glühwürmchen in den hohen Tannen und schmücken sie mit ihren blinkenden Lichtern. Auch über dem See fliegen Glühwürmchen und unten auf der Wiese, wo die Nacht rabenschwarz ist. Kein Strahl elektrischen Lichts reicht dorthin. Die Dunkelheit ist mit samtiger Stille und dem funkelnden Tanz der Glühwürmchen gefüllt.

Mit Garten meine ich hinuntergehen an den See und im Wasser waten. Es ist ein kleiner, runder See, der vor zwei Generationen künstlich angelegt worden ist. Es gibt einen schlammigen Einstieg mit Seerosen und Algen und einen kleinen Sandstrand, zu dem wir mit dem gelben Tretboot oder einem Kajak oder zu Fuß durch den Nachbarsgarten gelangen. Mit See meine ich mich auf dem Rücken treiben lassen und den weit entfernten Himmel bewundern oder mich auf die Hände stellen und die Füße in die Luft recken. Während ich mich trocknen lasse, lese ich den Enten, die ihre endlosen Kreise durch den See ziehen, etwas aus May Swensons Gedichten vor:

> *Earth will not let go of our foot*
> *Except in her sea cup she lets us float.*

Enten sind kein schlechtes Publikum. Ich trage ihnen auch ein paar selbstverfasste Absätze über die verstorbene Silvie vor, um den Rhythmus zu testen, dann noch etwas Lyrik, um sie nicht zu sehr aufzuwühlen.

Mit Garten meine ich bücken.

Die Erde berühren. Wissen, wo Essbares wächst und wie. Es wächst nicht in der Horizontalen, nicht wie im Supermarkt, wo ich ins Regal fasse und mir das heraushole, was ich zur Zubereitung einer Mahlzeit brauche.

Vorgebeugt kann ich nach wie vor nicht arbeiten. Ich sitze auf dem Boden und ziehe im Kreis um mich herum das Unkraut aus dem Boden. Das Land atmet den Winter in einem langen Atemzug aus. Ich bin erleichtert, dass die Gartensaison etwas verspätet beginnt.

Ich sitze auf dem Boden. Sobald ich aufstehe und mich bewege, wird mir schwindlig. Immerhin kann ich selbstständig laufen. Aus der Hintertür und hinunter in den Garten gehe ich, den kleinen, mit Kiefernnadeln bedeckten Hang hinab, ein wackliges, vorsichtiges Schrittchen nach dem anderen. Selbst an guten Tagen bin ich schon auf Kiefernnadeln ausgerutscht.

Mit Garten meine ich: Ich kann auf meinen eigenen zwei Beinen gehen. Ich brauche keine vierspurige Straße zu überqueren. Keine fiependen Laster, keine Presslufthammer. Niemand muss mich irgendwohin fahren. Mit Garten meine ich: In der Natur geht es sich einfacher als auf den unnachgiebigen Straßen der Stadt. Wenn mir zu schwindlig ist, setze ich mich einfach auf den Rasen, da, wo ich gerade bin, oder halte mich an einem Baum fest. Egal, wo ich auch verharre, überall ist eine ganze Welt, die ich betrachten kann, und alles in ihr ergibt einen Sinn.

Mit Gemüse meine ich den Gemüsegarten, den ich vor drei Jahren angelegt habe. Die krautige Wiese war der einzig geeignete Fleck auf dem Grundstück, und, wie sich herausstellte, auch der wärmste. Sonne und Mond gehen an der östlichen Ecke des Gartens auf, wandern schräg über ihn hinweg und tränken ihn mit ihrem Licht und ihrer Energie. Kein Tier hat je auch nur ein Blatt meines Gemüses weggefressen. Unser Grundstück gehört den Vögeln und Fischen. Hin und wieder schaut ein Fuchs vorbei oder ein Waschbär oder ein Murmeltier, *une marmotte*. Am Spätnachmittag hat es den Schutz des Waldes verlassen und auf der Wiese gegrast. Ob die Katzen den Gemüsegarten beschützen? Tux liegt am liebsten zwischen den Tomatenstöcken, wo die Hitze sein schwarzes Fell zum Dampfen bringt. Er sucht sich immer die wärmste Stelle auf dem ganzen Grundstück und legt sich dort hin.

Mit Garten meine ich Pläne machen für die kurze Sommersaison mit ihren Wundern und überschwänglichen Freuden. Ich sitze mitten drin in diesen Wundern und betrachte sie. Ich bin glücklich, dass diese Erinnerung in mir entstanden ist: die Erinnerung an das Glück, auf der Gartenerde zu sitzen.

Andrée und Martina lockern Seite an Seite den Boden, ihre Hüften und Arme bewegen sich im Gleichtakt. Ab und an stützen sie sich auf ihre Werkzeuge, um etwas zu sagen oder den Hut oder das Kopftuch zurechtzurücken. Ihre Bewegungen wirken wie ein in Zeitlupe ausgeführter Tanz.

Abends spazieren wir über unser Grundstück und legen uns auf den warmen, flachen Felsen neben dem Virginischen Wacholder. An seinen hohen Zweigen hängen noch die verblassten, handgeschriebenen Bänder von einer Genesungswunsch-Versammlung, die wir hier für eine kranke Freundin abgehalten haben. Die Sonne hat den Felsen gewärmt, geht jetzt hinter dem See unter und hinterlässt milde Luft und friedliche Stimmung.

Oder es gibt wie ein Wunder, eine weiße Wolke, bevor das blaue Abendlicht anbricht. Sie füllt den Himmel wie ein Versprechen, wird mit jeder Minute heller und strahlender. In der Ferne ist Donnergrummeln zu hören, gefolgt von Wetterleuchten, dann verändert die Wolke allmählich ihre Form und verteilt ihr Weiß über den ganzen Himmel.

Über mir fliegt ein Fischreiher, den Körper zu einer geraden Linie ausgestreckt. Ich stehe im Garten und schaue mit offenem Mund zu ihm hoch, während ich das Gemüse wässere. Die Idee einer Tuschezeichnung hat den Abendhimmel durchquert. Der Vogel landet auf dem Wipfel einer Tanne, reckt seine spitze Silhouette dem Himmel entgegen und lässt sich dann nieder, als habe er dort oben ein Nest; nur der lange Schnabel ist noch zu sehen.

Mit Garten meine ich Seligkeit. Bei jedem Gang ums Haus stecke ich meine Nase in die aufgehenden Jasminblüten und atme ihren geliebten Duft ein. Um den Teich herum stehen orangefarbene Taglilien und weiße Chrysanthemen, deren Knospen sich jederzeit öffnen können. Vor dem Haus blüht die niedrige, filigrane Glockenblume. Das feurige Rot des Bienenbalsams wird bald folgen; *les monardes* sind die Nachbarn der hohen Königinnen, der Stockrosen: *les roses trémières*.

Mit Garten meine ich die Güte, die von traumlosem Schlaf geschenkt wird – meine Gefährtin hört, wie ich um vier Uhr morgens laut und deutlich äußere: *Life is good. Das Leben ist gut.*

Mit Garten meine ich, auf Thich Nhat Hanh zu hören:

Gehe so, als würdest du die Erde
mit deinen Füßen küssen.
Du trägst Mutter Erde in dir.
Sie ist nicht nur außen.
Mutter Erde ist nicht nur deine Umwelt.
Wenn man dieses Zwischen-Sein versteht, ist wahre
Kommunikation mit der Erde möglich, und diese
Kommunikation ist die höchste Form des Gebets.

Mit Garten meine ich eine Sprache, die im Jetzt existiert. Jetzt ist Realität. Jetzt und jetzt und jetzt. Grüne Raupen auf den Blättern der Schwarzen Johannisbeere. Die ersten Triebe der Päonien, des Rhabarbers. Die ersten beiden winzigen Ringelblumenblätter, ein Bohnenpflänzchen.

Der Garten ist ein Körper, er atmet ein, er atmet aus.

Erst ist da eine Wiese, dann Erde. Ein Arbeiter kommt mit einer kleinen Bodenfräse. Das Terrain, das ich in einen Gemüsegarten verwandeln will, misst ungefähr siebzig Quadratmeter. Es ist die einzige Stelle auf dem ganzen Grundstück, die flach ist und keine sichtbaren Felsen oder unterirdische Steinplatten hat. Ein Stück entfernt steht ein riesiger, alter Virginischer Wacholder auf der Wiese, der seine langen Wurzeln unter dem Gras ausstreckt. Unter der Wiese dahinter liegt ein ehemaliger Sumpf. Dort bleibt der Boden bis ins späte Frühjahr hinein gefroren und ist den ganzen Sommer über nass. Der Arbeiter mit der Bodenfräse kämpft sich acht Stunden lang schwitzend durch dickes Gras, Wurzeln und Steine, um den Boden einmal grob umzupflügen.

Als nächstes gehe ich auf alle Viere. Ich nehme jedes Grasbüschel einzeln in die Hand, schüttele die Erde ab und ziehe es heraus. Das fühlt sich echt an. Mit echt meine ich einen Ort, an dem ich Sprache, Zyklen, Rhythmen, Konsistenz kenne. Windsprache, Sonne-, Mond- und Regensprache, Licht und Farben. Vögel, Würmer, Schmetterlinge, Insekten, Maden. Im Garten weiß ich, wo ich hingehöre. Im Garten bin ich keine Immigrantin und keine Patientin. Ich drehe Grasbüschel um. Mein Werk, meine Struktur, mein Muster. Stunde um Stunde knie ich dort.

Zwei Tage lang mache ich das, bis fast kein Unkraut mehr übrig ist. Als nächstes schleife ich vier lange Planken dorthin und teile die Fläche in vier Quadrate auf. Ich stelle mich auf die Bretter, mache die Arme ganz lang und ebne die Erde mit der Harke. Ich werfe Buchweizensaat darauf und drücke sie mit der Rückseite der Harke an. Am Abend fängt es an zu regnen. Ein sanfter, warmer Frühlingsregen fällt auf die frisch gepflügte Scholle. Die ganze Nacht lang singen die Frösche vom Erwachen der Erde. Am nächsten Tag fliege ich nach Europa.

Als ich drei Wochen später wiederkomme, bedecken Buchweizenschösslinge die gesamte Fläche. Dass man Buchweizen als Gründünger benutzen kann, habe ich von den gärtnernden Nachbarn gelernt. Man gräbt die Pflanzen unter, eine Reihe nach der anderen, dann pflanzt oder sät man etwas Neues ein. Wenn man den Buchweizen herauszieht, merkt man, dass der Boden gut belüftet und krümelig ist. Das dicke Wiesengras mit seinen hartnäckigen Wurzeln kann nicht oder nur wenig nachwachsen.

Als erstes kommen die Blumen, natürlich. In der Mitte des Beets lege ich einen Kreis an, schleppe ein paar dicke Steine hin und schaffe einen Platz für Päonien, Lavendel und Ringelblumen. Im Wald finde ich einen großen, glatten Stein. Selbst zu zweit können wir ihn nicht hochheben. Wir wickeln ihn in Kartoffelsäcke und binden einen Strick darum. Lise freut sich, dass sie etwas mit ihrem Kleintraktor abschleppen kann. Als nächstes setze ich auf der ganzen Fläche Kartoffeln. Ihre Wurzeln bereiten die Erde meines zukünftigen Gartens auf.

Ein Garten bietet ein Gesprächsthema, Anlass zum Austausch. Ich gehe das alte polnische Ehepaar besuchen, das im Wald auf der anderen Straßenseite wohnt. Wanda erzählt mir die Geschichte ihres Gartens. Darin kommt eine Nachbarin mit einem Pferd und einem Pflug vor, mit deren Hilfe sie ein Stück Land vor ihrem Haus umgepflügt hat. Dann hat sie Kartoffeln gepflanzt. »So schafft man sich gute Erde«, sagt sie. Jetzt im Alter hat sie ihren Garten in eine Himbeerplantage verwandelt. Sie ist dreiundachtzig, ihr Mann neunzig. Seit sie sehr alt sind, verbringen sie den Sommer nicht mehr auf dem Land. Die Himbeertriebe wuchern über alle ordentlichen Reihen und Metallspaliere hinweg. Sie sehen schon fast wie die wilden Himbeeren aus, die hier im Wald wachsen.

Wir sind vier Lesben auf einem Grundstück. Eine Mediatorin, eine Filmemacherin, eine Tischlerin, eine Schriftstellerin. Drei von uns tischlern, malern, renovieren, reparieren, hacken Holz, kochen und putzen. Ich schreibe, lese, gärtnere, hacke Holz, koche und putze.

Im Garten quälen mich keine Zweifel und Ängste. Keine Zwänge lasten auf mir. Wenn Saatgut nicht aufgeht, wenn Spinnen oder grüne Raupen über die Roten und Schwarzen Johannisbeerbüsche herfallen, dann ist das alles Teil der Gartengeschichte. Misserfolg gibt es nicht. Der Garten ist perfekt, ob der Mangold nun von Larven gefressen wird oder die grünen Bohnen wunderbar wachsen oder nicht. Die Kapuzinerkresse breitet sich zwischen dem Gemüse aus und zeigt ihre orangeleuchtenden Blüten. Dazwischen schweben gelb- und orangefarbene Ringelblumen. Die gesamte Oberfläche ist mit üppigen grünen Blättern bedeckt, dazwischen Inseln intensiv leuchtender Blüten. An einem bedeckten Tag ersetzt ihre Leuchtkraft das Sonnenlicht.

Wenn ich morgens als erstes in den Garten gehe oder ihn nach ein paar Tagen Abwesenheit wieder betrete, wächst meine Neugier und Aufregung mit jedem Schritt. Wie wird er diesmal aussehen? Wie hat er sich verändert? Da liegt er, unberührt. Ich lächle hingerissen. Dabei ist er ja eigentlich nur ein von dickem Gras umgebenes Viereck. Eingezäunt ist er nicht. Er liegt offen inmitten der Wiese und zeigt seine Schönheit. Hier ist das Tier aus Mary Olivers Gedicht lebendig: »... du brauchst nur das weiche Tier deines Körpers das machen zu lassen, was es am liebsten tut.« Ich spüre seinen heißen Atem, seine Tatzen. Es ist eine Katze, die den ganzen Nachmittag lang schläft. Es ist eine sich in der Sonne wärmende Strumpfbandnatter. Es ist etwas, das sich beständig zusammenringelt und wieder spreizt. Es will spazieren gehen. Es schert sich nicht, ob es für irgendetwas gut ist oder nicht. Es gibt so viele Worte, die es nicht kennt: Wettbewerb,

Exzellenz, Beweis. Es kümmert sich nicht darum, was es hinterlässt, wenn es mal nicht mehr da ist, oder andere sinnlose Fragen dieser Art. Wenn es kämpft, dann nur, weil eine echte Gefahr besteht oder echter Hunger. Ich gebe mich der Liebe des weichen Tiers hin. Hitze und Kälte wechseln sich in meinem Körper ab wie Tag und Nacht, wie Geräusche, Licht, Dunkelheit, Scharren, Summen, Zwitschern, manchmal auch durch Mark und Bein gehende Schreie.

Die Niedergeschlagenheit des Krankenhauses und die Verzweiflung über Infusionen und die Vorschriften der Pharmaindustrie lösen sich in Luft auf.

Antouka ist hingerissen von ihrem eigenen Anblick bei der Betrachtung des Gartens. Als sie in der Badewanne liegt, sinnt sie über ihre schlaffer und dünner werdenden Beine nach.

Sieh dir nur diese langen Oberschenkel an, diese Muskeln!, verkündet sie stolz. *Solche Beine hat nur eine Läuferin!*

Mit Garten meine ich in der Gartenlaube sitzen und etwas über Antouka schreiben. An warmen Tagen ist die Laube mein Atelier. Wenn ich nicht dort arbeiten kann, bin ich verloren. Wenn ich dort sitze, erfüllen mich die Geräusche und Eindrücke hinter dem schützenden Fliegengitter mit Glückseligkeit. Wasser aus dem Bach fließt plätschernd in den Teich, und die schweren Zweige der Tannen rauschen im Wind, als säße ich im Hochgebirge. Das Gekreisch der sich zankenden Blauhäher und Krähen vermischt sich mit Licht und Schatten, die über die Erlen am Seeufer tanzen. Auf der Wasseroberfläche schimmern gleißende Tropfen, die Licht zurück zur Sonne schießen. In diesem winzigen Ausschnitt der überall stattfindenden Wunder sitze ich in einem Liegestuhl aus dunkelgrünem Segeltuch, um den Hals die Nackenstütze, die ich bei Interkontinentalflügen benutze, vor mir ein Tischchen, darauf der Laptop. Manche Sätze auf dem Bildschirm ziehen mich tiefer in den Text, auch wenn er noch ungeschlacht und schwach ist.

Noch im Mai gab es eine dunkle Woche. An einem Nachmittag stritten wir uns am Telefon. Immer gibt es so einen
Nachmittag, an dem dieses oder jenes passiert, denke ich, als
ich auf dem Teppich liege. Ich schaue aus dem Fenster und
unterbreche meine Dehnübungen.

Wir streiten uns am Telefon. Der Anlass ist meist nichtig.
So ähnlich, wie wenn man sich nach einer schlaflosen Nacht
schwach fühlt und leicht Opfer alter Bitterkeit wird. Alles ist
außer Proportion geraten. Man denkt in Sprechblasen:
Immer! Nie! Knall! Peng!

Meine Lebensgefährtin will sich so gut wie möglich um
mich kümmern. Anderen helfen zu wollen, ist eine ihrer
stärksten Charaktereigenschaften. Mich will sie nicht nur
gut, sondern optimal betreuen. Sie sagt dies, ich sage das, sie
regt sich auf, ich rege mich auf, an beiden Enden wird ins
Telefon geschrien, dann herrscht Schweigen. Aus der Angst
keimen neue Ängste, und wir tun einander weh.

Gertrude Stein hat geschrieben: *Wenn ich bedenke, wie
gefährlich alles ist, brauche ich eigentlich nichts besonders zu
fürchten* – oder war das andersherum?

Anfangs ist man blind vor Liebe. Nach der ersten großen
Krise lernt man die wahre Person hinter dem himmlischen
Wesen kennen, in das man sich verliebt hat. Man versucht zu
verstehen, wie sie funktioniert, welchen Ballast sie mit sich
herumschleppt. Oft ist es die Mutter oder der Vater oder beides. Geschwister hinterlassen auch ihre Spuren, und Tanten
können ebenfalls einen wohltuenden oder disaströsen Einfluss ausüben.

Als Kleinkind war meine Lebensgefährtin mit viel Zorn
konfrontiert. Sie hatte eine zornige, deprimierte und in sich
gekehrte Mutter, die dann chronisch krank wurde. Die
Tochter versuchte alles, um die mächtige Autorität aufzuhei-
tern und zufriedenzustellen. Ständig versuchte sie verzweifelt, die Aufmerksamkeit dieser Mutter zu erheischen und

Zuwendung oder womöglich sogar Liebe von ihr zu bekommen.

Meine Lebensgefährtin kann nicht gut mit Krankheit und Krankenhäusern umgehen. Das ist nicht ihre Stärke, und es gab ein Trauma in der Kindheit. Ihre Gaben und Fähigkeiten liegen auf anderen Gebieten. Sie blüht auf, wenn sie Menschen zu verstehen versucht. Sie verdient ihren Lebensunterhalt damit, Menschen in Konfliktsituationen zuzuhören und Mediation und Training in gewaltfreier Kommunikation anzubieten. Nun hat sie mit Freundinnen über mich gesprochen und erwähnt, dass ich Hilfe beim Gärtnern brauche. Die Freundinnen sind bereit, meine Gartenarbeit und meine Aufgaben zu übernehmen, zusätzlich zu der ganzen Arbeit, die an unserem Wochenendhaus zu tun ist. Etliche geliebte Tätigkeiten wie Holzhacken, Kienspäne spalten und Traktorfahren habe ich bereits aufgeben müssen.

Lise hatte mich nicht vorher gefragt, wem ich etwas von meiner Gartenarbeit abgeben wollte. Vor lauter Angst schrie ich los und fauchte wie ein Tier. Ein Garten will nicht schnell und effizient behandelt werden; er verlangt nach Berührung durch die Hand der Gärtnerin.

Die Tatsache, dass hinter meinem Rücken über mich und meine Hilfsbedürftigkeit geredet wird und dass die anderen ihre Hilfe anbieten und kräftig zupacken können, erzürnt mich. Gärtnern ist wie zusammen tanzen oder kochen; man muss sich auf die Partnerin und die Pflanze, das Samenkorn, den Boden und den Rhythmus der Jahreszeiten einlassen. Lise hat es doch nur gutgemeint, als sie eine Entscheidung für mich getroffen hat. Ihre Absichten waren gut gut gut, sie wollte mir doch nur helfen helfen helfen! Sie regt sich fürchterlich auf, weil ich sie in meinem Wutausbruch angeschrien habe. Meine laute Stimme wirkt vorwurfsvoll auf sie, und sie zieht sich in Schweigen zurück.

Natürlich kennt man seine Lebensgefährtin nach nur neunzehn gemeinsamen Jahren noch nicht. Man hat ungefähre Vorstellungen, von denen einige noch immer rein auf Vermutungen beruhen. Was man von ihr weiß, hängt davon ab, ob man gewisse Charakterzüge liebt oder nicht, und das wiederum hängt davon ab, wie diese zu den eigenen Bedürfnissen, Ängsten und Erwartungen passen oder eben nicht passen. Erwartungen sind Trickbetrüger, die einem immer wieder das Bein stellen.

Ich bin versucht zu sagen: Meine Gefährtin kann nicht gut mit Wutausbrüchen umgehen. Ich spreche aus Erfahrung. Sie anzuschreien ist ein Verbrechen. Augenblicklich sieht man ihre Mutter auferstehen und wie Godzilla über der Stadt New York aufragen.

Ich hingegen habe Probleme damit, meine Bedürfnisse zum Ausdruck zu bringen, weil ich Angst habe, jemanden zu verärgern und dann seine oder ihre Liebe zu verlieren (angefangen mit meinen Eltern habe ich diese Erfahrung mein ganzes Leben lang immer wieder gemacht).

Das ist unsere Situation. Wir sind beide mit Leichtigkeit in der Lage, Ängste bei der anderen auszulösen.

Wir ließen eine Woche vergehen.

Wir trafen uns nicht, sondern blieben zu Hause in unseren getrennten Wohnungen. Ich hatte bei meinem letzten Termin mit der Onkologin erfahren, dass ich auch in der Leber und auf der Höhe der neunten und zehnten Rippe am Rand des linken Lungenflügels Tumore hatte; das erklärte die Schmerzen im Brustkorb. Wir haben nicht miteinander gesprochen, haben einander nicht im Arm gehalten. Haben es verdrängt und einfach weitergemacht, jede so gut es eben ging.

Ich suchte Zuflucht bei Antouka und Okazou.

Antouka läuft rot an, wenn sie zornig oder verletzt ist.
Okazou hingegen wird ganz blass.
Manchmal sitzt der Krebs wie ein Berg in der Mitte zwischen
ihnen. Manchmal schafft der Krebs einen Abgrund.
Wenn sie zueinander sagen, dass sie den Krebs nicht verstehen,
werden sie traurig oder aufgebracht.
Wenn sie voller Angst sind, haben sie das Gefühl,
in der Falle zu sitzen.
Wenn sie das Gefühl haben, in der Falle zu sitzen,
streiten sie sich.
Das Problem Krankheit besteht seit vielen Jahren.
Sie sind daran gewachsen.
Sie verstehen es nicht.
Sie liegen damit im Streit.
Sie sind Expertinnen auf dem Gebiet Krankheit.

Und so machen sie weiter und immer weiter und fühlen sich in die Enge getrieben und bedrückt, als ob sie echte Menschen wären. Gern wären sie so wunderbar charmant wie damals, als sie sich ineinander verliebten. Oder würden so reizend und aufgeschlossen zueinander sein, wie bei Bekannten und Fremden. Antouka und Okazou leiden genau wie alle anderen Menschen an den Verzerrungen der Liebe. Sie sind komische Typen, sie bringen mich zum Lachen. Kaum haben sie sich von den romantischen Vorstellungen der idealen Liebe befreit, belasten sie ihre verängstigten Herzen mit dem bleischweren Anspruch, immer und andauernd liebevoll und großzügig miteinander umgehen zu müssen. Am Wochenende schenkt uns ein endloser Sommertag nach dem anderen sein Blau, seine Hitze. Mücken und Gnitzen schwirren bereits, stechen aber noch nicht. Lise und ich gehen durch die Winterroggenreihen und ziehen die langen

Stängel aus dem Boden. Während unsere Hände an den Wurzeln ziehen und so die Erde lockern, können wir wieder miteinander sprechen. Ich erzähle ihr von meiner Sitzung mit der Psychotherapeutin, von meiner Angst, durch meine Einschränkungen nutzlos zu sein und von der Gesellschaft ausgeschlossen zu werden. Sobald ich über dieses Thema spreche, auch mit der Therapeutin, treten mir die Tränen in die Augen, und ich kann weinen und eine vernichtende Welle der Melancholie aus mir herauslassen.

Die Morgensonne ist zu stark für meinen bestrahlten Hals, selbst mit Halstuch und Sonnenhut. Wie soll ich bloß die Sommerwochen mit ihren langen Tagen blendenden Sonnenscheins überstehen? Was soll ich den ganzen Tag lang machen? Schwimmen darf ich. Wann kann ich endlich wieder spazierengehen? Im Morgengrauen, in der Abenddämmerung werde ich zur Stelle sein, bewaffnet mit einem Hut und einem Buch.

Das Kortison wird auf 4 mg pro Tag reduziert, die Hälfte der ursprünglichen Dosis. Ich merke, wie meine alte Energie zurückkehrt und die vertraute Rastlosigkeit mit sich bringt; sofort will ich wieder unendlich viel tun und organisieren. Ich höre noch, wie sehnsüchtig Mary Meig ausrief: »Einkaufen! Wie ich das Einkaufen vermisse!« Sie kaufte gerne antike Möbel, Kunstgegenstände und Kleidung. Ihre Schränke waren bis zum Bersten voll mit Kleidern, die sie zum größten Teil nie trug. Am Beginn jeder neuen Saison bestellte sie neue Blusen und Hosen aus dem L. L. Bean-Katalog – der einzige Einkaufsspaß, der ihr in den letzten Lebensjahren blieb.

Ich vermisse es, schnell zu sein, schnell die Rue St-Denis oder *The Main,* wie der Boulevard St-Laurent von allen genannt wird, herunterzulaufen, nach Schnäppchen Ausschau zu halten, etwas zu finden. Private Flohmärkte! Mit meiner zurückgewonnenen Umtriebigkeit will ich sofort losziehen, dieses tun, jenes kaufen. Es ist zweifellos befriedigender, auf dem Land von einer Wanderung mit einem schönen Stein, Pilzen oder Beeren nach Hause zu kommen. Aber in der Stadt herrscht der Trieb, die Lust, die Versessenheit der Schnäppchenjagd. Dabei habe ich doch eigentlich mehr als genug von allem. Ich leere meine Schränke und mache Kleidersäcke für *Les petits fréres des pauvres* und eine Notunterkunft für obdachlose Frauen zurecht. Einen Stapel Sommerhosen und Leinentops habe ich zur Änderungsschneiderei gebracht. Dann bin ich drei neue Moleskin-Notizbücher kaufen gegangen und auf einen Sprung in den Secondhand-Laden, wo ich ein gelbes Halstuch mit tropischen Vögeln darauf, einen apfelgrünen Paschmina und eine weiße Leinenbluse gefunden habe. Das war ein anstrengender Shoppingtrip bis an die Grenze zur Erschöpfung, aber ich war in der Welt unterwegs.

Ist das die Welt? Gibt mir etwas zu kaufen das Gefühl, lebendig zu sein und dazu zu gehören? Zu was genau? Zu der nach immer mehr gierenden, jagenden Konsumgesellschaft. Das Bedürfnis nach immer neuen Nachrichten wird von derselben Gier angetrieben.

Selbst wenn ich mich mit einer Nackenstütze im Stuhl zurücklehne, machen mir beim Blick auf den Bildschirm extreme Verspannungen zu schaffen. Ich starre auf den Bildschirm, wenn ich E-Mails schreibe und lese, mich über Neuigkeiten von meinen Bekannten hier in Quebec und in der Schweiz und Deutschland freue. Ich starre auf die neuesten Nachrichten aus aller Welt. Es ist die Sucht nach Informationen, der brennende Wunsch zu wissen, was draußen in der Welt los ist, hier und drüben *dans les vieux pays*, alles will ich wissen: Schweizer Radio, *Neue Zürcher Zeitung, Die Zeit*, Schlagzeilen auf CBC, *Democracy Now!*, CBC *Ideas, Writers & Co, Brain Pick* und andere mehr.

Meine Eltern waren ihr ganzes Leben lang dem Radio treu geblieben. Sie hatten nie einen Fernseher. Mit Ende Siebzig lernten sie, an einem Kassettenrecorder auf *Play* und *Stop* zu drücken und Hörbücher auf Kassette zu hören, als meine Mutter allmählich das Augenlicht verlor. *Fast forward* und *backward* war schon schwieriger zu verstehen und auszuführen. Sie waren echte Bildungsbürger. Eine kultivierte Sprache war ihnen sehr wichtig. Ihr Leben lang fühlten sie sich verpflichtet, Geist und Wissen zu verbessern.

Die Pflege eines kultivierten Geistes befindet sich seit längerem im Niedergang. Durch E-Mail und Kurznachrichten ist die Sprache nachlässig geworden. Eigenes, tiefergehendes Denken scheint verschwunden zu sein. Bedingt durch die hypersexualisierte Werbung und die sozialen Medien geht es immer roher zu im Alltagsleben. Auf einem riesigen Plakat am Supermarkt Provigo steht: *Désirez plus! Crave more! Verlangen Sie mehr!* Der perfekte Slogan für die ganze kranke Gesellschaft.

Wieder einmal fällt es mir schwer zu glauben, dass ich in der Lage sein werde, dem Krebs beziehungsweise den vielen Krebsgeschwülsten in meinem Körper Einhalt zu gebieten. Es gibt Augenblicke und Stunden und ganze Tage, in denen ich keine Verbindung mehr zu einem Ich spüren kann, dass eine Selbstheilung inszenieren könnte. Krebs ist eine große Geschichte, angesiedelt in einem fast unbekannten Land. Die Krankheit ist zu groß für ein einzelnes Ich. Der Krebs schleudert mich in luftleeren Raum.

Brustkrebs kann zu Metastasen in der Lunge, den Knochen, der Leber und dem Gehirn führen. Das kartierte Gebiet wird auf der anderen Seite des Schreibtischs ausgebreitet, dort, wo die Onkologin sitzt oder der Radioonkologe oder wem man sonst auf diesem Weg begegnet. In deren Kopf existiert eine Karte. Du siehst nur wegloses Gelände.

Krebs konfrontiert die Patientin mit einem unkartierten Land.

Blind stolperst du weiter.

Wer bist du jetzt, und wer ist dieses »Ich«, auf das du Monate und Jahre später wieder Anspruch erhebst? Mittlerweile ist es immer schwieriger geworden, sich in diesem Gelände zurecht zu finden. Das Drehbuch wird von den Zellen geschrieben, die manches zerstören und anderes verzerren. Das Drehbuch wird vom Denken geschrieben, das ständig zwischen Hoffnung und Hoffnungslosigkeit schwankt.

Zu den Überlebenschancen gibt es Statistiken. Frauen mit metastasiertem Brustkrebs haben durchschnittlich noch zwei bis drei Jahre zu leben. Diese Prognose habe ich seit langem überlebt. Zum Überleben brauche ich sowohl Schulmedizin als auch alternative Behandlungsmethoden.

Ist es nicht immer so gewesen? Mein ganzes Leben lang habe ich der Mainstream-Realität, der Gesellschaft, dem Staat, dem Patriarchat die Stirn geboten. Vielleicht habe ich es sogar geschafft, mir ein alternatives Leben aufzubauen.

Aber all das habe ich als gesunder Mensch geschafft. Als starker Mensch. Ich stand nicht unter dem Einfluss von etwas, das an mir zehrt, und etwas anderem, das das attackiert, was an mir zehrt, und ich nicht mehr weiß, was davon nun mein Leben ist, oder was leben eigentlich überhaupt bedeutet.

Es gibt Heilungen.

Eine Freundin schlägt vor, drei bis vier Mal pro Woche eine Fern-Energiebehandlung mit der Heilergruppe durchzuführen und mich auf diese Weise zu unterstützen. Eine Heilerin in einem anderen Stadtteil oder sogar in einer anderen Stadt überträgt dabei heilende Energie auf mich. Heilende Energie äußert sich als Hitze. Im Laufe einer Behandlung steigt meine Körpertemperatur meist vom Nabel ausgehend allmählich an, wo sich das Meer von Qi befinden soll. Die Hitze nimmt fortlaufend weiter zu und breitet sich in meinem gesamten Rumpf aus. In beiden Armen und Händen kribbelt es symmetrisch. Die Anspannung im Hals, der Druck und Nebel im Kopf lösen sich auf und verschwinden, und mit ihnen auch die Verseuchung durch Krankenhaus, Maschinen und Stadtlärm. Nach vierzig Minuten fühle ich mich vollkommen entspannt. So würde es sich anfühlen, wenn man in ständiger Verbindung mit einer allgegenwärtigen, heilenden Energie stände. Man kann die Energie fast mit Händen greifen. Wenn ich regelmäßig Qi Gong übe, bin ich vielleicht irgendwann in der Lage, diese Hitze selbst zu erzeugen.

Die nächsten Wochen über empfange ich die Fernbehandlungen der Gruppe. Mittwochsmorgens selbst an der Heilungsgruppe teilzunehmen, ist noch nicht wieder drin. Zwei Ecken nach Osten und zwei nach Norden zu gehen, ist zu weit für mich. Kassy hat angeboten, mich zu fahren, aber ich scheue mich vor den fragenden Blicken und verstecke mich wie gewöhnlich im Unterholz, wo ich meine Wunden lecke, bis ich einigermaßen wiederhergestellt bin.

Manchmal spüre ich die heilende Energie den ganzen Tag lang. Das graue, taube Chemogefühl verzieht sich allmählich. Ich sehe Farben und hin und wieder ein Bild. Ganz deutlich habe ich meinen aus dem Bett hängenden nackten linken Fuß gesehen, und die Zehen waren mit dunkler, feuchter Gartenerde bedeckt.

Meine bisher gedämpften Visualisierungsfähigkeiten kehren zurück. Die Möglichkeit besteht, dass ich mein früheres Energieniveau zurückgewinne. Fast hatte ich die Hoffnung aufgegeben, dass ich meine Kraft je wiederbekomme. Es ist, als ob man sich nach mehreren schlaflosen Nächten nicht einmal mehr daran erinnern kann, wie das ist: einfach einzuschlafen.

Bei einer weiteren Fernheilungs-Session sehe ich einen riesigen, dunkelgrünen Kürbis mitten auf einer Wiese. Er platzt oben auf und nimmt eine zwiebelartige Gestalt an, die sich in eine gazeartige Spirale verwandelt und mit dem Wind gen Himmel dreht. Daneben befindet sich ein verlassenes Dorf, verfallene, alte Holzhäuser, die traurig wie alter, herumliegender Müll aussehen. Mit einem Mal ergießt sich göttliches Licht über hohen, bis in den Himmel reichenden Bergketten, vielleicht dem Himalaya, eine offene Landschaft erstrahlt in überirdischen Farben.

Ich bewahre mir/pflege/schütze das Gefühl, ich selbst zu sein, indem ich mir mein eigenes Netzwerk schaffe. Es ist aus Begegnungen mit Freundinnen und Heilerinnen entstanden; die Grundlage bildet das aus meiner deutschschweizerischen Kultur stammende Wissen. In unserer Kultur sind alternative Behandlungsansätze normal; angeboten werden Homöopathie, Naturheilkunde, Misteltherapie, Kunsttherapie, Musiktherapie und eine ganze Reihe körperlicher und spiritueller Praktiken wie Yoga, Qi Gong, Feldenkrais oder Eurythmie.

Das Hauptaugenmerk liegt auf den Selbstheilungskräften und der Förderung von allem, was Immunsystem und Kreativität stärkt. Man spricht nicht vornehmlich vom Krieg und vom Kampf gegen den Krebs.

In der herkömmlichen Onkologie wird durch diese Kriegsrhetorik eine lebensfeindliche Einstellung geschaffen, trotz der besten Absichten und Bemühungen, ein Heilmittel gegen Krebs zu finden. Ich habe Freundinnen sterben sehen, die sich allein auf die Krankenhausbehandlung verlassen haben, und solche, die sich entschlossen haben, dem Krebs auf ihre eigene Art zu begegnen. Es gibt Berichte von radikalen Remissionen. Ich habe von diversen Frauen gehört, bei denen der Brustkrebs seit vielen Jahren in Remission ist, und von einem Mann, der vom Knochenkrebs geheilt wurde, nachdem die Onkologen ihn aufgegeben hatten. Er wurde dann selbst Heiler. Damals, mit Mitte zwanzig, war er Tag und Nacht von chinesischen Meistern und Heilern umgeben.

Mein »Dorf« besteht aus den Verbindungen zu meinen Freundinnen, anderen Krebspatientinnen, Schriftstellerinnen, Osteopathinnen, Heilpraktikern, Akupunkteurinnen und anderen Heilern; an ihnen orientiere ich mich. Das ist sehr real. Realität entsteht aus gemeinsamen Geschichten und Berührungen. Dass man füreinander eintritt. Aus Vertrauen. Überleben hängt von Liebe ab. Es hängt auch davon ab, wie zugewandt man vom medizinischen Personal angesehen und behandelt wird. Es ist so viel über das Zusammenspiel von Körper und Geist gesagt und geschrieben worden, und dennoch gibt es auf diesem Gebiet immer noch Unglaubliches zu entdecken.

Blind wie ein Maulwurf bewege ich mich zwischen den verschiedenen Sphären, verbunden, wie, weiß ich nicht, mit helfenden Geistern, deren Anwesenheit ich spüre. Drei oder vier Mal im Leben hat sich für mich kurz ein Durchlass zwischen den beiden Welten geöffnet und mir einen kurzen Blick auf die spirituelle Sphäre erlaubt. Dazu ist es ganz spontan gekommen, ohne besonderes Zutun meinerseits, ohne Trommeln oder andere Trance herbeiführende Techniken. Besondere Begabung oder Ausbildung für Trance oder Geistersehen habe ich nicht.

SHARON BUTALA: WO ICH JETZT LEBE

Ich lausche auf den Geist. Meistens höre ich ihn nicht. Er wird spürbar, wenn ich mit meiner Aufmerksamkeit zu mir selbst zurückkehre, ich höre kein Geräusch, keine Stimme. Es gibt nichts Sichtbares, es ist reine Aufmerksamkeit. Es kommt zu einem Warten – als würde das, mit dem ich in Verbindung treten will, darauf warten, dass ich etwas Wichtiges sage, dabei habe ich nie irgendetwas zu sagen. Wahrscheinlich könnte ich fragen: Wer bist du? Eine Antwort erwarte ich allerdings nicht, und ich bin mir sicher, ich würde auch keine bekommen. Gestern, beim Spazierengehen, dachte ich, dass das Wissen um diesen Geist vielleicht schon fast reicht: Seine Anwesenheit wirkt bereits.

Meine Gedanken kehren immer wieder zu Gora zurück. Allein der Gedanke an sie hat schon eine heilsame Wirkung auf mich. An einem Abend sehe ich mich im Netz bei den Mitgliedern der Gebser Gesellschaft in Bern um. Ein paar E-Mails, und schon betrachte ich ihr Bild im Internet und höre sogar ihre Stimme. Mit richtigem Namen hieß sie Friedegard Goralewski. Ein paar Wochen später erhalte ich ein Büchlein mit Bildern und Beiträgen ihrer Schülerinnen und Schüler. Sie unterrichtete im Faltenrock, Kurzarmpullover und handgestrickten Socken. Ihr Haarschnitt war eine Hommage an den Bubikopf der Zwanzigerjahre. Das war vor der Ära teurer Yogakleidung; über sein Outfit machte sich damals niemand Gedanken. Goras Aufmerksamkeit war nach innen gerichtet. Sie hatte bei einer gewissen Elsa Gindler studiert, die später in die Vereinigten Staaten auswanderte, wo sie eine der Vorreiterinnen und Begründerinnen des Body-Mind-Centering wurde.

Die Quantenphysik besagt, dass alles aus Energie besteht. Ein Feld vibrierender Energie verbindet uns miteinander. Dieses Energiefeld wurde von Max Planck als »Urgrund aller Materie« bezeichnet, Lynne McTaggert nennt es das »Nullpunkt-Feld« und Rupert Sheldrake spricht von »Morphogenese« und »morphischen Feldern«. Ich weiß und glaube, dass es dieses »Gewebe von Energien« wirklich gibt. Das Wissen untergegangener Kulturen oder vor langer Zeit verstorbener

Menschen existiert in energetischer Form weiter und kann angezapft werden. Goras Energie ist Teil dieses allumfassenden, vibrierenden Felds.

In jüngster Zeit fiel mir in der Bibliothek ein Buch von Felicitas Goodman in die Hände, in dem sie von ekstatischen Erfahrungen bei Schamanismus und Trance berichtet. Diese Pionierin der Tranceforschung widmete ihr ganzes Leben der Erforschung sehr alter, »prähistorischer« Statuen und Figuren. Sie verstand, dass es die rituelle Körperhaltung der Figuren war, welche die Kommunikation mit der spirituellen Welt ermöglichte. Goodman ließ hunderte von Studentinnen und Studenten die Haltungen dieser Statuen aus den verschiedensten Ecken der Welt einnehmen und versetzte sie durch Rasselrhythmen in einen Trancezustand.

Die Teilnehmer dieser Versuche berichteten, die Statuen hätten ihnen die Bedeutung ihrer Haltung offenbart: entweder ging es um Heilung oder Heraufbeschwörung des Göttlichen. Die Studierenden erlangten Zugang zu dem morphischen Feld, in dem die Schwingungen des Wissens einer untergegangenen Welt auch heute noch nachklingen. Sie konnten auf das schamanische Wissen zugreifen, das in dem allgegenwärtigen Energiefeld gespeichert ist. Durch Goodmans Experimente konnten diese Energiefelder wieder zutage treten.

Felicitas Goodman und Friedegard Goralewski sind nur zwei von vielen ähnlichen Vorreiterinnen auf diesem Gebiet. Beide erschufen ein System, mit dem sie den menschlichen Körper, Symbole, Artefakte, Planeten und Kosmologie in einem neuen Licht betrachten und vergessene Welten wieder zugänglich machen können.

2014 Zwischenzustand

18. Februar 2014. Heute sind die Bürgersteige frei von Schnee und Eis.

Ich bin die steile Straße vom Krankenhaus hinunter zur Rue Sherbrooke gegangen. Die Herceptin-Behandlung findet in zwei Stunden statt. Ich warte weit weg von den überfüllten Krankenhausfluren, wo jeder Sitzplatz belegt ist von grau aussehenden Menschen, ihren Ängsten, Gerüchen, dicken Mänteln und verkrusteten Stiefeln.

In einer kleinen Passage zwischen Rue Sherbrooke und einem Eingang zum Museumsshop des Montrealer Musée des Beaux Arts gibt es eine Sitzgelegenheit. Hier ist alles frei. Ich nehme Platz und warte.

Über mir ist ein Oberlicht, in der Ecke steht ein verkümmerter Ficus, und ich sitze auf einem bequemen roten Sofa.

Ich bin keine Kundin im Shop und auch keine Museumsbesucherin. Draußen strömt das innerstädtische Leben vorbei, aber durch diese Passage gehen nur sehr wenige Leute.

Ich warte.

Sie sterben nicht, hat meine Onkologin gesagt. Und selbst wenn wir etwas finden, gibt es immer noch viel, was wir tun können.

Vielleicht Bestrahlung. Ich soll ein Gespräch mit dem Chirurgen führen. Vielleicht wird noch eine Füllung mit Knochenzement gemacht, noch eine Vertebroplastie. Einen detaillierten Bericht gibt es noch nicht.

Es ist ruhig hier.

Vor jeder Operation bin ich in den letzten elf Jahren über die Spalten gestolpert. Am allerletzten Tag vor der OP stürze ich mich in einen Aktivitätswirbel, schaffe so viel wie nur irgend möglich, banale Alltagstätigkeiten, schleppe Einkaufstaschen, fahre Fahrrad, schnippele Gemüse, hänge Wäsche auf, räume Sachen weg, bücke mich, angle mit der einen oder der anderen Hand nach Dingen, laufe herum. Ich genieße das Gefühl, mit beiden Armen und Beinen alles tun zu können.

Am Tag danach kommt die mir bekannte Welt zum Stillstand, und das Leben geht für unbestimmte Zeit einseitig weiter.

Der Schock hat sich in eine Schlucht tief in meinem Bauch eingegraben. Wie oft muss ich das noch mitmachen?

Man kann doch nicht an meinem Nacken operieren.

Wie wird sich mein Leben diesmal verändern?

Was wird als nächstes kommen? Welcher Wirbel, welcher Knochen?

Das alles entzieht sich meinem Einfluss. Krankheit und Heilung gehorchen unseren wohlmeinenden Absichten nicht.

Ich erinnere mich an einen alten Schwarzweißfilm, den ich vor langer Zeit einmal in Berlin gesehen habe. Er spielte in einem Shtetl während eines Pogroms; eine große jüdische Familie schlief in einem Zimmer und teilte sich die Betten, jeden Quadratzentimeter. Nachts streichelten Mondlicht und Schatten zärtlich die Gesichter. Eines Tages zog die Armee ab, die die Stadt besetzt gehalten hatte. Der Kommentar des Familienvaters dazu: »Jetzt ist die schönste Zeit – das alte Terrorregime ist weg, und man weiß noch nicht, wie schlimm das neue sein wird.«

In der Pause zwischen Einatmen und Ausatmen gibt es vollständige Leere.

In der Leere löst sich etwas.

Alles ist möglich, das Wunderbare und das Fürchterliche.

An einem Sommernachmittag sah ich in der Nähe eines Quebecer Waldwegs ein Hirschkalb mit seiner Mutter. Es war so nah, dass ich die weißen Flecken auf seinem Rücken genau betrachten konnte, das puschelige Fell in den weichen Ohren. Der weiße Schwanz war in ständiger Bewegung und wedelte die Fliegen weg. Es stand erstarrt da, zitternde Wachsamkeit durchlief seinen Körper, bevor es kehrtmachte und hinter seiner Mutter hersprang. Das Hirschkalb war nicht sofort geflüchtet, sondern erlaubte mir einen langen Blick, bevor es im Unterholz verschwand und die Welt zurückfiel in seine bekannten Grenzen.

22. FEBRUAR. Ein ganzes Buchweizenfeld steckt im Bauch meines neuen Kissens. Es ist schwer und steif. Ich musste Unmengen Buchweizenhülsen herausholen, bis es annähernd die Form hatte, die meinen Hals und Kopf ideal unterstützt.

Das Kissen habe ich zwei Tage gekauft, bevor meine Onkologin anfing, über meinen Hals zu reden.

Es fällt mir sehr schwer, das zu verarbeiten, was sie mir sagt.

Ich bleibe auf Distanz. Ich muss ihre Worte im Geist wiederholen, um die Bedeutung irgendwie zu erfassen.

Am untersten Halswirbel befindet sich ein kleines Loch. Wenn ich sie recht verstehe, ist ein weiterer Scan notwendig, um die Diagnose stellen zu können.

Das Ding, dass da ist, erzähle ich meinen Freundinnen, schlummert im *No-name-land*. Da soll es von mir aus auch bleiben.

Mein Garten auf dem Land liegt unter einer bauchhohen Decke aus Schnee und Eis begraben. Er scheint unter etwas noch Unergründlicherem als dem lebensfeindlichen Winter begraben zu sein. Wer wird im kommenden Frühling da sein, um sich zu bücken, die Erde zu rechen und zu lockern? Mit welchen Armen, welchen Schulterblättern, welchem Rückgrat?

Ich stolpere über die Spalten zwischen Tagen, Stunden.

Bei dem neuen Kissen muss ich an die deutsche Dichterin Hilde Domin denken, die aus Nazideutschland fliehen musste und im Exil schrieb:

> *Jede Nacht*
> *Mein Kissen umarmend wie einen sanften Delphin*
> *Schwimme ich weiter fort.*
> *Sanfter Delphin*
> *In diesem Meer von Herzklopfen,*
> *Trage mich*
> *Wenn es hell wird,*
> *An einen gütigen Strand*
> *Fern der Küste von morgen.*

FREITAG, 28. FEBRUAR, WOCHENENDHAUS, KURZ VOR MITTERNACHT. Sie sterben nicht, hat die Onkologin gesagt.

Ach, sterben, denke ich. Was das Sterben angeht: Ich hoffe, ich werde Gelegenheit haben, mich im rechten Augenblick damit zu befassen, vorbereitet zu sein, und damit hat sich's mit dem Sterben.

Nein, ich sterbe noch nicht. Hier geht es ums Leben, ums *Wie* Leben.

Ich sterbe noch nicht, aber ich fühle mich des geliebten Lebens beraubt, der einfachen Bewegungen; ich fühle mich betrogen ums kräftige Ausschreiten, um Vielfältigkeit, Fülle,

Reichtum, die freie Wahl zwischen verschiedenen Möglichkeiten.

Das Loch unter meinem Schädel hat einen Namen. Es hatte auch einen Namen, als meine Onkologin es zum ersten Mal erwähnte, nur nannte sie es nicht Metastase. »Knötchen« klingt weniger bedrohlich als Karzinom, Tumor oder Metastase. Knötchen ist ein Euphemismus, damit man das M-Wort nicht auszusprechen braucht.

Beim folgenden CT war zu erkennen, dass die anderen Halswirbel gesund aussahen. Soweit die guten Nachrichten. *I am scared shitless.*

Nie hätte ich mir vorstellen können, dass mein Leben diese Richtung einschlagen und ich in der Krankenhausmühle gefangen sein würde.

Neue Metastasen bedeuten, dass es mit der Behandlungsmaschinerie weitergehen wird. Zusätzliche Behandlungen werden dazukommen. Was ist echt, was ist wahr? Was ist plausibel, was ist glaubwürdig?

Gestern begann für mich der Zwischenzustand. Erst herrschte Apathie, dann folgten Angst und Unglauben.

Jedes Mal, wenn ein solches Verdikt über mich gesprochen wird, erscheint es mir wie die Verurteilung zu einer langsamen Todesstrafe.

Mehrere Menschen haben mich im Laufe der vergangenen Jahre angeschaut, Menschen mit der Gabe, die Aura einer Person zu sehen, die erfassen können, was in deren Körper vor sich geht. Ihre Einschätzung war immer voller Hoffnung und Zuversicht.

Dennoch verheeren die Krebszellen weiter meine Organe und Knochen und wuchern zu neuen Tumoren.

Warum spüre ich nichts davon? Warum träume ich das nicht?

Meine engen Freundinnen sagen mir, dass sie eine fast bedingungslose Liebe zum Leben in mir spüren.

Und an dieses Leben klammere ich mich hartnäckig, leidenschaftlich, an jedes Blatt am Ahornbaum auf der anderen Straßenseite klammere ich mich, an den Himmel, der sich diesig blau über mir ausbreitet, voller Donner und Licht. An die Schönheit klammere ich mich, wohin ich komme, und dennoch erzählt mein Körper mir eine ganz andere Geschichte, und ich kenne nicht mal das Alphabet. Keinen einzigen Satz verstehe ich.

Während einer Shiatsu-Behandlung sehe ich einen gigantischen Baum vor mir, einen dieser Baumriesen, die auf so großen, krummen Beinen in der Erde wurzeln, dass ein Auto unter ihnen hindurchfahren kann. So gehen die Vergleiche in unserer Welt: So groß wie ein Auto. Das Bild des Baumriesen entsteht in der Mitte meiner Brust, an der Stelle, wo der Chirurg vor einem Jahr den zusammengesackten Wirbel mit Knochenzement ausgefüllt hat. In der Mitte des Baumstamms öffnet sich eine Vertiefung, und in der befindet sich eine dunkle Göttin aus Holz. Das Holz ist durch Feuer oder Alter geschwärzt. Die Gottheit erinnert mich an Kali oder an eine schwarze Madonna.

Als ich dem Shiatsu-Therapeuten hinterher davon erzähle, sagt er: »Kein Wunder, dass Sie gebrummt haben wie ein Grizzlybär, als ich an der Stelle gearbeitet habe.«

Wildes in mir freisetzen. Radikal heilende Kräfte freisetzen.

Montag, 3. März, auf dem Land. Spätnachts sammle ich das Treibgut von Samstag, Sonntag und Montag.

Nach Mitternacht ist unser Landhaus voller Frieden und Stille. Ich atme tief aus und ruhe in der weichen Leere, in der es nichts weiter zu tun gibt, als auf die Ankunft des nächsten Atemzugs zu warten. Als wir am Freitagnachmittag hier ankamen, waren wir wie betäubt, voller Trauer, in einem

Schockzustand, und dann standen wir sprachlos vor dem Wunder der glitzernden Schönheit um uns herum.

Einmal alle paar Jahre gefriert das Leben, genauer gesagt: mein Leben. Das geschieht im Sprechzimmer der Onkologin, wenn sie etwas sagt, und danach der Satz: »Es tut mir sehr leid.«

Ich will unbedingt wie geplant auf meine dreimonatige Reise nach Europa gehen, sage ich ihr.

Ich habe einen Auftritt auf der Leipziger Buchmesse 2014 und Buchvorstellungen in Deutschland und der Schweiz mit meinem neuen Roman, und ich habe einen Platz in einer Schriftsteller-Residenz in der Südschweiz ergattert. Das alles wird mein Immunsystem ungemein stärken. Wenn ich hierbleiben muss, bricht es in sich zusammen.

Die Onkologin bleibt hart: »Ich will, dass Sie vor Ihrer Abreise zum Chirurgen gehen und hören, was er zu sagen hat.«

Ich musste meinen Flug am 4. März stornieren.

Mit einem Mal ist da eine ganze Woche unkartografierter Zeit. Ich habe keine Termine.

Meine Koffer sind gepackt, die Wohnung ist an zwei Freundinnen untervermietet.

Ich bin außer Dienst, eine Müßiggängerin, die durch eine ungeplante Zeitschlaufe flaniert, in Cafés sitzt und schreibt.

Das Land bietet immer Trost und Sinn: Vögel füttern, Holzfeuer im Ofen anfachen, die Terrasse von Schnee freischaufeln, aus dem Fenster sehen.

Draußen nehme ich mit jedem Atemzug die reinigende Luft der arktischen Kaltfront in mir auf.

Die Luft ist kristallklar und schimmert vor Reinheit. Alles ist bedeckt vom in der Mittagssonne glitzernden Schnee, auf dem unzählige Diamanten funkeln.

Nachts schwimmt die Barke der Mondsichel durch die Birkenzweige.

Nachts geht die Temperatur immer noch bis auf –27 Grad herunter. Mittags werden es vorn auf der Veranda minus zehn.

Das Frühjahr verkündet seine Ankunft wie in Quebec üblich mit Blau- und Weißtönen. Ende März kommt dann das Violett der Ahornblattknospen dazu, gefolgt von Gelb, wenn sich ihre kleinen Blüten öffnen. Die ersten grünen Blätter zeigen sich erst im Mai.

Aus Europa bekomme ich Beschreibungen von blühenden Krokussen, Forsythien, blauen Scilla-Teppichen. Die Weidenkätzchen sind nicht mal eine Erwähnung wert.

Am Sonntag habe ich unter großem Druck eine Menge Worte und Satzbrocken herausgebracht: *spurting, blurting, spluttering* – wie Wasser, das stotternd aus einer wochenlang nicht benutzten Leitung drängt. Das Wasser spritzt erst in einer Fontäne heraus, dann wird es zu einem Tröpfeln, bevor es schließlich einen gleichmäßigen Fluss findet.

Ängste starren mir wie Dämonen ins Gesicht: Es wird weitere Einschränkungen der Beweglichkeit geben, der Körperkraft, im Alltag, vielleicht auch neue chronische Schmerzen.

Der Zustand meiner Wirbelsäule und Rippen ist eine ständige Quelle der *angoisse:* Angst macht sich breit. Welcher Körperteil wird als nächstes in die Brüche gehen? Ich fürchte mich vor Haarrissen, brechenden Knochen, Spalten, überdehnten Zwischenrippenmuskeln, Hängenbleiben inmitten einer Bewegung, Lähmung.

Kriege ich irgendwann ein Korsett und eine Halsstütze verpasst wie meine verstorbene Nachbarin Silvie? Werde ich immer steifer mit noch mehr zementgefüllten Wirbeln?

Angesichts der bestehenden und zukünftigen Einschränkungen kämpfe ich gegen das dämonische Gefühl, aus der Gesellschaft ausgeschlossen zu werden. Momentan weiß ich nicht, wie ich mich aus den vielen Beschränkungen herausarbeiten soll, wie ich auf die andere Seite des Lebens komme, wo die Menschen *in action* sind. Auf der anderen Seite schöpfen die Menschen aus dem Vollen, aus dem reichlich vorhandenen Potenzial. Frei wählen sie zwischen Möglichkeiten und Anlässen. Das ist etwas anderes, als wenn man *trotz* allem weitermacht.

Einige der vertrauten Bewegungen führe ich immer noch aus, ohne einen zweiten Gedanken daran zu verschwenden. Am Samstag waren wir zwei Stunden lang Schneeschuhlaufen. Mein Körper bewegte sich mit Leichtigkeit. Meine Beine liefen im gleichmäßigen Rhythmus. Was ist es für ein Segen, einen Schritt vor den anderen zu setzen, ohne einen Gedanken daran zu verschwenden, vom Licht in den Schatten zu wechseln, vorbei an Baumstämmen, und die glitzernden Eisschollen auf dem Fluss und ihre Reflexion im Wasser zu betrachten.

Mein Herz schlug gleichmäßig und zuverlässig; ohne Skistöcke ging ich bergauf, bergab. Das Einatmen und Ausatmen funktioniert nach wie vor mühelos. Das Sprachzentrum ist intakt, genau wie mein Denken und die Fähigkeit zu schreiben, zu kommunizieren, etwas zu erschaffen, zu erfassen, zu komponieren und zu überarbeiten.

Am Sonntag waren wir wieder mit unseren Schneeschuhen unterwegs, diesmal über das Land der Nachbarn und von dort im gleißenden Sonnenschein einmal über den zugefrorenen See und wieder zurück. Die Äste und die schmalen Zweige der Büsche zeichneten ihre Schatten wie mit Tinte in den Schnee. Zurück am Haus saßen wir in Decken gewickelt eine halbe Stunde lang in den Wohnzimmerschaukelstühlen draußen auf der Terrasse und streckten die Gesichter in das auf Eis und Schnee scheinende Sonnenlicht. Später hatte Lise eine Mediation für die kommende Woche vorzubereiten. Ich saß mit einem offenen Buch auf dem Sofa. Ich schaute in das Holzfeuer unseres Ofens. Ich betrachtete die

Wände. Am Nachmittag gingen wir zu Fuß die Straße hinunter bis zum Briefkasten und wieder zurück.

»Komm, wir gehen noch ein bisschen, nur bis zum Briefkasten«, sagte Lise, »und unterhalten uns. Es wäre eine Schande, an so einem herrlichen Tag drinnen zu sitzen.«

Ich lehnte mich an sie, an ihren geliebten, warmen Körper, an das vertraute Ich an meiner Seite.

Zu Hause habe ich immer noch das erste Foto von uns beiden auf dem Bücherregal stehen. Tee Corinne hat es 1988 in Montreal auf der Internationalen Feministischen Buchmesse aufgenommen. Damals waren wir noch kein Paar. Auf dem Bild sehen wir uns mit leicht geöffneten Lippen an; unsere Schultern berühren sich. Etwas beginnt, lange bevor es sich in spürbare Realität verwandelt. Wir sehen wie ein Liebespaar aus, dessen Bild aus der Zukunft aufgenommen worden ist, neun Jahre später, als ich eine zweimonatige Reise durch Nordamerika unternahm und dabei einen Abstecher nach Montreal machte. Das war jedenfalls der Plan gewesen. Dann verliebten wir uns und sahen einander haargenau so verzückt wie auf dem Bild von 1988 an.

Vögel füttern, Feuerholz reinholen, aus dem Fenster schauen.

Der Schnee ist an der Oberfläche ein bisschen weich geworden. Ich kenne kein Wort für diese Art von Schnee. Ich betrachte die kleinen V-förmigen Spuren auf der Schneewehe vor der Garage und frage mich, von was für einem Vogel sie stammen mögen. Lise klärt mich auf: Es handelt sich um die Spuren kleiner Schneebälle, die an der Schräge heruntergerollt sind.

Inmitten des Strudels aus Gefühlen, die in uns beiden wüten, gibt es plötzlich einen Überschuss an Zeit – eine geschenkte Zwischenzeit.

Aus heiterem Himmel genießen wir einen unerwarteten Winterurlaub auf dem Land, ein langes Wochenende, an dem wir reden, zuhören, uns weiter unterhalten können, gefolgt von riesiger Erleichterung.

Ich schaffe es, die schrecklichen Schmerzen in meiner rechten Schulter selbst loszuwerden und mich auf der Yogamatte von einer Seite auf die andere zu drehen.

Im Fernsehen läuft die Oscar-Verleihung, und ich sehe mir das Ganze von Anfang bis Ende an. Könnte es eine bessere Ablenkung geben als Hollywood mit seinem Glamour und *Show Biz?* Zu Hause habe ich keinen Fernseher, ich schaue auch keine Videos. Ich bin passionierte Kinogängerin. Aber die Oscars! Jedes Jahr gönne ich mir diese herrlich sündige Zerstreuung.

Vögel füttern, Feuerholz holen. Nachmittags mache ich zwei blaue Recyclingkisten voll und nach dem Abendessen nochmal zwei, immer zwei Holzscheite auf einmal, keinen ganzen Armvoll. So geht es auch. Ich lausche dem Knirschen des Schnees unter meinen Füßen, als ich immer wieder zwischen dem Holzstoß und der rückwärtigen Veranda hin und herlaufe, wo die blaue Kiste steht, und achte wie ein Luchs auf die vereisten Stellen vor dem Schuppen.

Am Morgen erinnere ich mich an Bilder aus einem Traum. Sie sind voller Frühlingsenergie, ein wieherndes Fohlen kommt darin vor und Schildkröten.

MITTWOCH, 5. MÄRZ. Im Café Olimpico weitergeschrieben und korrigiert. Ich habe es schon um 11:20 Uhr aus dem Haus geschafft. Die Nacht war mühsam. Immer noch unerträgliche Schmerzen im rechten Schulterblatt und Arm. Ich schluckte vier Tylenol, die mich dann wachhielten.

Ein Trost, wie nur die Stadt ihn bietet: das perfekte Café zum Schreiben. Es ist laut, es ist voll, und die Wände sind mit Postern von italienischen Fußballmannschaften gepflastert. Hier gibt es nichts anderes als exzellenten, echt italienischen Espresso in den klassisch braunen, innen weißen Tässchen. Es gibt Kunden, die sich sogar ihr Mittagessen mitbringen.

Die zauberhaften Tage auf dem Land kommen mir wie ein Traum vor, an den ich mich kaum noch erinnern kann. Seit gestern ist es grau, düster und sehr kalt; die gefühlte Kälte wird durch die Luftfeuchtigkeit noch verschlimmert. Die Wettervorhersage kündigt einen *printemps tardif au Québec* an... die Kälte wird uns noch eine Weile erhalten bleiben.

Ich fahre runter zu Eddy's Barber Shop an der Rue St-Catherine, Ecke Kensington, um mir die Haare von Cassandra schneiden zu lassen, Gretas Friseuse. Ich habe momentan kein Glück mit meinen Frisuren. Ich bin mit meinem Gesicht und meinen Haaren insgesamt unzufrieden. Cassandra leistet zwar gute Arbeit, bekommt aber auch nichts Umwerfendes hin. Mein Gesicht sieht immer noch zu schmal und ausgemergelt aus. Ich zeige mich nur sehr ungern in der Öffentlichkeit.

Der Friseursalon gehört Leilas Vater. Leila ist mit Greta befreundet und hat gerade einen Sohn zur Welt gebracht. Das wusste ich und habe insofern etwas mit Cassandra und dem Inhaber zu reden – ich fühle mich fast wie eine Stammkundin. Da, wieder das Thema Immigration. Es bleibt bei mir wie ein Leitmotiv, manchmal wie eine inspirierende Freundin, die mich immer wieder überrascht, und manchmal wie ein strenger Lehrer.

Die Atmosphäre im Salon erinnert mich an meine Jugend, als ich in Bern zu einem Herrenfriseur ging, um mir die Haare wie Jean Seberg in *Außer Atem* schneiden zu lassen. In dem Friseursalon damals saßen ausschließlich männliche Kunden in einer langen Schlange. Als ich reinkam, drehten mir alle im Gleichtakt den Kopf zu und starrten mich an. Das muss 1967 gewesen sein. Ich hatte ein Bild von Jean

Seberg aus der Zeitung ausgeschnitten und zeigte es dem Friseur. Genau wie bei ihr, sagte ich. Mir war nicht bewusst, dass ich ungebeten männliches Territorium betreten hatte. Ich wusste nur, dass ausschließlich ein Herrenfriseur den Schnitt hinkriegen würde, den ich wollte.

DONNERSTAG, 6. MÄRZ. Schon wieder sehe ich mich mit einem widerspenstigen Wildwuchs in meinem Körper konfrontiert.

Sobald der Chirurg zu sprechen beginnt, stimmt mein Körper zu, und ich verspüre nichts als Erleichterung.

Der unterste Halswirbel ist bereits zu porös für eine Operation oder eine Zementfüllung. Seine halbe Höhe hat er schon eingebüßt.

Wer will schon eine Operation oder Zement im Nacken haben?

Stattdessen muss ich fünf Bestrahlungen über mich ergehen lassen. Vielleicht kann ich in vier Wochen nach Europa fliegen, aber drei Monate, wie geplant, kann ich auf keinen Fall wegbleiben.

»Auf was freust du dich am meisten bei der Reise?«, fragt Lise mich.

Diese Frage kann ich nicht beantworten. Selbst Berlin kommt mir auf einmal viel zu groß vor, und was will ich da eigentlich genau?

»Vielleicht die Lesung in Cornelias Buchhandlung in Zürich«, antworte ich schließlich. Das wäre eine Rückkehr zu einem vertrauten Publikum.

Und dann, füge ich hinzu, freue ich mich auf den Augenblick, wenn das alles vorbei ist und ich das Aufenthaltsstipendium in der Südschweiz genießen kann.

Mein Körper weiß ganz genau, dass alle weiteren Termine nichts als Stress bedeuten.

In meinen Träumen sind meine Muskeln manchmal noch glänzend und stark, und die Traumbilder sind sehr witzig. *Zusammen mit einer anderen Frau renne ich eine Treppe hinauf, wir gehen zusammen zu einem Matinee-Konzert. Wir tragen beide rosa Trägerhemdchen und weiße Shorts. Die Leute machen Bemerkungen über uns, dass wir im Alter von neunzig Jahren immer noch arbeiten, sage ich zu ihr, dabei sollten sie uns gratulieren, dass wir noch dazu in der Lage sind! Den letzten Treppenabsatz schaffen wir nicht rennend und kriechen wie die Wahnsinnigen lachend auf allen Vieren hinauf. Das Konzert findet in einer Kirche statt. Wir drängeln uns in eine Sitzreihe voll blutjunger Lesben und schieben uns Bauch an Hintern durch die Reihe. Zwei junge Frauen müssen gehen und überlassen uns ihre Plätze. Sie tragen Blümchenkleider mit vielen Rüschen.*

Manchmal ist mein Körper in weißen Verbandsmull gehüllt, hin und wieder ist auch Blut zu sehen. Meistens werden meine Träume durch Schlaftabletten ausgelöscht. Ab und an kann sich etwas Wahres bilden, so wie die Träume, an die ich mich von früher erinnere. *Ein Bauer in meinem Alter mäht das Gras mit einer Sense. Jemand schlägt mir vor, ich sollte es doch auch einmal ausprobieren. Ich bin empört. Was für eine Zumutung! Ich leide an einem brüchigen Halswirbel, schwachen Schultermuskeln und neuralgischen Schmerzen! Aber dann nehme ich die Sense in die Hand und schneide das bereits kurze Gras noch kürzer. Das Gras ist dunkelgrün wie im Herbst. Ich schneide es fein wie Schnittlauch. Mühelos vollführe ich langsame, ruhige Halbkreise mit der Sense. Ich sehe einen Gemüsegarten und ein hölzernes Leitergestell. Ich höre mit dem Mähen auf, um bunten Mangold mit roten Stielen zu ernten.*

Es gibt Hoffnung. Ich war davon ausgegangen, dass die letzte Runde meines Lebens zu anstrengend für mich sein würde, aber ich schwinge die Sense ohne jede Mühe. Außer dem Feinschnitt ist nichts mehr zu tun. Mit dem Bild der harten, körperlichen Arbeit hat sich der Kreis geschlossen.

MITTWOCH, 12. MÄRZ. Gestern brachte Lise mich zurück in meine Wohnung, bevor der angekündigte Schneesturm losging, trug mir meine beiden kleinen Koffer nach oben und half mir, das Bett zu machen. Meine Untermieterinnen waren zurück aufs Land gezogen, weil eine von ihnen krank geworden war.

In meiner Wohnung hallte es. Ich holte nur ein paar Sachen wieder heraus: den Computer, die Duftöllampe, die japanische Suppenschale von Lise, den Tontopf von den Dogon, die Raku-Teetasse und die beiden Gläser aus Prag. Im Wohnzimmer zündete ich eine neue rote Kerze an. Vor den Fenstern wirbelte das Schneegestöber; die Tanne war bereits weiß überstäubt.

Ich stopfte die Wäsche, die ich vor zwei Wochen hinterlassen hatte, als ich noch glaubte, ich würde nach Europa abreisen, in die Waschmaschine. Ich hatte meine Kleiderschränke leergemacht, die Wintersachen weggeräumt, eine ganze Menge verschenkt, um Platz für die Freundinnen zu schaffen.

Ich behielt nur die Kleidungsstücke, die ich jetzt noch tragen kann, viele davon ganz neu. Wegen des ständigen Gewichtsverlusts musste ich die Hälfte meiner Kleider ersetzen. Als die Wäsche im Trockner war, packte ich die Koffer aus. Ich hängte die ungetragenen Kleider und Blusen und Jacken und Hosen auf Bügel und in den Schrank. Sie waren noch nie draußen in der Welt gewesen. Es traf mich wie einen Schlag in die Magengrube.

Sie rochen nicht nach Reise, nach Ausland. Sie hatten noch keine Abenteuer erlebt. Zwei Wochen lang hatten sie zusammengefaltet im Koffer in der Wohnung meiner Lebensgefährtin gelegen, bevor sie den Weg zurück in meine Wohnung fanden.

Als die Wäsche trocken war, war auch ich völlig fertig.

Erschöpft kroch ich ins Bett und rollte mich ganz klein zusammen.

Als ich in der Abenddämmerung erwachte, verspürte ich Hunger. Im Haus war alles still, draußen rauschte der Feierabendverkehr vorbei. Die hohe Blautanne saß voller Vögel, die Frühling in der Stimme hatten. Was hatte ich für ein Glück, dass dieser Baum zwischen meinem Fenster und der Straße stand. Auf jedem Zweig hockten dicht am Stamm Vögel. Erholt, aber durstig und halb verhungert zwang ich mich aus dem Bett und in die Küche. Buchweizenpfannkuchen. Ich machte mich wieder in meiner Wohnung heimisch, ich machte mit meinem Leben weiter. Als ich meine Spuren betrachtete, wusste ich mit einem Mal nicht mehr, ob das mein Leben war oder woraus das Leben überhaupt bestand.

Man sorgte für Unordnung, man hinterließ Lebenszeichen. An der Unordnung sah man, dass hier jemand wohnte. Es gab eine erste Teetasse, gefolgt von einem Glas, gefolgt von einem Küchenmesser, einem Schneidebrett, dann kamen ein Topf und eine Pfanne dazu, die Blumen mussten gegossen werden, und Leben und Chaos nahmen wieder Überhand.

An den Geranien und am Hibiskus leuchteten frische, grüne Blätter, aber noch keine Knospen.

Ich kroch wieder ins Bett und schlief wie ein Stein bis halb zehn abends, stand auf, schrieb E-Mails, druckte ein paar Seiten von meinen diversen, angefangenen Texten aus, damit ich am Wochenende etwas zu bearbeiten hatte, und ging gegen Mitternacht wieder ins Bett. Ich schluckte zwei Tylenol, aber keine Schlaftablette. Seit der Bestrahlung litt ich an Nervenschmerzen in beiden Oberarmen.

SAMSTAG, 15. MÄRZ. Lise und ich fuhren hinunter zu den Montrealer Stromschnellen, *les rapides de Lachine*, einen Ort, der für uns mit sehr schönen Erinnerungen an unsere ersten gemeinsamen Wochen im September 1997 verbunden ist. Einige Jahre lang fuhren wir jedes Frühjahr hin, um dort den

Ausbruch neuen Lebens anzuschauen. Aber dieses Jahr war es noch zu früh, um die *carouges* oder andere Singvögel zu sehen.

»In einem Monat«, sagte Lise. »Jedes Jahr glaubst du, dass sie schon so früh da sind.«

Meine innere Jahreszeitenuhr tickt weiter nach europäischer Zeit.

Auf einem Baumstamm saßen ein paar Enten und Möwen und sonnten sich.

Wilde Wassermassen schossen vorbei. An dieser Stelle vermischt sich das Wasser des Ottawa River mit dem Sankt-Lorenz-Strom und erzeugt die starken Stromschnellen. Jedes Mal erfüllt mich an dieser Stelle die Ehrfurcht vor der rohen, ungebändigten Macht der Natur. Am Rand des Wegs in dem kleinen Park sind Informationstafeln aus Metall aufgestellt, mit Zitaten von Samuel de Champlain und Jacques Cartier und einem frankokanadischen Dichter, die ihren Eindruck beim ersten Anblick der Stromschnellen beschreiben. Ihre Beschreibungen changieren zwischen Ehrfurcht und ungläubigem Grauen.

Eisschollen groß wie eine Tür trudelten vorbei, eine riesige Scholle in perfekter Dreiecksform. Sie wurden von der Strömung in die Wellen geschoben, auf denen sie leicht und elegant mitschwammen: *just going with the flow*.

Um manche der Bäume war schon dunkelbraune Erde zu sehen, ein großer Fleck mit plattgedrücktem Gras war eisfrei, groß genug für ein *déjeuner sur l'herbe*. Im Schwyzerdütschen gibt es ein Wort für eine Wiese am Ende des Winters nach der letzten Schneeschmelze, wenn das Gras braun und durchweicht daliegt. Bevor eine solche Wiese wieder grün wird, ist sie *aper*. Das ist ein Wort, das den Übergang beschreibt, den Zwischenzustand einer Wiese zwischen Winter und Frühling, zwischen Noch-nicht und Nicht-mehr. Wenn ich das Wort höre oder sage, erscheint vor meinem inneren

Auge sofort die Wiese der Kindheit, von früher, als ich das Wort lernte. *Aper* beschreibt keine Farbe, sondern einen Zustand, und zugleich eine Geschichte: Der Winter ist vorbei und wir bewegen uns auf den Frühling zu.

Wir genossen die milde Luft bei plus vier Grad. Wie ein Wunder lugten ein paar grüne, frische Hahnenfußblättchen unter dem Schnee heraus. Das Eis auf dem Weg gab unter jedem Schritt nach wie Gelee. Auf dem umgebenden Schnee war eine weiche Schicht, die sich in griesige Teile auflöste. Wie viele Worte man zu dieser Jahreszeit für Schnee bräuchte! Entschuldige meine Unwissenheit, lieber Schnee!

DIENSTAG, 18. MÄRZ. Heute fühlte ich mich schon wieder viel mehr bei mir zu Hause als in der Vorwoche, war aber immer noch im Wartezustand, voller Hoffnung, dass ich Anfang April ins Flugzeug steigen würde.

Bei der letzten Strahlenbehandlung kam Myriam mit ins Krankenhaus, um Fotos von mir zu machen. Ich habe zwar noch nie einen *Raumschiff-Enterprise*-Film im Leben gesehen. Aber unter der Kopfmaske sah ich aus wie ein Alien in einem Science-Fiction-Film.

DONNERSTAG, 13. APRIL. Das Schneegestöber war vorbei. Ich blickte hinaus auf die blütenreine, im weißen Gewand völlig neu wirkende Stadtlandschaft – Verwandlung durch einen späten Schneesturm. Die Zweige der großen Tanne waren wieder so schneebeladen, als ginge es auf Weihnachten zu. Auf beiden Seiten der Straße und rund um die parkenden Autos erhoben sich Schneewälle. Das viele Weiß ließ die Welt sehr hell erscheinen. Traude schrieb mir in einer E-Mail, dass sie auf ihrem Berliner Balkon die ersten Blumen gepflanzt hat.

Myriam kam mich um viertel vor neun abholen, um mich auf dem Weg zur Arbeit ins Krankenhaus zu bringen. Der Schneepflug war zwar schon dagewesen, aber die Straßen sahen immer noch wie eine weiße Schneewüste aus. Doch als ich in der Strahlenonkologie eintraf, herrschte dort wie immer Hochbetrieb. Aber ich kam wie meist pünktlich dran und war um zehn Uhr fertig.

Am Abend guckte ich mir die Leipziger Buchmesse auf meinem Tablet an. Ich saß im Bett und hielt die Außenwelt mit ihren Ereignissen auf einem kleinen, an meinen Knien gelehnten Bildschirm.

Im Laufe der vergangenen Wochen hatte sich mein Energieniveau ständig gesteigert, Vorfreude hatte mich erfüllt: auf angeregte Diskussionen mit Journalistinnen und Leserinnen, auf Interviews, auf echtes Interesse an meiner Arbeit. Dabei war es gut möglich, dass nichts von alldem tatsächlich eingetreten wäre. Vielleicht hätte ich mich im literarischen Establishment genauso verloren und ausgeschlossen gefühlt wie früher. Waren mir womöglich einige unangenehme Erfahrungen erspart geblieben?

Meinen Freundinnen, dem Verlag, den Verwandten die E-Mails zu schreiben, in denen ich sie über meine neue Situation aufklärte, fiel mir genauso schwer wie 2002, als ich alle über mein primäres Mammakarzinom unterrichten musste – das ich damals aber natürlich noch nicht als primäres Mammakarzinom bezeichnete, weil etwas wie metastasierter Krebs in meinem Denken gar nicht vorkam.

Als ich die E-Mails schrieb, um meine Reise abzusagen, musste ich all die Pläne aufgeben, die ich als Schriftstellerin gemacht hatte, die ihr neues Buch präsentiert. Es fühlte sich an wie Sterben. Es war eine Erleichterung.

2015 Die raue Stimme

Knochenbruch kommt auf leisen Füßen.

ARIANNE ZWARTJES:
DETAILING TRAUMA. A POETIC ANATOMY

2015 lerne ich viel übers Fallen

Ich verlor zeitweise meine Stimme, und die raue Stimme hatte ihren Auftritt. Ich lernte eine Menge über das Gehirn. Es merkt sich negative Erfahrungen sechs Mal häufiger als positive. Angst und Gefahr prägen sich viel stärker ein als Anerkennung und Lust. Es geht ums Überleben, um Selbstschutz. Das Gehirn braucht sechs positive Erfahrungen, um eine negative aufzuwiegen. Es ist darauf angelegt, Schmerzen zu vermeiden, seien sie körperlicher oder sozialer Art – das Gehirn macht keinen Unterschied zwischen beidem. Alles im Gehirn ist auf Befriedigung ausgerichtet.

Eine Bemerkung zum Fallen
Bei manchen Stürzen geht es einem wie damals als Kind: ein aufgeschürftes Knie, ein Ellbogen voller Rollsplitt. Man stürzte beim Rollschuhfahren, beim Laufen, fiel vom Fahrrad. Pinzette, Jod, Zähne zusammenbeißen, fertig.

Ein glutheißer Sommertag 2014, ich gehe mit den ersten Erdbeeren in der Hand vom Garten hoch zum Haus und stolpere wie ein Kind über einen Trittstein. Und da liege ich, auf dem Boden, mein Kopf drei Zentimeter von einer Metalltreppe entfernt. Nochmal davongekommen mit einem Riesenschreck und einer blutigen Schramme am linken Ellbogen.

Als nächstes stürzte ich nachts im Landhaus. Die beiden letzten Stufen der schmalen Treppe im Haus waren höher als die anderen. Benommen von einer Schlaftablette übersah ich die letzte Stufe und fiel mit einem dumpfen Schlag der Länge nach hin und auf die linke Seite. Lise sprang aus dem Bett und kam nach unten gestürmt.

»Mach langsam!«, sagte ich. »Ein Sturz reicht.«

Ich lag immer noch auf dem Boden, genoss die Tatsache, dass alle meine Knochen heilgeblieben zu sein schienen, und lachte vor Erleichterung laut los.

Bei der letzten Überprüfung meiner Knochendichte hatte mein Hausarzt mich alarmiert angesehen.

»Sie könnten sich schon allein vom Niesen was brechen«, war sein Kommentar gewesen.

Ich legte mich immer wieder auf die Nase, als wolle mein Körper beweisen, dass auf sein Skelett nach wie vor Verlass war. Ich stolperte auf dem Bürgersteig, fiel auf beide Hände, Knie und Kinn, ohne meine schönen neuen Kronen zu beschädigen, und gratulierte mir dazu, wie gut ich gefallen war.

Am 17. April 2015 traf sich die MoveWrite!-Gruppe wieder, um mit unseren Erkundungen des Bewegens und Schreibens weiterzumachen. Ich wählte einen Auszug aus dem Gedicht »Wild Geese« von Mary Oliver als Motto:

Du musst keine brave Sünderin sein.
Du musst nicht auf den Knien
Hundert Meilen durch die Wüste rutschen und bereuen.
Du musst nur das sanfte Tier deines Körpers
Lieben lassen, was es liebt.

Nach zwanzig Minuten authentischer Bewegung sagten meine Freundinnen mir, ich habe mich noch nie mit so viel Geschmeidigkeit bewegt – als dränge die Bewegung von meinen inneren Organen wie eine Welle nach außen.

19. APRIL 2015. Nach mehreren grauen Wochen: Morgen auf dem Land mit himmlischem Sonnenschein. Ich sehne mich nach Luft, Sonne, Wärme. Wie alle Montrealer bin ich erschöpft von dem langen Winter, dem kältesten seit zwanzig Jahren, wie die Einheimischen mir versichern. Morgens um halb zehn öffne ich die Haustür. Die unterste Stufe der Vordertreppe wird von der Sonne gestreichelt. Ich brauche die Wärme. Auf der Veranda ist noch ein wenig Frost; ich betrete sie in meinen geliebten, daunengefütterten Hausschuhen mit den Ledersohlen.

Irgendeine Hirnregion hätte ein Signal abfeuern müssen: Halt! Schwarzes Eis! Erst Schuhe mit Profilsohlen anziehen!

Knall. Mein ganzer Körper ein Schrei, der das Blut in den Adern gefrieren lässt.

»Nein, nein, nein!« Mein Instinkt schreit drauf los: »Alles ist aus! Nicht schon wieder! Hilfe, Hilfe!«

Lise über mir, neben mir. Ich bin vor ihren Augen gestürzt, hinter dem Dampf ihres Morgenkaffees, mit dem sie am Fenster sitzt. Es ist ihr Geburtstag.

Wie ein wildes Tier rappele ich mich auf und krieche auf allen Vieren ins Haus. Panik überkommt mich. Bin ich gelähmt? Werde ich gelähmt sein? Los, beweg dich! Meine Beine und Arme tun etwas, mein Kopf hängt nicht herunter.

Aufs Sofa kriechen. Ein Rauschen wie von Wind und Wasser erfüllt meine Ohren. Ich höre nichts als mein eigenes Schmerzgeheul, das aus den tiefsten Tiefen kommt.

Solche Schmerzen habe ich noch nie im Leben gehabt. Bewegen, weiterbewegen. Ein Bein anheben, absetzen, dann das andere. Kopf drehen, Kopf anheben, Fäuste ballen und öffnen. Auf die Seite rollen, versuchen, mich aufzurichten. Mir wird übel. Speichel sammelt sich in meinem Mund. Ich komme nicht hoch. In der Mitte zerteilt. Jetzt bin ich ganz unten angekommen.

Den ganzen Tag geht es so weiter. Ich kann nicht aufstehen. Bei jedem Versuch überfällt mich eine Welle der Übelkeit. Ruh dich aus. Nicht bewegen. Liegenbleiben. Ausruhen. Beruhige dich. Bleib so. Sei ruhig. Lass es gut sein. Wiege das weiche Tier. »Ich habe das Eis doch gesehen«, sage ich zum Schock in meinem Kopf. Das Bild kommt angesegelt wie ein Schiff, das aus einem undurchdringlichen Nebel auftaucht. Schweigen. Ich habe eine unsichtbare, schwarze Eisschicht gesehen. Warum habe ich mich nicht entsprechend verhalten? Da fehlt das Bindeglied. Die Nieren haben den Aufprall abbekommen, lerne ich später. Und ich bin direkt auf meinem Steißbein gelandet.

Ein Wort zur rauen Stimme

Irgendwann Mitte August verlor ich meine normale Stimme. Ich hatte keine Erkältung oder etwas in der Art, aber meine Stimme wurde heiser und büßte ihren vollen, tiefen Ton ein. Sie wurde dünn und zittrig wie die Stimme einer alten Frau. Ich konnte nicht mehr laut genug sprechen, um mich verständlich zu machen.

Von Zeit zu Zeit bekam ich einen qualvollen Hustenanfall, bei dem mich die Angst vor dem Ersticken packte. Ergebnislos nach Luft schnappen: Möge das Atmen, dieses Wunder der Bewegung, wieder zu seinem unwillkürlichen Rhythmus finden. Manchmal kam es zu einem Hustenanfall, wenn ich einen zu großen Schluck getrunken hatte. Unterhalb meiner Kehle fing es an: Es war ein Gefühl, als ob ich von dem bellenden Husten in Stücke gerissen würde.

Nach dem ersten Anfall stützte ich mich so kräftig wie möglich mit den Händen auf einem Tisch ab und schnappte unter Zuhilfenahme der Atemhilfsmuskulatur nach Luft, wie ein Mensch mit Asthmaanfall, dann blickte ich auf in die großen, schockierten Augen von Lise oder einer Freundin, die das Ganze miterlebt hatte. Ich wusste, dass mir nur ein

Schluck Wasser Erleichterung schenken und den ersten Atemzug ermöglichen würden. Zweimal spürte ich, wie links in meinem Brustkorb etwas riss. Durchs Husten kam es zu winzigen Frakturen, das Atmen wurde eine Weile schmerzhaft, Niesen und Husten noch schmerzhafter. Und doch: Was war es für eine wunderbare Erfahrung, sich einfach nur auf das Einatmen und das Ausatmen zu konzentrieren und die Schmerzen der Rippenfissur allein dadurch zu lindern.

Nach der Sommerpause musste ich vor meinem ersten Termin bei der Onkologin einen Knochen-Scan und eine Durchleuchtung von Brust und Bauchraum bestehen. Ich war zunehmend besessen von der Vorstellung, dass die Metastasen in meiner Lunge plötzlich stark angewachsen waren und den Husten verursachten, oder dass ich Wasser in der Lunge hatte.

Die Lunge erwies sich als stabil. Aber im Rippenfell hatte ich Wasser, und neuen Krebs. Die Wirbelsäule und Rippen offenbarten alarmierende Veränderungen. Der zementierte Wirbel T4 war weiter in sich zusammengesackt, und die Beanspruchung der dort sitzenden Muskeln verursachte die chronischen Schmerzen in den Schulterblättern. Im T12, dem untersten Rückenwirbel, hatte sich eine neue Metastase gebildet, genau wie im Kreuzbein, das Haarrisse von meinem Sturz im Frühjahr davongetragen hatte.

Die Onkologin überwies mich an den Strahlenonkologen und einen HNO-Spezialisten. Ich beschloss, als erstes meinen Hausarzt zu konsultieren.

Viele Jahre lang hatte ich keinen Hausarzt gehabt. Leider ist das im derzeitigen Krankenversicherungssystem in Quebec normal. Hin und wieder wurde ich von jemandem daran erinnert, dass ich Anspruch auf einen Hausarzt hatte und aufgrund der Krebserkrankung sogar prioritär behandelt werden würde. Normalerweise stand man jahrelang auf einer

Warteliste. Aber ich hatte für meinen Geschmack schon viel zu viele Arzt- und Krankenhaustermine und keine Lust auf einen weiteren Arzt. Aber irgendwann entschloss ich mich dann doch, mein Glück mit dem System zu versuchen. Den ersten Anruf von der Praxis bekam ich 2014, als ich eigentlich auf der Leipziger Buchmesse hätte sein sollen und stattdessen Bestrahlungen über mich ergehen lassen musste.

Als ich abends um halb acht von meinem Arzttermin nach Hause kam, erfasste mich eine Welle der Einsamkeit beim Betreten der Wohnung. Fast wäre ich in Panik geraten, doch im nächsten Augenblick war es vorbei. Frieden umfing mich.

Der Arzt war bei unserem ersten Termin erstaunlich geradeheraus gewesen. Er hatte meine tiefsten Ängste beim Namen genannt. Was war, wenn ich nachts fiel, mir Arm oder Bein brach und es nicht zum Telefon schaffte? Was war, wenn ich aufwachte und feststellte, dass ich Arm oder Bein oder Schlimmeres nicht bewegen konnte? Aus Sicherheitsgründen gefiel es ihm offensichtlich gar nicht, dass ich allein wohnte. Wer würde sich um mich kümmern, wollte er wissen, wenn ich eines Morgens aufwachte und nicht wusste, wo ich war oder wer ich war, wenn sich ein Hirntumor gebildet hatte?

»Mein Schatz«, antwortete ich.

»Und wohnt er denn in der Nähe?«, fragte er.

»Sie«, korrigierte ich ihn. Er strahlte übers ganze Gesicht.

»Oh!«, rief er aus, bevor ich mich entscheiden konnte, ob ich sagen sollte: Ich bin mit einer Frau zusammen, oder: Mein Schatz ist eine Sie, oder: Ich bin Lesbe. »Sie sind lesbisch, wie schön!«

Er erzählte mir von seinen schwulen und lesbischen Nachbarn und Nachbarinnen und dass er eine ganze Menge schwuler und lesbischer Patienten und Patientinnen hatte. In meinem Stadtteil Le Plateau Mont-Royal sind wir relativ stark vertreten. In meinem ganzen Leben hatte, mit Ausnahme anderer Lesben, noch nie jemand so freudig, fast enthusiastisch darauf reagiert, dass ich eine Lesbe war. Dieses Erlebnis wog auf jeden Fall sechs schlechte Erinnerungen in meinem emotionalen Gedächtnis auf. Vielleicht wog diese Anerkennung als Lesbe sogar all meine schlechten Erinnerungen auf.

Abgesehen von dieser Begegnung gab es aber auch viele andere gute Erfahrungen mit Ärzten, so zum Beispiel den Termin bei einem Lungenspezialisten 2011. Meine Onkologin war zunehmend besorgt wegen der Lungenmetastasen. Sie wollte, dass ich mit ihm über Herceptin-Infusionen spreche. Aber vorher musste ich noch meine Lungenkapazität überprüfen lassen: Volumen, Inspiration, Exspiration, Atemmuskulatur usw. Ein Techniker mit italienischem Namen, braunen Locken und großen, braunen Augen und dem voluminösen Torso eines Opernsängers zeigte mir die notwendigen Übungen und atmete so kräftig ein und aus, als müsse er Wolken über den Himmel pusten. Wie sich herausstellte, waren meine Atemwege in bester Verfassung. Der Lungenspezialist zeigte mir den Monitor, auf dem die Bilder meiner Lunge zu sehen waren. Ich hatte das, worüber die Ärzte seit 2006 redeten, bis dahin nicht mit eigenen Augen gesehen. Da waren sie, größere und kleinere Punkte in beiden Lungenflügeln. Meine Lunge war gesprenkelt mit Metastasen.

»Das Wachstum geht extrem langsam vor sich«, sagte er, »es stagniert fast. An Ihrer Stelle«, er drehte sich um und sah mir ins Gesicht, »würde ich auch lieber nichts tun.«

Es handelte sich offensichtlich um einen Arzt, der nicht Angst als Druckmittel einsetzen oder auf Teufel komm raus Krebszellen angreifen und abtöten wollte.

»Falls das Wachstum irgendwann an Geschwindigkeit zunimmt«, fuhr er fort, »können Sie sich immer noch überlegen, ob Sie Herceptin nehmen wollen.«

Er bemerkte den Ring an meiner linken Hand. Ich trug am Mittelfinger einen Ring mit einer großen, handgeschmiedeten Schildkröte darauf. Eine Freundin hatte ihn vor über zwanzig Jahren auf einem Dogon-Markt in Mali für mich gefunden.

»Vielleicht ist der Krebs in Ihrer Lunge wie die Schildkröte«, fügte er hinzu. »Er ist einfach langsam.«

Als ich aus seiner Sprechstunde kam, fühlte ich mich als ganzer Mensch ernstgenommen und blickte aufgrund seiner ermutigenden Bemerkung voller Vertrauen in die Zukunft. Der Arzt hatte sich auf meine Schildkröte als Symbol bezogen. Er war nicht auf Chemotherapie um jeden Preis fixiert, nur »um ganz sicher zu gehen«. Ganz im Gegenteil vermittelte er mir den beruhigenden Eindruck, dass mein Körper in der Lage war, das Wachstum der Metastasen zu kontrollieren.

Der Lungenspezialist zog *nicht* die Schlussfolgerung, dass ein unbelebtes Objekt wie eine Messingschildkröte Einfluss auf die Lungenmetastasen seiner Besitzerin haben könnte. Ich persönlich bin aber genau davon überzeugt. Die Schildkröte auf meiner Hand stellt nicht nur eine Verbindung zu dem Kontinent unter meinen Füßen her, der für die Ureinwohner immer die Schildkröteninsel war, sondern erinnert mich auch an den Nutzen langsamer Bewegungen und stärkt meine Willenskraft, mit der ich auf das metastatische Wachstum in meiner Lunge einzuwirken hoffe. Patienten brauchen solche Bilder im Kopf. Bilder, die uns berühren, inspirieren und nähren, die uns mit Glück und Zielstrebigkeit erfüllen, von denen unser Immunsystem gestärkt wird: Die Anzahl der weißen Blutkörperchen steigt messbar an.

Ein paar Monate später war ich dabei, einen mickernden Fliederstrauch an unserem Landhaus auszugraben und an eine bessere Stelle zu verpflanzen. Als ich mit dem Spaten kreisförmig rund um den Flieder einstach, bemerkte ich einen schönen Stein im Gras und bückte mich danach. Begeistert sah ich, dass er sogar gemustert war. Beinah hätte ich ihn vor Schreck fallen lassen, als ich vier Beine mit Klauen daran sah. Mit pochendem Herzen setzte ich ihn wieder auf dem Rasen ab – es war eine Schildkröte, die gerade aus dem Winterschlaf erwachte. Auf ihrem Panzer saßen trockene Erdkrumen. Als ich mit dem Ausgraben des Flieders anfing, hatte ich sie nicht bemerkt.

Haarscharf war mein Spaten an der Schildkröte vorbeigegangen. Noch war sie bewegungslos. Als Lise ein paar Selleriestücke vor sie legte, schob sich ihr Kopf ganz allmählich heraus. Sie fraß. Ich rannte ins Haus, um den Fotoapparat zu holen. Draußen im Garten hatte die Schildkröte bereits ein schnelles Tempo Richtung See eingeschlagen. Ich konnte noch ein paar Fotos von ihr machen, wie sie über einen Stein und ans Wasser kroch. Dann sahen wir sie über den sandigen Untergrund hinweg verschwinden. Beine und Hals waren leuchtend rot. Es war eine Waldschildkröte, eine sehr scheue Art, die sich nur selten zeigt. Davor oder danach sah ich nie wieder eine Schildkröte auf unserem Grundstück.

Jetzt hatte dieses Stück Land seine Geschichte: Das war die Stelle, an der die Schildkröte nach dem Winterschlaf aufgetaucht war.

Die Begegnung mit der Schildkröte ließ mich an einen jungen Mann denken, André mit den strickenden Vögeln. André war Teilnehmer von Maurice Braults *Atelier d'art thérapie*. André war ängstlich, sanft, fürsorglich und nach mehreren Jahren mit Speiseröhrenkrebs sehr dünn. Er wohnte zur Untermiete in einem billigen Zimmer und arbeitete im Supermarkt. Bei der Kunsttherapie setzte er sich an den großen Gruppentisch, nahm sich ein frisches, weißes Blatt vor und fing an zu zeichnen, zuerst mit dem Bleistift, dann malte er mit Wasserfarben. Er redete nicht viel. Er schien einem unsichtbaren Plan zu folgen und fing meist in der Mitte des Blatts mit einigen kleinen Strichen an. Eines Tages zeichnete er zwei Vögel auf einem Ast, die sich ansahen, zwischen ihnen der Baumstamm. Beide strickten. Sie strickten zusammen einen Schal, der irgendwann bis zum unteren Rand des Blattes weiterging.

Mehrere Wochen später erzählte er mir von seinem Leben: Wie er vor längerer Zeit mit großen Schwierigkeiten zu kämpfen hatte, deswegen auf der gesellschaftlichen Leiter abgestiegen war, wie er sich jetzt durchs Leben schlug und versuchte, seine Kreativität wiederzuerobern. Er erwähnte die Vögel.

»Das, was sie da stricken, das hilft, das Gewebe meiner Speiseröhre zusammenzuhalten«, sagte er und sah mir in die Augen. »Ich glaube an so was, weißt du.« Ich pflichtete ihm bei. Kranke Menschen schließen einen Vertrag mit dem Universum. Alle Menschen machen das aus dem einen oder anderen Grund.

Der Stoff, den Andrés Vögel strickten, hielt ihn noch vier weitere Jahre lang am Leben, dann starb er.

Meine Gedanken kehrten zurück zu meinem Hausarzt. Die halbe Nacht lag ich wach und grinste in die Dunkelheit. »Ho-ho, Dunkelheit!«, sagte ich laut.

»Ich stelle mich meinen Ängsten. Alles ist gut, so wie es ist. Es ist in Ordnung, allein zu wohnen und nachts allein zu sein.«

Tief in meinem Innern fand eine Umwälzung statt. Jemand hatte die Angst beim Namen genannt, ich konnte mich ihr stellen und sie fürs Erste loslassen.

Bevor ich 2015 wegen meiner Stimme zum Hausarzt ging, las ich noch einmal den indischen Dichter Koyamparambath Satchidanandan:

How to go to the Tao Temple

Go lightly like the leaf in the breeze …
Speak silently, if speak you must:
like the rock speaking to trees
and leaves to flowers.
Silence is the sweetest of voices
and Nothingness has
The fairest of colours.
(…)
No anger: not even dust is
at your command.
No sorrow: it doesn't alter anything.

Gang zum Tao-Tempel

Bewege dich leicht wie das Blatt im Wind …
Sprich leise, wenn du sprechen musst:
Wie der Fels, der zu den Bäumen spricht,
und die Blätter zu den Blumen.
Schweigen ist die schönste aller Stimmen
und Nichts hat
die schönsten Farben.
(…)
Kein Zorn: nicht einmal der Staub
gehorcht dir.
Keine Trauer: Sie verändert nichts.

Mein Hausarzt war weder ein Gott noch ein Tempel. Aber er erwähnte beiläufig die Möglichkeit eines Hirntumors, vier Wochen, bevor ein solcher bei mir diagnostiziert wurde. Ich brauchte keine Fragen vorzubereiten; mir wurden die Antworten gegeben, bevor ich wusste, wie die Frage gelautet hätte. Bevor wir miteinander sprachen, wünschte ich mir, leer zu sein, nicht hohl oder erschöpft, sondern einfach frei von Angst und Erwartung.

Er sah mir in Hals, Nase und Ohren und teilte mir mit, dass es keine Anzeichen einer Erkältung oder Virusinfektion gebe. Er wollte wissen, ob ich manchmal Schluckbeschwerden habe. Ein Nerv verlaufe vom Brustkorb bis hoch zum Kehlkopf, erklärte er mir. Metastasen in Lunge oder Wirbelsäule könnten auf den Nerv drücken.

Wie zuvor brachte er furchtlos und direkt zum Ausdruck, was gesagt werden musste, und war das ganze Gespräch hindurch präsent. Sein Verdacht gefiel mir gar nicht. Zum Abschluss sagte er: »Kommen Sie das nächste Mal mit Ihrer Frau, ich möchte mit Ihnen beiden reden. Wie sagen Sie – Partnerin, Ehefrau?«

»Ehefrau gefällt mir nicht«, erwiderte ich, »und Partnerin klingt so geschäftsmäßig. Ich nenne sie Gefährtin, *conjointe, ma douce.*«

»*Bon,* dann kommen Sie das nächste Mal mit Ihrer *douce.*«

Mit meinen Wanderstöcken unterwegs in der Stadt. Auf dem Heimweg durch den dunkel werdenden Abend zittere ich am ganzen Körper. Anfang September muss ich immer an die ersten Tage nach meiner Ankunft in Montreal am 27. August 1997 denken. Es ist ein wenig schummrig, weil die gelben Lampen nur auf der einen Straßenseite leuchten; die Luft ist lau und samtig weich. Die Gehsteige, die Restaurants mit den weit offenen Fenstern, die Caféterrassen sind voller Menschen, die sich in der Wärme aalen und es genießen, unterwegs zu sein, ohne zu frieren oder auf den eisigen Asphalt hinunterschauen zu müssen. Alle Welt ist wieder in der Schule und bei der Arbeit, die Herbstsaison geht immer mit einem dicht gepackten Kulturprogramm los: *C'est la rentrée!*

Damals bedeutete diese Jahreszeit für mich Ankommen, und nun die Vorbereitung auf die letzte Reise. Auf dem Heimweg wird mir immer kälter. »Vor Schock«, sage ich mir. »Lass dir ein schönes heißes Bad ein, bevor du mit Lise sprichst.«

Letzte Woche war ich bei einem Facharzt, einem Orthopäden, der nach meinem untersten Rückenwirbel schauen sollte. Mehrere Wochen lang tat dieser Wirbel bei bestimmten Bewegungen weh, und wenn ich mehrere Stunden lang gesessen oder gestanden hatte. Wenn ich auf der Toilette drücken musste, hatte ich Schmerzen. Ich litt auch unter Verstopfung, was ich sonst nicht gewohnt war. Ich fragte den Orthopäden, ob die vom T12 ausgehenden Nerven Einfluss auf die Verdauung haben könnten. Seine Antwort brachte mich ein wenig aus der Fassung: »Mit Nerven kenne ich mich nicht aus«, sagte er.

Deswegen muss ich mit meinem Hausarzt sprechen. Er wird einen genauen Blick auf die Bilder meiner Wirbelsäule werfen und die Berichte lesen. Ich hoffe, bei unserem nächsten Termin leer, frei von Ärger und Trauer und vielleicht sogar leicht wie ein Blatt zu sein. Ich frage ihn, ob ihm klar ist, dass er prophetische Fähigkeiten hat.

»Nein, das wusste ich nicht«, sagt er, aber von seiner Familie werde er »Blitzableiter« genannt. Vielleicht sei das ja dasselbe: Wenn er den Blitz oder anderes Übel, das jemanden befallen könnte, ableitet, dann kann er vielleicht auch anziehendes Unheil vorhersagen.

Ich möchte mehr darüber wissen, wie Krebszellen sich durch den Körper bewegen. Die Krebszellen in allen meinen Tochtergeschwülsten sind Brustkrebszellen. Aber wandern Krebszellen, die sich im Knochen einnisten, nur in den Knochen weiter oder auch an andere Stellen?

»Könnten die Krebszellen der Lungenmetastasen direkt hochwandern in den Hals und sich dort ansiedeln?«, habe ich den Strahlenonkologen gefragt. »Das wissen wir nicht«, hat er gesagt.

Ich glaube ihm.

Im Grunde weiß ich nicht, warum ich überhaupt noch zu den Spezialisten gehe. Sie befolgen das pharmazeutisch vorgeschriebene Protokoll und gewinnen mit jedem Patienten und jeder Patientin Wissen dazu. Das kriegen sie gratis von uns, ihren Fällen.

Der HNO-Facharzt bestätigt die Vermutung des Hausarztes. Der Nerv zum Kehlkopf ist von einer Geschwulst befallen, die linken Stimmbänder sind gelähmt.

Bellend hat die raue Stimme ihren Auftritt in diesem Text. Sie klingt ungehobelt, krächzend, barsch platzt sie mit dem heraus, was sie sagen will. Sie befolgt nicht immer die Regeln der Grammatik und der Satzordnung. *Eruptives Entrée.* Die raue Stimme sagt mir, was ich zu tun habe. Ich nehme mich in den Arm. Meine Stimme und meine Wirbelsäule brauchen mich, brauchen die Verbindung mit mir.

»Was würdest du tun, wenn Wirbelsäule ein kranker Mensch wäre?«, knurrt mich die Stimme an.

»Ich würde sie umarmen und streicheln und massieren«, sage ich.

»Tu das«, sagt die raue Stimme, »und sag deiner Wirbelsäule, ich hab Wirbelsäule lieb, und hör auf, mit dieser Krankheit so umzugehen wie früher, als du ein Kind warst: *Was hast du denn bloß? Was ist jetzt schon wieder?* Einmal pusten, und schon ist die Sache vergessen. Hör auf damit; schalt um auf Liebe, und liebe deine Knochen und deine komische Stimme und berühre sie.« Hitze fließt in jede Zelle, der ganze Körper entspannt sich und wird heiß, Hitze dünstet aus meinen Fußsohlen.

»Ich liebe dich heiß und innig«, sage ich zu mir, »du bist wunderbar, du bist mittlerweile so gefährdet wie die Umwelt, vom Krebs ausgehöhlt, verseucht von chemischen Behandlungen.

Wir kämpfen für den Umweltschutz, aber warum sagen wir Umwelt? Es ist ein Fehler zu meinen, dass wir Menschen im Mittelpunkt stehen, dass sich alles um uns dreht. Nicht Umwelt – Natur. Warum sagen wir nicht: Wir schützen die Natur, sie ist in großer Gefahr, wie lange wird schon auf sie eingeprügelt, sie ist in der Notaufnahme, und trotzdem wird immer noch auf sie eingestochen. Sie unsere Mutter, unser Mittelpunkt. Sie ist Leben.«

»Ich gebe auf mich selbst Acht«, sage ich zum Leben, »ich verstehe, was du brauchst.«

Die raue Stimme erzählt mir: Es war einmal ein roter VW Käfer auf einem hellblauen Stück Karton. Weißt du noch? Es war einmal ein kleines Mädchen, das so begeistert von der Farbe Rot war, dass es den Umriss eines VW Käfers wie besessen mit einem feuerwehrroten Buntstift ausgemalt hat. Leidenschaft, ihr Name war Leidenschaft. Die alte Lehrerin sprang an diesem Tag in der zweiten Klasse über ihren Schatten und bot den Schülern ein modernes Thema an: Sie sollten keine Blume, keinen Vogel oder Baum malen, sondern ein Auto. In unserem kleinen Schweizer Dorf gab es nicht viele Autos, es muss um 1954 gewesen sein. Die Lehrerin ließ uns immer auf kleinformatigem hellblauem Karton malen, so klein wie eine halbe Seite. Zu klein, um sich hinreißen zu lassen. Dieses fürchterliche, hellblaue Kartonmaterial, denkst du im Rückblick.

»Warum blickst du zurück?«, knurrt die raue Stimme. »Weil du das kleine Mädchen bist. Du hast dich von dem roten Buntstift hinreißen lassen, trotz hellblauem Pappkarton. Dein Auto hat das ganze Blatt ausgefüllt; es stieß auf allen vier Seiten an die Ränder und war knallrot ausgemalt. Da konntest du das kleine Format vergessen.«

»Ich habe das Bild von ganzem Herzen geliebt«, sage ich.

»Hör auf«, grollt die raue Stimme, »das sind doch die reinsten Klischees. Wenn du so weitermachst, redest du als nächstes davon, dass dein Herz im selben Feuerwehrrot gepocht hat wie die Farbe, mit der du das Auto ausgemalt hast, und dann musst du auch noch die knochigen Finger der Lehrerin erwähnen (knochenbleich) und die Altfrauenstimme, die aus ihrem faltigen Hals kam, aber hier geht es um dich, und du hast das Innere des Autos feuerwehrrot ausgemalt.«

»Es war wunderschön!«, rufe ich voller Begeisterung. »War ich davor oder danach je wieder so glücklich?«

Die raue Stimme blafft mich an: »Natürlich nicht! Freu dich, dass du diesen glücklichen Augenblick mit dem roten VW Käfer auf hellblauem Untergrund, von dem fast nichts mehr zu sehen war, erlebt hast!«

Was kommt danach? Die schöne Erinnerung wird augenblicklich im Keim erstickt. Die Lehrerin ist gar nicht einverstanden mit mir: »Zu auffällig, zu exzentrisch, zu überkandidelt, zu pompös, außerdem nur eine Farbe, nicht sehr differenziert.«

Die anderen Kinder lachen höhnisch. Du bist in Tränen aufgelöst; alle anderen sind zufrieden. Deine Mutter bietet dir keinerlei Unterstützung, weil sie sich nie auf deine Seite schlägt, und dein Vater sagt wahrscheinlich etwas in der Art, dass die Zeichnung ein wenig monoton ist, so einfarbig, so eine einfache Form (er ist Bauingenieur), ein oder zwei technische Details hättest du ja wohl einfügen können. Aber du kennst dich nicht aus mit Autos. Du weißt nur, dass das Innere bis zum Rand rot ausgemalt werden musste. Die raue Stimme stößt einen tiefen Seufzer aus, wie ein Hund, der sich behaglich reckt und gähnt.

»Und«, sagt die raue Stimme, »erinnerst du dich auch an den halsbrecherischen Sturz in deiner Kindheit?«

Ich rutschte für mein Leben gern in unserem großen Elternhaus das Messinggeländer herunter. Eine breite Holztreppe mit Absatz führte hinauf ins Obergeschoss, wo sich Küche, Ess- und Wohnzimmer, Badezimmer und Elternschlafzimmer befanden, und eine weitere Treppe mit Absatz hoch zum Dachboden, wo meine beiden Brüder und ich unsere Zimmer hatten. Im Erdgeschoss wohnten meine Großeltern mütterlicherseits.

Am Tag des Unfalls lebte meine Großmutter noch; Großvater war bereits gestorben. Ich muss sechs oder sieben Jahre alt gewesen sein. Wir hatten eine Woche lang Herbstferien, und an einem Morgen fühlte ich mich besonders verloren. Das Haus kam mir noch stiller als sonst vor. Irgendetwas musste geschehen. Ich kletterte im Obergeschoss mit beiden Füßen auf den Handlauf aus Messing und hielt mich mit einer Hand an den Streben des Treppenabsatzes über mir fest. Ich musste loslassen, die Rutschpartie begann, ich verlor das Gleichgewicht und stürzte nach außen auf die Treppe darunter; ich landete mit dem Rückgrat auf der Kante einer Treppenstufe. Ich bekam keine Luft. Ob ich schreien konnte, weiß ich nicht mehr. Aber die Türen gingen sofort auf, Großmutter, Mutter und ein Bruder kamen angerannt, hoben mich hoch und legten mich in Großmutters Bett. Ich konnte wieder atmen, ich spürte den Schock und sah ihn auch in den Gesichtern, die auf mich herunterstarrten.

Es war ein Ausbruch, ein Aufschrei: Etwas musste geschehen, damit sich die zutiefst falsche Situation veränderte. Alles kam mir festgefahren vor, wie noch so oft in meinem späteren Leben, in dem ich wiederholt selbstzerstörerische Akte beging, um mich aus einer beengenden Situation zu befreien.

»Was ist denn da passiert?« Diese Frage bekam ich im Laufe meines Lebens immer wieder von Masseurinnen, Osteopathen und allen zu hören, die sich ganzheitlich mit meinem Körper befassten, sobald sie meine Wirbelsäule berührten. Ich war auf dem T4-Wirbel in Höhe des Herz-Chakras gelandet. An der Stelle bildete sich meine erste Knochenmetastase.

Die raue Stimme erinnert mich an die abenteuerlustige, wagemutige, experimentelle Stimme meines ersten Buchs. Ich schließe mich wieder mit einer verlorenen Verbündeten zusammen. Meine damalige Stimme war wild, aber nicht furchtlos. Ich fürchtete mich damals vor so einigem, berechtigterweise. Mein erstes Buch *Häutungen* (1975) war eine Eruption. Heiß wie ein Vulkanausbruch.

Ich befreite mich aus der Beziehung zu einem Mann und distanzierte mich vom patriarchalischen System mit seinen (sexuellen) Machtverhältnissen. Schreibend outete ich mich als Lesbe. Es war ein ähnlich leidenschaftlicher Akt wie damals das Malen des roten VW Käfers. Ich entdeckte meine Kreativität.

Etwas musste geschehen, damit sich die zutiefst falsche Gesellschaft veränderte. Damals wohnte ich mit drei anderen Frauen zusammen. Ich war Teil eines Frauenkollektivs. Ich erinnere mich an den Augenblick, als wir alle um den Esstisch versammelt saßen und ich sagte: »Ich will ein Buch schreiben.«

1974 reiste ich drei Monate lang durch die USA, um herauszufinden, was die »großen amerikanischen Schwestern« schon alles auf die Beine gestellt hatten. Die ersten feministischen Zeitschriften, Verlage und Buchläden gab es in Westdeutschland erst 1975.

Eines Tages, wahrscheinlich war es irgendwo in der Bay Area, begegnete ich einer Frau, die mit einem offenen Notizbuch auf den Beinen hinterm Haus in der Sonne saß. Sie trug ein Karohemd und Shorts, lebte von sehr wenig Geld in einer Wohngemeinschaft abseits vom Mainstream und strahlte mich glücklich an: »Ich schreibe ein Buch!«

Sie hatte keinerlei Zweifel an ihrem Vorhaben. Eine begeisterte Jungautorin kennenzulernen, war damals gar nicht so ungewöhnlich. Viele Feministinnen schrieben in den späten Sechzigern, frühen Siebzigern ihre ersten Bücher. Wir bezogen Wissen und Kraft aus demselben Energiefeld, das jeder von uns eine unverwechselbare Stimme und eine bis dahin unbekannte Perspektive auf die Welt verlieh. Jede von uns schuf ein Universum, in dem sie darstellte, was für sie die kollektive Sicht der Frauen war. Das soll nicht heißen, dass es eine einheitliche Sicht der Dinge gab, ganz und gar nicht. Mit jedem neuen Buch taten sich ideologische Grabenkämpfe und Auseinandersetzungen zwischen verschiedenen Lagern auf. Jedes Buch war ein Wagnis, war ehrlich und brachte etwas in die Welt, das bis dahin nicht hatte existieren können. Wir schufen den Raum, damit es existieren konnte. Das passierte nicht in Studiengängen fürs kreative Schreiben. Es passierte, weil wir für einen kurzen Augenblick unter Gleichgesinnten lebten, die sich gegenseitig inspirierten und unterstützten.

Häutungen traf den wunden Punkt von Tausenden und Abertausenden wütender Frauen. Wir veröffentlichten es als erstes Buch in einem kleinen Frauenverlag, anfangs mit einer Auflage von 1500 Exemplaren. Die waren innerhalb eines Monats ausverkauft. Es gab noch keine Rezensionen. Wir waren überwältigt. Wir mussten immer und immer wieder nachdrucken.

Langsam bekamen die Medien Wind von der Sache. Das verstieß gegen alle etablierten Regeln des Kapitalismus: Ein Buch, geschrieben von einer völlig unbekannten Frau, veröffentlicht von einer Handvoll unbekannter Frauen, von dem im ersten Jahr siebzigtausend Exemplare verkauft wurden, und das war erst der Anfang.

Es war eine Ära ohne Computer, E-Mail, soziale Medien und Handys. Als es losging mit den Besprechungen, zog ich mich zurück. Es waren nur Printmedien, aber ich konnte die Kritiken trotzdem nicht ertragen. Ich war kein Medienmensch und bin es auch heute noch nicht. Ich war eine junge Schriftstellerin (auch daran hatte ich meine Zweifel) und hatte etwas in die Welt gesetzt, das wie ein Flächenbrand um sich griff. Was hatte ich nur getan?

Ich war in meiner Persönlichkeit als Schriftstellerin und Lesbe noch nicht gefestigt. Alles war roh wie nach einer großen Explosion. *Häutungen* hielt sich ungefähr dreißig Jahre lang auf dem Markt. Ich hatte etwas Unerhörtes getan. *Striking.* Es sorgte dafür, dass ich aus der Frauenbewegung herausragte wie eine Bohnenstange. Um mich tobten Konflikte, Neid, Ressentiments, Misstrauen, Verdächtigungen: Kann man das wirklich Literatur nennen? Etwas, das sich so gut verkauft, kann ja nicht viel taugen. Die Reaktionen von Medien, Feministinnen, Frauen, Männern, Freundinnen und Verwandten teilten sich in enthusiastischen Zuspruch und beißende Kritik, oder gar nichts – Schweigen.

Heutzutage denke ich auf Englisch über mein Leben als Schriftstellerin nach. Ich denke in einer Fremdsprache, ich wohne auf einem anderen Kontinent, ich erzähle einem anderen Publikum diese Geschichte. Ein Publikum ohne festzementierte Meinung über meine Bücher ist erfrischend. Es ist, als würde man sich in einer anderen Sprache in psychoanalytische Behandlung begeben und alles von der Seele reden. Gespenster und Dämonen trage nicht dieselben Namen und haben dadurch auch nicht so viel Macht über mich. Dabei verstehe ich mein Leben als Schriftstellerin weder auf Deutsch noch auf Englisch. Ich verstehe seinen Ablauf, aber das ist etwas anderes. Ich habe nie wirklich herausgefunden, wie ich es fertiggebracht habe, *Häutungen* zu schreiben. Wie sich die Stimme dieses Buches Ausdruck verschafft hat. Unzählige Interpretationsversuche von Literaturkritikern und Literaturwissenschaftlerinnen haben die einfache Tatsache verdorben, dass sich eine Stimme Ausdruck verschafft hatte.

Nach zehn Bestrahlungen und zwei Flaschen Gurgelwasser kommt meine Stimme im November 2015 allmählich wieder zurück. Das Gurgelwasser ist rosarot und himbeersüß. Bis zu vier Mal täglich damit gurgeln, dann herunterschlucken. Gurgeln hilft nicht. Die Stimmbänder wissen immer noch nicht, was sie mit dem Husten anfangen sollen. Das gelähmte Stimmband weiß es nicht. Schlucken tut weh. Um schlucken zu können, muss ich das Kinn in Richtung Brust bringen. Jeder zu große Schluck Flüssigkeit löst immer noch einen Hustenanfall aus. Genauso, wenn ich einen zu großen Bissen herunterschlucken will. Von der Bestrahlung habe ich Verbrennungen im Hals.

Ich brauche kein Meditationswochenende, um langsames, achtsames Essen zu lernen. Die Verbrennungen zwingen mich, jeden Bissen mindestens dreißig Mal zu kauen. In einem Raum voller Menschen, am Ladentisch, beim Essen im Restaurant ist meine Stimme immer noch unhörbar. Ich bin bei der Geburtstagsfeier einer Freundin. Der Geräuschpegel im Zimmer ist so laut, dass ich mich der Person neben mir nicht verständlich machen kann. Ich will zwei Frauen erklären, dass ich die Hälfte meiner Stimme verloren habe. Ich sehe, wie sie mir ins Gesicht lachen und dann abrupt die Köpfe jemandem zuwenden, der so laut quasseln kann wie sie.

»Hab ich's dir nicht gesagt«, meldet sich die raue Stimme. In Minutenschnelle bin ich innerlich versteinert. Zum Verstummen gebracht. Eine andere Freundin kommt und setzt sich zu mir. *Sie ganz da. Sie offene Augen. Will mir Geschichte erzählen. Sie ruhig, gelassen. Zärtlich.* Meine Tränen fließen.

Als sie geendet hat, danke ich ihr und gehe zu Lise. Sie nimmt mich am Arm.

»Willst du gehen? Du siehst aus, als könntest du nicht mehr.« Ich schluchze auf der gesamten Heimfahrt. Ausgeschlossen werden – die bitterste Erfahrung überhaupt. Nach ein paar Wochen wird das Schlucken einfacher, die Stimme bessert sich ein wenig. Mein Lachen klingt immer noch, als würde man in ein hohles Schilfrohr blasen.

Was ist Körper? Wir jetzt anders zusammen. Was braucht Leber? Ich frage Wirbelsäule, Hals, T12, Steißbein, Gehirn, Kehle mit dem vernarbten Gewebe von der Bestrahlung. Welche Geschichte hat mir mein rechter Arm zu erzählen? Ein taubes Gefühl wie von einer Blutdruckmanschette. Sagt er mir: Nerv, der von C7 zum kleinen Finger führt, oder sagt er: Hirntumor?

Der Körper ist ein großer, verlässlicher Verbündeter. Er sagt: Ruh dich aus. Raste. Ruhe dich noch mehr aus. Genieße die Pause. Schone dich. Genieße das Sein, das sorgenfreie Dasein. Du brauchst dir keine Sorgen mehr ums Geld zu machen. Ruhm und Erfolg spielen keine Rolle mehr. Du hast genug geschafft. Jetzt hast du Zeit und kannst tun und lassen, was du willst.

5. OKTOBER 2015. Chantal Akerman hat im Alter von 65 Jahren Selbstmord begangen.

Einen Textkörper zu erschaffen, verändert die Erfahrung einer Krankheit umgehend und umfassend. Was ich in Jahrzehnten des Schreibens gelernt habe: Durchhalten, an schwierigen Tagen nicht aufgeben, nicht die Verbindung zum Schreibprozess verlieren, auch wenn das Schreiben selbst nicht möglich ist, aber aus Erfahrung wissen, dass die dunklen Stunden vorbei- und etwas anderes weitergehen wird. Ich habe gelernt, wie man geistig in Verbindung mit einem schwierigen Thema bleibt, während man körperlich einer leichteren Tätigkeit nachgeht. Oder Stunde um Stunde weiterzulesen, um den Schmerz im Innern zu lindern, ohne aufzustehen, ohne zu essen, ohne aus dem Fenster zu schauen, ohne mich dem Knoten zu entziehen, mit dem ich mich innerlich abmühe. Was ich beim Schreiben gelernt habe, hat mir geholfen, andere Erfahrungen durchzustehen, die mich aus dem Gleichgewicht bringen wollten.

So vieles ist nach wie vor selbstverständlich: Mit einem Gehstock oder zwei Wanderstöcken kann ich langsam gehen, ich kann sprechen, singen, lesen und schreiben, meditieren, kochen, ein wenig Qi Gong und sanfte Dehnübungen machen. Eine drei Pfund schwere Tasche tragen. Einen kleinen Rollkoffer ziehen. Beim Gehen auf ebener Erde kommt es häufiger zu Kurzatmigkeit.

Unglaubliche Dinge können heutzutage unternommen werden, um das Leben des reparaturfähigen und oft reparierten Körpers zu verlängern. Und eines Tages werde ich der immer noch möglichen Reparaturen überdrüssig sein und wissen, dass es gut ist.

Würde. Es geht nicht mehr darum, eine gute Figur beim Yoga zu machen. Es geht darum, *das weiche Tier* des verfallenden Körpers mit Würde zu behandeln. Geh mit ihm, dehne es hier und da ganz vorsichtig, es soll sich so bewegen dürfen, wie es sich selbst bewegen will, nicht, wie ich es ihm vorschreibe.

Ob ein plötzlicher Tod einfacher wäre als Zeugin meines allmählichen Verfalls zu werden?

Oder im Schlaf sterben. Könnte man sich eine größere Gnade vorstellen als das sanfte Hinübergehen, wie Wisława Szymborska es in ihrem Gedicht *Ich bedenke die Welt* beschreibt:

(...)
Der Tod kommt, wenn wir schlafen.
Und träumen werden wir, dass Stille ohne Atem
keine schlechte Musik ist;
wir sind klein wie ein Funke und nackt
und erlöschen im Takt.
Nur so ist der Tod. Wer
eine Rose in der Hand hält, leidet mehr,
und größeres Entsetzen empfand,
wer sah, dass das Blatt fiel in den Sand.
Nur so ist die Welt. Nur so, denk einmal nach,
leben wir. Und sterben nur soviel.
Alles andere ist – wie Bach,
vorübergehend gespielt
auf einer Säge.

2016
Abrupte Veränderungen
zwischen einem
Absatz und dem nächsten

»Jeder Körper findet seine eigene Art,
sich selbst Schaden zuzufügen ...«

MARY MEIGS, BEYOND RECALL

20. FEBRUAR 2016. Ein Traum mit verschiedenen Work-
shops, in denen es um Literatur und kreatives Schreiben
geht. *Ich suche nach meinem Schweizer Lektor. Vor meiner Abreise muss ich unbedingt noch mit ihm reden. Eine Frau sagt zu
mir: Wir machen einen Ausflug an einen Ort, der heißt Truro
oder Tauro oder Taro, eine Wanderung zu einem schönen Fluss.
Ich zögere, dann entschließe ich mich mitzugehen, »statt immer
noch mehr Wissen in mir anzusammeln«, erkläre ich grinsend.*

Zurück am Computer, stundenlang, auch abends. Der
Drang, das Manuskript in eine gute Form zu bringen, bevor
– was? Bevor ich vom nächsten Schicksalsschlag getroffen
werde und nicht mehr weitermachen kann. Seit ein paar
Tagen finde ich mein Gleichgewicht nicht mehr, schwanke
leicht, nach außen nicht sichtbar, aber ich spüre das Schwanken. Der rechte Arm wird immer wieder gefühllos. Die

Schmerzen in der Hüfte werden schlimmer. Ich muss mein Gehirn überprüfen lassen.

Die Zeit läuft ab. Schreiben gegen die Zeit.

Ich kann nicht vor die Tür, kann nicht ins Café, zum Einkaufen, in den Park. Ich brauche Gesellschaft. Ich brauche jemanden, der jeden Tag kommt. Nachts das Telefon neben dem Bett.

25. FEBRUAR. KOPF-MRT. Der Radioonkologe hat angerufen. Mein Herz im freien Fall. Drei oder mehr neue Hirntumore. Ein zweites MRT ist notwendig. Wenn es mehr als drei Tumore sind, muss das gesamte Gehirn bestrahlt werden.

Lise angerufen. Myriam angerufen. Ginette angerufen. Jedes Mal am Telefon geweint.

Nicht zum Gruppentreffen für *la Maison des RebElles* gegangen, das radikale Altersheim, das ich *jetzt* brauche, nicht in fünf bis zehn Jahren. Wie gern würde ich lang genug leben, um da mitzumachen.

Lise hat mich nach dem Treffen abgeholt. Im Bett hat sie schrecklich geweint. Wir wiegen uns und halten uns aneinander fest.

Wieder das schreckliche Kortison, damit die Schwellung zurückgeht. Ich klammere mich mehr ans Leben als je zuvor. Jetzt, wo ich mehr darüber weiß, wie man lebt und wie man liebt, möchte ich nochmal neunzehn Jahre mit Lise haben.

Das Leben bewegt sich rasend schnell voran, wie in einem rauschenden Fluss, in dem auf einmal ein großer Baumstamm mitgerissen wird und alles aufwirbelt.

Zeit ist ein Fluss. Das Leben auch. Wenn wir die Flüsse, Bäume und Tiere nicht hätten, hätten wir keine Metaphern. Chemotherapie bietet keine Metaphern.

5. MÄRZ, AUF DEM LAND. Endlich Schnee, zwei Meter! Die Augen können sich nicht sattsehen an den wunderbar geformten Schneedünen, Schneewehen. Das Kortison macht mich höllisch zittrig. Eine Welle der Schönheit und Glückseligkeit wäscht über uns hinweg: ein ganzer Schwarm Zedernseidenschwänze und sogar mehrere Abendkernbeißer lassen ihr leuchtendgelbes Federkleid neben rosagefärbten Purpurgimpeln am Futterhäuschen blitzen.

7. MÄRZ. Anruf vom Montreal Neurological Hospital, Terminvereinbarung mit einem neuen Radioonkologen und Neurologen. Mir wird eiskalt. Ich befürchte das Schlimmste. Ginette meint, das Gehirn wird in einer anderen Abteilung behandelt als der restliche Körper. Entweder ist das ein schlechter Witz oder ein passendes Spiegelbild der Trennung von Körper und Geist in unserer Gesellschaft. Die Neurologie ist noch nicht in das neue Superkrankenhaus umgezogen. Kassy und Greta versichern mir, das Montreal Neuro Hospital sei das beste in ganz Nordamerika, weltberühmt in Forschung, Behandlung und Chirurgie. Wie ironisch, dass ich mich am Ende meines Lebens in einen neurologischen Fall verwandelt habe. Als Krankengymnastin hatte ich am liebsten auf der Neurologie gearbeitet – das Gehirn war mir immer wie der faszinierendste Körperteil vorgekommen.

9. MÄRZ. Aufbauendes Gespräch mit dem neuen Radioonkologen. Er nimmt sich unglaublich viel Zeit, um mit uns zusammen Aufnahmen meines Gehirns zu betrachten und alles zu erklären. Ein weiteres MRT sei notwendig für die Entscheidung, ob das gesamte Gehirn bestrahlt werden muss. Danach könnten keinerlei weitere Bestrahlungen des Gehirns mehr vorgenommen werden. Ein Rezidiv würde

durch die Bestrahlung nicht ausgeschlossen. »Danach wird es möglicherweise schwieriger für Sie, Dostojewski zu lesen oder einer politischen Debatte zu folgen.« Lebenserwartung? Vielleicht fünf Jahre, vielleicht weniger. Ich bleibe unter strenger Nachbeobachtung, alle drei Monate ein MRT.

13. MÄRZ. Christine Taubirat im Fernsehen. Brillante, imposante Frau. Eloquent, leidenschaftlich. Der Moderator sagt, er hoffe, sie das nächste Mal als *la présidente de la France* begrüßen zu dürfen. Jeder braucht einen Traum, besonders jetzt. Wir sind viel zu sehr mit der Angst vor einem blonden Hitler als amerikanischem Präsidenten beschäftigt.

17. MÄRZ. Flug nach New York gebucht, 16. – 21. April.

22. MÄRZ. Habe mich um 10 Uhr morgens in einem abgeschabten Sessel aus braunem Leder im Maison du Café niedergelassen. Eine Behandlung des gesamten Gehirns ist nicht notwendig. Dasitzen und nachdenken. Fühle mich entfremdet von meinem Leben als Schriftstellerin. Werde ich die Zeit und Kraft haben, ein weiteres Buch zu vollenden? Für das fieberhafte Arbeiten, acht bis zehn Stunden am Tag, in denen ich mich zum pausenlosen Weitermachen antreibe, fehlt mir die Energie.

Deutsche Nachrichten über den Terroranschlag in Brüssel. Die Abflughalle des Flughafens und ein U-Bahnhof vom IS in die Luft gesprengt.

Die heutige Welt wird überrannt von einer sich ständig verändernden, stetig wachsenden Horde aus Warlords, Mördern, machtgierigen Staatsmännern und -frauen, Fundamentalisten sämtlicher Religionen, profitgierigen Unternehmen, menschengemachten Katastrophen, Grausamkeit und Leid. Unser Denken ist vollgestopft mit den Namen und Untaten der Kriegstreiber. Wir sollen uns ihre Namen merken, über sie Bescheid wissen und Gespräche über sie führen.

Wann fangen wir an, stattdessen Gedichte auswendig zu lernen?

21. MÄRZ. Kopfmaske plus MRT.

23. MÄRZ. Lokal begrenzte Bestrahlung.

24. MÄRZ. Zweite Bestrahlung, wieder anderthalb Stunden. Die neue Kopfmaske sitzt wahnsinnig eng. Unerträglicher Druck auf meiner Stirn. Ich liege auf dem harten Tisch und starre auf ein schwarzes Panel an der Decke, in dem ich mich selbst gespiegelt sehe, Arme hinterm Kopf, durch blaue Polster auf beiden Seiten fixiert. Ich blicke hoch zu meinem Spiegelbild, wie ich mit nacktem Busen daliege, während auf beiden Seiten meines Rumpfs Techniker mit kurzen Zollstöcken herumhantieren.

Sie diskutieren über Zahlen und machen schwarze Kreuze mit Filzstift auf meine Haut, damit ich in der haargenau richtigen Position liege, wenn sich die Strahlen auf mich richten.

Bei Greta ist der Brustkrebs zurückgekommen, deswegen hat sie mit einer Serie von dreißig Bestrahlungen begonnen. Sie sagt: »Jetzt verstehe ich, warum das Folter ist, wenn man an den Handgelenken aufgehängt wird«, und ich sage: »In dem schwarzen Deckenpanel sehe ich aus wie ein Pornostar.« Wir hassen beide den Abstieg nach unten in die Strahlenabteilung. In den Bunker, wie wir ihn nennen. Er ist riesig.

Angeblich sind die Wände zwischen den Behandlungsräumen zwei Meter dick.

In der gedämpften Atmosphäre des Wartezimmers starren alle auf den an der Decke hängenden Bildschirm, der den jeweiligen Behandlungsraum anzeigt, begleitet von einem *Ding-dong* wie im Busbahnhof. Kommt man dran, geht man erst durch einen sehr langen Korridor, dann noch einen. Wenigstens hängen schöne Bilder an den Wänden, die der Leere der Gänge trotzen. Greta hat eine Bleistiftzeichnung von sich auf dem Behandlungstisch gemacht, wie sie mit großen, verängstigten Augen an die Decke starrt.

Dass ich diese Erfahrung zusammen mit einer anderen Künstlerin durchleben kann, macht das Ganze erträglicher. Die Wartezeit ist der Rahmen für den Augenblick, in dem wir Seite an Seite sitzen und uns zusammen über ihre Zeichnung beugen. Warum muss sie im Alter von 79 Jahren so etwas über sich ergehen lassen? Die Behandlungen werden tiefe Brandwunden in ihrer Brust hinterlassen, gefolgt von wochenlangem Eincremen und Polstern und täglichen Gängen zur Ambulanz, um den Verband wechseln zu lassen. Es ist entwürdigend. Erzürnend.

Meine Behandlung dauert so lang, weil die Techniker das Bestrahlungsgerät für jeden der kleinen Tumore neu positionieren müssen. Jeder muss einzeln aus zwei Einfallswinkeln mehrmals bestrahlt werden. Die Techniker arbeiten in einem Nachbarraum und diskutieren vor den Bildschirmen, lernen dazu, passen an. Die Studierenden und deren Betreuer geben ihr Bestes und versuchen, mit der Patientin zu sprechen, aber entscheidend ist die Arbeit, die sie am Computer verrichten. Zwischen den beiden Räumen ist keine Glasscheibe. Ich kann sie nicht sehen. Ich liege in einem riesigen Raum voll blinkender Monitore, Überwachungsgeräte und den Bedienfeldern einer summenden Maschine. Ich bin ermahnt worden, mich keinen Millimeter zu bewegen. Die viel zu enge Kopfmaske ist am Tisch festgeschraubt. Fast niemand weiß, dass das so gemacht wird, nicht mal meine Onkologin. Wenn ich Leuten davon erzähle, starren sie mich fassungslos an. Voller Entsetzen.

Die Instrumententafeln rotieren um mich, erst im Uhrzeigersinn, dann entgegen des Uhrzeigersinns über und unter dem Tisch, auf dem ich liege. Manchmal schweben sie direkt über mir. Eine Instrumententafel, eine Platte so breit wie der Tisch, kommt mehrere Male heruntergefahren und hält erst knapp über meinem Rumpf an. Ich kann nicht anders – ich muss das Schlimmste befürchten. Ich kann den Kopf nicht bewegen. Ich bin auf dem Tisch festgeschraubt. Kann nicht runterspringen. Der Zwischenraum wäre sowieso nicht groß genug, um mich da rauszuwinden.

Ich muss den Hals nach unten drücken, um einen Millimeter Abstand zwischen der harten Kante der Maske und meiner Stirn zu schaffen. Ich muss einmal zucken. Alles muss neu adjustiert werden und fängt wieder von vorne an. Es ist reine Folter. Niemand hat mich gewarnt, dass es so lange dauern wird.

Die Studierenden und MRTAs wissen nicht, wie das ist, in diesem riesigen Raum zu liegen und den ferngesteuerten Maschinen hilflos ausgeliefert zu sein. Es kommt vor, dass endlose Minuten lang gar nichts passiert. Schließlich rufe ich ein schwaches *Hallo? Hallo?* ins Nichts. Schließlich kommt ein Assistent um die Ecke und erklärt mir, dass sie Computerprobleme hatten und neustarten mussten. Ich sage ihm, dass es mir sehr wichtig wäre, wenn sie über die Sprechanlage mit mir kommunizieren und mich über jeden Schritt informieren würden. Er sagt ja, geht hinaus und hat es schon wieder vergessen.

Manchmal denkt jemand daran, meine Brust zu bedecken. Manchmal auch nicht, oder nur eine Brust. Die Verständigung mit Menschen ist für sie nicht von vorrangiger

Bedeutung. Ob sie bei der Ausbildung wohl mal selbst auf diesem Tisch liegen mussten? Wie ich später erfahre, stand es auf dem Programm, wurde dann aber wegen Zeitmangels gestrichen. Sie werden dazu ausgebildet, Maschinen zu bedienen und die Verantwortung für die präzise Positionierung der Krebskranken zu tragen. Ich bin ein Gewicht, das millimeterweise auf dem Tisch bewegt wird, damit die Strahlen die korrekte Stelle treffen oder scharfe Abbildungen aufgenommen werden können.

An beiden Tagen hat meine geduldige, mitfühlende Freundin Ginette zwei Stunden lang vor dem Behandlungsraum auf mich gewartet.

25. MÄRZ. VENDREDI SAINT. Ein normaler Arbeitstag, wir gehen zum Ostereinkauf auf den Markt. Habe »Der Schamane und die Schlange« im Kino gesehen. Ein Schamane bläst Rauch von halluzinogenen Pflanzen in die Nasenlöcher der Patienten, wodurch sie in einen heilenden Schlaf fallen und träumen. Das kann auf keinen Fall riskanter als Bestrahlung und Chemotherapie sein. Nebenwirkungen wie Erschöpfung, Gefühllosigkeit in Zehen und Fingerspitzen oder aufgeplatzte Haut an den Fingerkuppen wird es jedenfalls nicht geben. Manchmal schaffe ich es nicht mal, die Zahnpastatube oder Shampooflasche aufzuschrauben oder die elektrische Zahnbürste einzuschalten.

2. APRIL. Der rechte Arm wird immer wieder erschreckend taub. Heute Nacht konnte ich zwei Mal nicht die rechte Hand heben. Die linke Hand musste die rechte anheben, dann war ich in der Lage, die Faust zu öffnen und zu schließen und mit ihr zu pumpen. Was könnte nachts oder auf der Straße nicht alles passieren: ein Krampfanfall, oder mein

rechtes Bein könnte einfach wegsacken oder unwillkürlich eine seltsame Bewegung vollführen, und ich würde stürzen. Es könnte zur Lähmung kommen. So etwas vorherzusehen ist unmöglich. Körperkoordination und Muskeltonus sind noch nicht wieder normal. Das alles lastet schwer auf mir und lässt jeden Schritt auf Asphalt noch unsicherer werden. In solchen Augenblicken ist es schwierig, Haltung zu bewahren – welche Haltung eigentlich genau? –, nicht zu verzweifeln, nicht in Angst zu ertrinken.

4. April. Eine Krankenschwester fragt mich bei der Chemotherapie: »Können Sie nachts schlafen?« Ich muss laut lachen, und sie stimmt ein.

»Manchmal«, sage ich. Wir lachen wieder. Aus der Art, wie sie die Frage gestellt hat, ist das Wissen herauszuhören, dass Krebspatientinnen nachts nicht schlafen können. Sie deutet an, dass ich vielleicht tagsüber schlafe. Ich wünschte, meine wohlmeinenden, gut schlafenden Freundinnen würden aufhören, mich zu fragen: *Wie hast du geschlafen?*, oder noch direkter: *Hast du geschlafen?* Wenn ich das von einer Freundin mit unregelmäßigem Schlafrhythmus gefragt werde, ist es etwas anderes. Wir sind ebenbürtig. Wir sind beide normal: Manchmal schlafen wir. Und manchmal schlafen wir eben nicht.

6. April. Wieder zwei Kilo abgenommen. Muss mehr essen und »weiß nicht, was ich essen soll.« Ich bin kaum auszuhalten up-to-date: Ich habe im Verlauf des Krankenhaustages alle meine E-Mails auf dem Handy geschrieben. Dann vergeht die Zeit schneller, aber es führt auch zu stärkerem Schwindelgefühl und intensiver Beanspruchung der Augen. Gegen Ende der Chemo bin ich eingeschlafen. Die Onkolo-

gin hat sehr leise gesprochen. Zum Abschied hat sie mir sogar die Hand gegeben, was noch nie vorgekommen ist. Mitgefühl? Trost? Bewege ich mich auf »Krebs im Endstadium« zu? Sie hat mir mitgeteilt, dass es mindestens zwei Wochen dauern wird, bevor die Bestrahlung Wirkung zeigt; danach gehe »der Prozess« dann noch wochen- und monatelang weiter. Was geht da genau weiter?, will ich wissen. Die Wirkung der Bestrahlung? Die Narbenbildung?

Ich weiß es nicht, sagt sie.

7. April. Ausflug zum Cinema Quartier Latin, um mir *Truman* anzusehen. In dem Film ging es ums Lebensende. *Raw. Brut.* Wäre der Krebskranke nur nicht so grauenhaft selbstverliebt gewesen, hätte seine gesamte Umwelt unter Druck gesetzt und seine Freunde emotional und finanziell ausgebeutet. Nach dem Kinogang war ich total erschöpft und kroch sofort ins Bett. Sehnsucht nach Lise und Nähe und Berührung, aber zu müde, um mich wieder anzuziehen und in ein Taxi zu setzen.

10. April. Der Wind ist immer noch eisig und der April immer noch der grausamste aller Monate. Wir sind zu einem großen Sportbekleidungsladen gefahren und haben nach Regenjacken und Sommerhosen Ausschau gehalten und sogar beides gefunden. Die Spiegel in den Läden sind mitleidslos. Ich sehe eine ausgemergelte Person mit roten und dunkelblauen Ringen unter den Augen, die mühsam einen Fuß vor den anderen setzt und sich am Einkaufswagen festhält.

13. April. Die Türen und Fenster der Bistros werden weit aufgerissen, Tische und Stühle auf die Gehsteige gestellt. Ich

laufe so viel wie möglich, erst zwei, dann vier Ecken weit. Wirbelsäule und Hals versteifen sich wieder. Ich trainiere für New York.

15. APRIL. Seit zwei Tagen hängt mein linkes Augenlid herunter. Das Auge ist halb geschlossen, oder halb offen, und ich merke, wie ich mir ständig ausmale, dass ich nicht nach New York fahren kann. Der Hausarzt erklärt mir, dass das Augenlid wegen einem der kleinen Tumore im Kleinhirn leicht gelähmt ist. »Es kann sein, dass eines Tages auch der Schluckreflex betroffen sein wird.«

Als er mein Gesicht sieht, sagt er: »Das hören Sie nicht gern, reden wir nicht weiter darüber.« Er rät mir, meine Patientenverfügung jederzeit bei mir zu tragen, nur für den Fall, dass ein Blutgefäß im Kopf platzt oder Blutklumpen im Bein eine Embolie auslösen. In beiden Fällen wäre ich entweder tot oder Gemüse, und Lise bräuchte meinen letzten Willen in schriftlicher Form. Ich verstehe, dass meine ständige Angst davor, nicht zu wissen, ob ich es aus dem Eckladen zurück nach Hause schaffen werde, eine körperliche Ursache hat: Ich kann jederzeit aus dem Leben fallen und gelähmt auf die Straße stürzen.

17. APRIL. Alles im Central Park blüht, der grüne Heiligenschein der Bäume wird im Näherkommen zu winzigen Blättchen. Die Frühlingsblumen sind überirdisch real: Anemonen, Forsythien, Kirschblüten, sogar Lungenkraut. Und Vögel. Und die vielen Menschen.

Wir finden irgendwo eine friedliche Bank und lauschen dem Frühling. Gierig trinken wir das Licht und die Wärme (inklusive zu starker UV-Strahlen), ich jetzt schon mit Sonnenhut.

Nach zwei Stunden bin ich bereits völlig erledigt. Dann jeden Tag die Melange aus Architektur, Menschen, Gerüchen, dem Gewimmel auf den Straßen, ein sommerlicher Spaziergang auf der High Line bis zum neuen Whitney, Videos und Installationen von Laura Poitras und zwei Videos von Cecil Taylor und Min Tanaka. Stillsitzen und sich in die Schönheit wahrhaft langsamer Bewegung versenken. Abendessen und Jazz im Birdland werden noch schöner durch meine nach wie vor europäische Begeisterung über das erste Mal. Diese Begeisterung vermischt sich übergangslos mit dem vorherrschenden Gefühl des »letzten Mals«, das so viele Situationen begleitet.

Es wird keine weitere Reise nach New York mehr geben, und ich empfinde das ganz ehrlich auch nicht als notwendig. Das Leben oder das Universum beschenken mich reich mit dem Genuss dieser Tage. Degas' Monotypien im MOMA entfachen den Wunsch nach Farbe in mir, den Wunsch zu zeichnen, Neues zu lernen. Das National Museum of the American Indian in Battery Park; der Brooklyn Botanical Garden, in dem wir unter Alleen blühender Kirschbäume lustwandeln. Ein Cocktail an Eindrücken, die mir bis an mein Lebensende reichen werden. Letzter Besuch in New York, New York!

Wir laufen so viel durch die Straßen, wie meine Kräfte das zulassen; ich bin glücklich, unbegrenzt viel Zeit zu haben, um genau das mit Lise zu tun und unsere gemeinsame Liebe zu dieser Stadt zu feiern.

Ich genieße das herrlich luxuriöse Gefühl, gemeinsam ziellos zu flanieren. Mich auf Lise verlassen zu können, weil sie sich gut auskennt.

Die Stadt wirkt alt, von der Zeit ausgezehrt, wie eine archäologische Ausgrabungsstätte oder ein riesiger, entfesselter Bienenschwarm. Besonders oft bin ich nicht hier gewesen, jeder Besuch ist kostbar und etwas ganz Besonderes. Es ist ungefähr mein sechster Besuch, zum ersten Mal war ich 1974 hier und die anderen Male dann ab 1999.

22. April. Zurück in meiner Wohnung springt mich die Stille an. Nachdem ich eine Woche lang Seite an Seite mit Lise durch die Straßen gelaufen bin, mit ihr zusammen überall hingehen konnte, drückt mir die Stille die Kehle zu, bis mein Mund ganz trocken ist.

23. April. Am rechten Fuß kann ich die Zehen nicht spreizen und komme in keinen Schuh. Die rechten Beinmuskeln werden wieder schwächer. Die beiden Körperhälften arbeiten nicht zusammen. Mit dem synchronen Gehen ist es vorbei. Die Symptome der vier bestrahlten Hirntumore verschwinden einfach nicht. Warum nur?

Ich weiß, warum die Menschen mir Blicke aus dem Augenwinkel zuwerfen. Wahrscheinlich vermuten sie, dass ich einen Schlaganfall hatte. Ich weiß, wie es auf Außenstehende wirken muss. Ich habe vor über vierzig Jahren als Krankengymnastin auf der Neurologie gearbeitet. Auf meiner gelähmten Seite fällt der Fuß zu Boden, das Bein schwingt in einem Halbkreis, ein Arm hängt herunter, die Hand ist verkrampft. Das rechte Bein fängt wieder mit dieser seltsam abgehackten Bewegung und einem nachgezogenen Fuß an, wenn ich müde bin.

24. April. Wir redeten miteinander. Wir fuhren hinunter zu den Stromschnellen von Lachine. Die Zufahrt zum Parkplatz war versperrt; wir liefen am Sankt-Lorenz-Strom entlang zur Spitze des Parks, ich wie gewohnt mit den Wanderstöcken. Die Wassermassen stürzten an uns vorbei, in

gischtgekrönten Wellen und Wirbeln. Mir war schwindlig vor Glück. Belebende Bewegung des Schmelzwassers! Wir redeten. Ich fing an. Ich musste weinen. An den Stromschnellen gerieten Gefühle und Gedanken in Bewegung. Ich sagte, dass ich Angst und Unsicherheit nicht mehr allein ertragen konnte und von dieser Last erdrückt wurde. Ich brauchte Hilfe. Ein Wohnheim? Aber wo? Und bei wem? Mit Heteros?

Das war genau das, was wir nicht wollten, weswegen wir unser Projekt gestartet hatten, *la Maison des RebElles*.

Wir gingen alle Möglichkeiten durch. Zusammen in Lises Wohnung? Nein. Das hatten wir schon ausprobiert. Es hatte uns nicht gefallen. Zöge ihre Nachbarin von oben aus, könnte Lise dort in der Wohnung arbeiten.

28. APRIL. Die englische Schriftstellerin Jenny Diski starb im Alter von 68 Jahren an unheilbarem Lungenkrebs.

30. APRIL. Traum: *Myriam betrachtet ein Foto, das ich gemacht habe und sagt: Ich finde es wirklich toll, wie du in deinen Fotos Übergänge thematisierst. Auf dem Bild sind Bahngleise zu sehen, und auf diesen Gleisen liegt, mit dem Kopf zum Betrachter, ein krokodilartiges Tier, das der Bronzeskulptur ähnelt, die wir in einem New Yorker U-Bahnhof gesehen haben. Rechts der Gleise ist ein scharf gezeichnetes Muster auf dem Boden zu sehen, ein aus weißem Papier ausgeschnittener Baum und ein kleines Haus. Links vom geschotterten Bahndamm sieht man unscharf die aus Stein gemauerte Öffnung eines niedrigen Tunnels, vielleicht eines Kanals. Ich sage zu Myriam: »Die Übergänge in meinen Bildern sind so gut, weil ich sie gar nicht sehe – das heißt, ich komponiere das nicht absichtlich oder rücke sie ins Zentrum. Ich bemerke nicht mal, dass sie da sind.«*

Die Bahngleise enden mit dem Bildrand; sie führen nicht in einer Landschaft zu einem Horizont in der Ferne. Das Tier blockiert die Gleise in der Fahrrichtung. Auf der linken Seite: der ungewisse Übergang. Tod? Um durch diesen Tunnel zu kommen, werde ich auf allen Vieren kriechen müssen wie ein Krokodil.

6. Mai. Zweiter Tag in Folge in der Notaufnahme der Cedar Cancer Clinic im neuen Glen Krankenhaus.

Gestern wurde das rechte Bein stündlich schwächer und weniger koordiniert. Ich konnte nicht mit Diane in den Park gehen, sondern musste umkehren und nach Hause stolpern. Wäre das hier ein Film, würde ich ihn *Fear and Loathing in the Emergency Room* nennen.

Ginette war zu Hause und sofort zur Stelle, um mich in die Klinik zu fahren. Als wir ankamen, war es 13 Uhr. Anfangs lief alles wie am Schnürchen: Triage-Schwester, Assistenzarzt, Blutprobe, Computertomographie. Abends um sieben Kopf-MRT.

Um 20 Uhr kam Lise mit Sushi; Ginette konnte endlich heimgehen. Wir warteten auf das nächste MRT für die Wirbelsäule. Möglicherweise drückte eine Metastase in der Wirbelsäule auf einen Nerv oder das Rückenmark. Nächste Frage, bei der mir ganz anders wurde: »Ist Inkontinenz aufgetreten?«

Um Himmels Willen! Nein! Ich hatte gerade an der ersten Hälfte eines eintägigen Druck-Workshops teilgenommen und war voller Pläne, was ich alles zeichnen wollte. Dafür brauchte ich zwei funktionierende Arme und Beine und eine Wirbelsäule, die es mir ermöglichte, im Stehen oder auf einem hohen Hocker sitzend vorgebeugt zu arbeiten. Ein Kopf, der sich ein paar Stunden lang vernünftig konzentrieren könnte, wäre auch eine große Hilfe.

Nach der Mittagspause musste ich den Workshop leider abbrechen, weil mir schwindlig war, mein Nacken tat weh, ich war zu müde. Ich musste an eine junge norwegische Schriftstellerin denken, die ich bei der Internationalen Feministischen Buchmesse 1986 in Oslo kennenlernte; sie hatte gerade ihr erstes Buch veröffentlicht, eine historische Studie der Frauenbewegung von zirka 500 Seiten, wenn ich mich recht erinnere. In ihrem Vorwort bedankte sie sich scherzend, aber stolz bei ihrem Durchhaltewillen, ihrem starken Gehirn und ihren kräftigen Armen, die jahrelang Stöße dicker Bücher aus der Bibliothek heimgetragen hatten – sie hatten dieses Buch möglich gemacht.

Um 22 Uhr kam ein müder, aber freundlicher Arzt zu mir in eins der kleinen Sprechzimmer. Er entschuldigte sich für die lange Wartezeit. Von dem Kopf-MRT lag noch kein Bericht vor, und um das MRT für die Wirbelsäule hatte sich noch niemand gekümmert.

Aus Sicherheitsgründen sei es besser, wenn ich über Nacht dabliebe, sagte er, falls sich die Lage verschlechtern sollte. Damit wollte er sagen: Falls eines der fürchterlichen Worte Wirklichkeit werden sollte – Inkontinenz, Lähmung. Ich durfte in dem Untersuchungszimmer übernachten. Was für ein Glück.

Lise ging um Mitternacht nach Hause.

Um acht morgens wurde mir ein Frühstück serviert, Filterkaffee, ein steinhart gekochtes Eis und Toast. Kein Mensch wusste, um wieviel Uhr das MRT der Wirbelsäule stattfinden würde. Ich ging zur Cafeteria, um mir einen doppelten Espresso zu holen.

Um 10 Uhr kam ein Onkologe und teilte mir mit, dass ein MRT der Wirbelsäule erst in der kommenden Woche durchgeführt werden könne. Ich dürfe zurück nach Hause, wenn ich sofort mit der Einnahme von Kortison anfing, damit das noch zu lokalisierende Ödem schrumpfte, das höchstwahrscheinlich für die Symptome verantwortlich war. Tat ich das nicht, musste ich im Krankenhaus bleiben.

Sieh dem Ungeheuer in die Augen: Neue Metastasen bilden sich in immer kürzeren Abständen. Jetzt vergehen nur noch Monate oder Wochen zwischen einer Metastase und der nächsten, nicht mehr ein oder zwei Jahre.

Der Krebs ist da. Er ernährt sich von mir. Die dämonischen Ängste recken wieder ihre Häupter:

Ersticken – drücken wachsende Lungenmetastasen auf die Luftröhre? Wasser und Krebs in der Lunge und im Rippenfell, zunehmende Kurzatmigkeit.

Einschränkungen beim Essen und Schlucken – das hieße, einfach aufhören zu essen und loszulassen – vielleicht die beste Lösung?

Inkontinenz – teilweise Lähmung.

Teilweise Lähmung – eine Hand, ein Arm, ein Fuß, ein Bein oder zwei.

Einschränkungen der Sprach- oder Sehfähigkeit.

Verlust der Koordinationsfähigkeit – Rollstuhl oder bettlägerig – und so weiter.

16. Mai. Ich bin nicht mit mir im Reinen. Ich bin verzweifelt. Ich kann nicht mehr länger allein leben. Meine Situation verändert sich ständig, sogar von einem Absatz zum nächsten. Ich berichte von einem Ereignis, einer bestimmten Behandlung oder einem Erlebnis im Krankenhaus, und schon rückt die gerade erzählte Geschichte in den Hintergrund, weil ich mit einem Mal gegen neue Metastasen zu kämpfen habe. Ich hinke von einer Metastase zur nächsten, einer Behandlung zur nächsten. Ich hatte immer das Bild von mir vor Augen, wie ich alt werde und Feuerholz hacke, Kienspäne spalte, gärtnere, bis ich neunzig bin, autofahre, Sachen trage, wandere, reise – und jetzt das. Was? *Das.*

Ich schreibe langsam, und auf Englisch noch langsamer. Andererseits schenkt mir das Schreiben auf Englisch Zeit. Ich muss mit dem Text ein Loch ins Eis hacken und Luft holen, wenn ich zum Atmen nach oben komme. Seit zwei Tagen bin ich wieder in der Lage, die Zehen meines rechten Fußes zu spreizen und komme fast problemlos in die Schuhe. Wenigstens erfüllt das Kortison seine Aufgabe und verringert die Schwellung im Gehirn. Heute Morgen habe ich mich durch den Parc Lafontaine bis zum Café des Cyclistes gewagt. Bewegung! Bewegung! Raus aus dem Haus! Trotz Kälte. Die schwankenden Baumwipfel rufen mich mit dem ersten zarten Grün. *Atme*, sagen sie zu mir.

18. Mai. Nach Mitternacht döse ich in einem gemütlichen Sessel ein, der Kopf sinkt auf eine Seite, dann die andere. Wenn ich Übungen auf der Matte mache, spüre und höre ich winzige Bewegungen in den Knochen und den Wirbelzwischenräumen. In meinem rechten Hüftgelenk sind knirschende Geräusche wie von Kies zu hören; Martina (Osteopathin) hat sie auch gehört. Von ihr kommt ein unerwarteter Satz: Es gebe etwas, das sie bei der Ausbildung nicht gelernt hätten, obwohl sie die Behandlungen aneinander ausprobieren mussten – und das sei, sich auf einer tieferen Ebene mit der Patientin zu identifizieren.

»Man weiß nicht, was es bedeutet, krank zu sein«, sagt sie. »Das bleibt abstrakt.«

Was für eine Erleichterung, so etwas von einer Therapeutin zu hören.

26. Mai. Frieden am Abend, die Nacht senkte sich. Lise lud mich zum Essen im Poisson Rouge ein. Köstlich. Ich trank sogar ein Glas Pinot Noir, das Einzige seit Jahren. Wir gin-

gen durch den Parc Lafontaine zurück und setzten uns auf eine Bank, um uns da weiter zu unterhalten und den jungen Leuten zuzuschauen, die in dieser lauen Sommernacht zusammen auf dem Rasen herumrollten. Wir küssten uns im Dunkeln. Wir haben uns noch nie im Parc Lafontaine geküsst, sagte ich erstaunt. Vor meinem Haus küssten wir uns wieder. Ein junger Mann ging hinter meinem Rücken vorbei und sagte: »*Ah, l'amour! L'amour!*« Das war ungefähr zwei Wochen vor dem Attentat auf die Schwulendisco in Orlando am 12. Juni 2016. Quebec kommt mir wie ein freundlicher, sicherer Hafen vor.

5. Juni. Auf dem Land. Heute hat es auf die gestern gesetzten Kartoffeln (18) geregnet, die Grünkohlpflänzchen (19), die ausgesäten *haricots verts trés fins*, auf Rauke, Karotten, Salatgrün und Radicchio. Es ist Sonntag: Ich war schwimmen. Im Wasser kann ich mein rechtes Bein einwandfrei bewegen.

7. Juni. Die Krankenschwester musste das Blut für die Blutprobe über den Port abzapfen; die letzte kleine Vene auf der Hand, die bisher noch ging, platzte immer wieder.

Mit der Aussicht auf die bevorstehenden Tomographien von Gehirn und Wirbelsäule fragte ich die Onkologin, wie viel Zeit mir noch bliebe, wenn ich mehr als drei neue Hirntumore hätte, die nicht mehr bestrahlt werden könnten.

»Drei bis sechs Monate«, antwortete sie.

»Und wie würde ich mich verändern? Teilweise Lähmung, die immer schlimmer würde? Würde ich irgendwann nur noch dahinvegetieren?«

»Nein, es ist wahrscheinlicher, dass Sie langsam in ein Koma entgleiten werden. Sollten starke Kopfschmerzen auftreten, greift das Schmerzmanagement.«

Das könnte das beste Szenario sein. Schmerzmanagement, wieder so ein Begriff aus der *business world*. Alles wird gemanagt. Man lebt sein Leben nicht, auch nicht seine Krankheit, man managt sie.

11. Juni. Myriam arbeitet momentan fast ununterbrochen an ihrem Film, abgesehen von den täglichen Besuchen bei ihrer kranken Mutter. Einsame Werkerinnen sind wir, raffen uns immer wieder auf, schleppen uns zurück an den Schreibtisch, den Computer, das Notizbuch, schlagen uns eine Schneise, geben nicht auf.

Ich habe den Vorteil, dass ich mehrere Jahre der Einsamkeit in Deutschland hinter mir habe. Und in dem bezaubernden Häuschen in Mansonville in den Eastern Townships habe ich auch allein gewohnt. In meinen Jahren in München, in denen ich das Buch über Mädchenfiguren in der Literatur schrieb, machte ich jeden Morgen und jeden Abend eine ganze Stunde Yoga. Dazwischen arbeitete ich acht bis zehn Stunden. Wenn man mit einer chronischen Krankheit lebt, ist introvertiert zu sein von großem Vorteil. Schon als kleines Kind habe ich gelernt, allein zu spielen, zum Teil, um mich meinen Eltern und den Konflikten in unserer Familie zu entziehen. Aber ich habe damals auch gelernt, dass man sich nie langweilt, wenn man liest und Tagebuch schreibt. Gott sei Dank entstamme ich einer Familie von Leseratten. Bei uns war es normal, den Nachmittag und Abend in ein Buch vertieft zu verbringen.

Langsame Gesten, langsame Bewegungen, Langsamkeit genießen. Wie eine alte Frau. Verringertes Tempo, von allem weniger: Ich schwebe durch die Zeit, habe die Gelassenheit fast erreicht. Abgeklärt gehe ich in der Wohnung herum, summe oder singe, wende mich mit Liedern und Reimen ans Universum. Mein Innenleben steht mir immer zur Verfügung, und was bedeutet das? Das Leben steht mir immer zur Verfügung. Ich war noch nie so eins mit mir.

15. JUNI. Die guten Nachrichten: keine neuen Hirntumore. Das Geschenk einer weiteren Spanne Lebens, in der ich schreiben und einen weiteren Sommer mit Lise genießen kann.

Die schlechten Nachrichten: Der wachsende Tumor am Kreuzbein drückt auf die Nerven S1-S3, die meinen rechten Fuß samt Zehen steuern. Der Radioonkologe schlägt eine einmalige Bestrahlung vor. Die wird erst nach zwei bis drei Wochen Wirkung zeigen, und Wunder soll ich auch nicht erwarten. Wir können nur hoffen, dass das Wachstum mit dem einen Versuch gestoppt wird, ohne Darm oder Blase zu schädigen. Und dann ... was kommt als nächstes?

18. JUNI. Diesig gelbe, fast volle Mondmelone am Nachthimmel. Seit drei Tagen Hitzewelle mit über 30 Grad. Ein Gurkenpflänzchen ist mir eingegangen, und die einzige Zucchini musste auch fast dran glauben. Habe zwei Mal Petersilie und zwei Mal Salbei gepflanzt und am Morgen eine ganze Stunde Unkraut gejätet. Morgen kommen Nachbarinnen vorbei und helfen mir. Die Sonne ist zu stark für mich. Mir wird schwindlig und ein wenig übel.

Ich bin hinunter an den See zum Schwimmen gegangen, habe aber Atemschwierigkeiten im Wasser. Wegen der Herzinsuffizienz, dem Wasser im Rippenfell und dem morschen T4-Wirbel ist Brustschwimmen fast unmöglich. Auf dem Rücken schwimmt es sich leichter; das rechte Bein bewegt sich recht gut, die Adduktoren ziehen das Bein zur Mitte, ohne dass das Knie Zuckungen macht, aber auch dabei geht mir die Puste aus.

Auf dem Land habe ich zu tun, kann mich zu Blumen und Gemüsepflanzen und Gräsern hinunterbeugen, ich habe einen Garten zu versorgen und Abläufe einzuhalten. Ich habe die ständige Veränderung auf dem Land zu betrachten und ausreichend Zeit, um zuzusehen, wie die Zeit ihr Werk tut. Jasminblüten öffnen sich. Schönheit, Schönheit überall.

In der Stadt ist Bewegung an der frischen Luft nur beschränkt möglich. Ich höre, wie ich das Bein nachziehe. Der rechte Fuß setzt mit einem dumpfen Schlag auf. Die Zehen sind immer kalt, die Hautfarbe kränklich. Ich kann die Zehen noch anheben und spreizen, aber der Großzeh lässt sich nicht mehr beugen. Gelähmt. Wieder ist es schwierig, den Fuß in einen Schuh zu bugsieren. All das löst Angst und Bestürzung in mir aus. Um das Haus verlassen zu können, bedarf es längerer Vorbereitung; ich brauche eine Menge Kraft und Mut, um Menschen und ihren Blicken auf der Straße zu begegnen. Sekundenbruchteilkurzes Mitleid streift mich. Ich fürchte mich davor, von Nachbarn oder Nachbarinnen mit meinen Wanderstöcken oder humpelnd am Krückstock gesehen zu werden. Am liebsten würde ich mich verstecken: das geschwächte Tier sucht Schutz.

In der Stadt gibt es Augenblicke, in denen ich mich eingesperrt fühle, in denen sich meine Kehle am Abend verengt, wenn ich es nicht die Treppe herunterschaffe und nicht mehr zum Eckladen gehe und erst recht nicht in U-Bahn oder Bus zum Cinema du Parc oder zum Treffen mit einer Freundin steige, weil ich zu erschöpft bin und mich auf der Straße zu unsicher fühle.

20. Juni. Sommersonnenwende und Vollmond. Bevor sie ins Bad ging, kroch Lise zu mir ins Bett. Mit einem Mal liefen ihr Tränen über die Wangen, Schmerz und Trauer erfüllten ihr Gesicht. »Ich muss nur mal weinen«, schluchzte

sie. Diesen verzweifelten Ausdruck auf ihrem geliebten, runden Gesicht werde ich nie vergessen. Der Gedanke, sie zurücklassen zu müssen, zerreißt mich. Ich spüre die Leere, die sie nach meinem Tod umgeben wird, und mein Herz krampft sich zusammen.

Eine Schauspielerin hat mir einmal erklärt, dass man sich auf seine Rolle in einem Stück in dem Glauben einlässt, dass die Mitspieler für einen da sein werden, *au rendez-vous*, dass sie im richtigen Augenblick dort auf der Bühne erscheinen werden, wo sie sein sollen. Dasselbe geschieht im übertragenen Sinn auch in einer Beziehung, ob man sich nun jeden Tag sieht oder nicht. Man ist auf die geliebte Person hin orientiert. Man findet seinen Halt im Leben, wenn man sich zusammen an den Esstisch setzt, Morgen- und Abendrituale und alles andere wiederholt, aus dem sich die Beziehung aufgebaut hat. Und dann: Nichts. Das Schweigen. Kein Echo.

22. Juni. Bestrahlung um 12:45 Uhr. Erleichterung und Hoffnung. Ich brauchte nicht zu warten, und die Behandlung war innerhalb einer halben Stunde vorbei. Bestrahlt wurde die obere Hälfte des Kreuzbeins, des *Os sacrum*, des »heiligen Knochens«. Müdigkeit überkam mich augenblicklich, ich fühlte mich total ausgeknockt. Ich kroch ins Bett, schlief ein wenig und döste noch mehrere Stunden lang.

Der Krebs nagt am ganzen Körper. An manchen Körperteilen frisst er zu viel weg, sie geben nach und brechen in sich zusammen. Die Ärzte reparieren immer wieder, weil Reparaturen möglich sind. So lange ich diesen Weg beschreiten möchte, bin ich dankbar für die technischen Möglichkeiten, die mir geboten werden.

Lise holt mich ab; sie trägt ihr langes, weites Sommerkleid, die leuchtendgrüne Brille im runden Gesicht, die Haare kurz. Mit ihrer zielstrebigen und zugleich liebenswürdigen Wesens- und Gangart bewegt sie sich durch den Korridor wie die verkörperte Lebenskraft. Krankenhäuser bedrücken sie zutiefst. Angesicht der Chemotherapie fühlt sie sich hilflos, sagt sie. Chemo ist zu groß, zu abstrakt. Sie kann nichts tun. Ihre Fürsorge spielt sich im Alltag ab.

Apathisch betrachte ich die Leute auf der Straße. Sie kommen von der Arbeit nach Hause oder mit großen Tüten vom Einkaufen; sie scheinen sich in einem gemeinsamen Rhythmus zu bewegen. Und es sind so viele! In Reih und Glied aufgereihte Menschenschlangen – wo kommen die nur bloß alle her? Ich staune.

Und wo wollen die alle hin? Und was ist das für ein großes Gefährt, das sie besteigen?

Wir halten unterwegs an, um gelbe Mangos und Kirschen zu kaufen; später laufe ich in meiner Wohnung umher und esse Kirschen. Ich trinke viel Wasser, dusche mit noch mehr Wasser, wasche mir das Krankenhaus von Kopf bis Fuß ab. »Wasser, Wasser und noch mehr Wasser!« Ich erinnere mich an den Durst meiner Mutter am Tag vor ihrem Tod. »Ich könnte einen ganzen See leertrinken«, seufzte sie verzweifelt. Nichts konnte ihren Durst stillen.

Ich drehe einen Joint und paffe ein wenig daran. Davon entspannen sich die Muskeln, und mein ganzer Körper wird warm. Übelkeit und Schmerzen legen sich. Lise bereitet eine Suppe mit Seesaibling und Buchweizennudeln zu, bevor wir losfahren aufs Land.

An manchen Tagen ist die Autofahrt zu anstrengend für mich. Ich suche Zuflucht in meiner Wohnung, umgeben von Büchern und Notizbüchern und Stößen ausgedruckter Manuskriptseiten, und lasse mich von anderen Künstlern trösten.

Andras Schiff spielt Mendelssohns *Lieder ohne Worte.*

Roo Borson braucht nur wenige Worte, um alles zu sagen:

No need to go far today
Just these dandelions
Staring the sky down.

Heute braucht man nicht weit zu gehen
Nur diese Butterblumen
starren dem Himmel entgegen.

Am nächsten Morgen auf dem Land wird mir bei einer Fern-
heilung Heilenergie übertragen. Eine Welle positiver Energie
wärmt meine Brust. Unter dem Zierapfelbäumchen sehe ich
einen hilfreichen weiblichen Geist sitzen. Das Geistwesen
war aus meinem Kopf, meiner inneren Landschaft verschwunden. Erst jetzt, wo ich sie wiedersehe, wird mir klar,
dass die Verbindung unterbrochen worden war. Wie hatte
das passieren können? Sind die Auswirkungen des Kortisons
schuld, oder die Kombination aus Kortison, Bestrahlung und
Chemo? Aber jetzt ist sie wieder da. Das Zierapfelbäumchen
ist ein exzellenter Treffpunkt. Bei unserem ersten Treffen vor
ungefähr vierzig Jahren ging sie durch mein Zimmer, so wirklich wie ein Traumbild, und hielt mir einen Strauß Birkenzweige mit rötlich-violetten Blattknospen hin, die in Deutschland im Februar überall in der Landschaft auftauchen.

Es geschieht nur selten, dass ich ein Geistwesen sehe.
Draußen spreche ich mit den Pflanzen und Naturgeistern,
die meiner Ansicht nach natürlich da sind. Ich höre sie nicht
mit mir sprechen. Aber ich spüre sie um mich, und gelegent-
lich gibt es eine Begegnung mit Tieren. Genau wie die
Traumbilder schenken mir auch diese Begegnungen sehr viel
Kraft. Visionen, die durch die Steroide gedämpft worden
waren, tauchen wieder vor meinem inneren Auge auf. Gele-
gentlich zeigt sich bei einer Heilung eine kräftige Farbe oder
ein buntes Bild, und ganz selten tritt mir eine kleine Traum-
szene vor Augen.

Lise sagt nach einem Zug am Joint, ihr sei leichter ums Herz zumute als seit vielen Wochen. Das ist ein Schock. Die zweimonatlichen Fahrten nach Montreal, die ständige Erinnerung an meinen Zustand, das alles zehrt an ihr. Mir ist klar, dass es ein Balanceakt ist, für mich zu sorgen und gleichzeitig zum Selbstschutz eine gesunde Distanz zu wahren. Sie muss zu viele Bedrohungen gleichzeitig in Schach halten: die Chemo, meinen benommenen Zustand, meine Leiden, meine Schwächeanfälle, das Grauen vor dem Krebs.

Da ist er wieder: Wie ein Berg sitzt der Krebs zwischen uns.

Als ich gegen fünfzehn Uhr aus dem Krankenhaus komme, wartet sie schon im Auto auf mich und will so schnell wie möglich raus aus der Stadt, auf die Autobahn, bevor sich dort alles zu stauen beginnt. Sie macht sich Sorgen um unsere Katzen; das unheimliche Tier, das wir im Frühsommer gesehen haben, will ihr nicht aus dem Kopf. Ich hingegen erlebe die Autofahrt mit dem viel zu hohen Tempo und dem uns umströmenden Verkehr wie einen Angriff. Als wir endlich auf dem Land ankommen, sind wir beide ungehalten und erschöpft. Sie hat den Einkauf und die Wäsche erledigt und vielleicht auch einen anstrengenden Arbeitstag hinter sich. Ich fühle mich benommen, schwindlig, ausgepumpt.

»Wie fühlst du dich?«, fragt Lise.

»Wie unter Drogen«, sage ich.

»Was meinst du mit ›unter Drogen‹?«, will sie wissen. »Was ist das für ein Gefühl?«

Ich versuche, es zu beschreiben. ›Unter Drogen‹ ist zu allgemein, um das Gefühl richtig zu beschreiben.

Vielleicht ist es verständlicher, wenn ich versuche, es als Schwindelgefühl oder Übelkeit zu umschreiben, als ob man *stoned* wäre. Diese Gefühle werden von der riesigen Chemiekeule erzeugt, die gerade auf den Körper niedergegangen ist. Alles kommt mir unwirklich vor. Das bedrogte Gefühl geht einher mit einem Druck auf den Augäpfeln, als ob ich einen Kater hätte, aber es ist kein Kater. Ich fühle mich müde, aber nicht einfach nur körperlich müde oder geistig erschöpft; mir ist den ganzen Tag lang alles zuwider, und am nächsten Tag auch. Damit einher geht ein fürchterlicher Geschmack im Mund, der nicht einfach nur ein schlechter Geschmack ist, sondern ein Ekel vor der Chemo-Erfahrung. Welche Veränderungen auf zellulärer Ebene vor sich gehen, weiß ich nicht.

Als ich aus dem ersten Mittagsschlaf erwache, habe ich Schüttelfrost, alles tut mir weh, ich leide den ganzen Abend und über Nacht an grippeartigen Symptomen. Manchmal sind sie am nächsten Tag verschwunden, manchmal halten sie vier Tage lang an. Am Tag danach bin ich erschöpft. Von der Chemotherapie wird der Kopf ganz leer. Ich kann mich auf nichts konzentrieren. Ein oder zwei Tage lang beherrscht mich ein allgemeines Gefühl der Verlorenheit und Lustlosigkeit.

Eine Woche nach der letzten Chemo bekomme ich Bläschen am Arm. Sie sehen wie die Brandblasen aus, die man in scheußlichen Abbildungen in medizinischen Nachschlagewerken findet: Ein Tropfen, womöglich mehr, des hochgiftigen Medikaments ist danebengegangen. Die ganze Nacht Kältegefühl und Schüttelfrost.

Zwei Wochen nach der Chemo sehe ich die Onkologin wieder, die die Blasen auf meinem rechten Arm beeindruckend findet. Aber von der Chemo ist sie völlig begeistert. »Sie wirkt!«, ruft sie aus. »Die Blutwerte sind ausgezeichnet! Und Sie nehmen zu!«

Ich wiege mittlerweile fünfzigeinhalb Kilo. Ich fühle mich schwer, als hätte ich überall Wasser im Körper.

Die Onkologin gibt nach, als ich meutere und erkläre, dass ich keine Chemo mehr mache, bis die Blasen nicht vollständig verheilt sind. In der Zwischenzeit brauche ich mir nur das Herceptin geben zu lassen. Die Pflegekräfte haben solche Verätzungen schon gesehen und sagen nur, normalerweise würden sie Navelbine nicht bei so kleinen Venen verabreichen – genau aus diesem Grund, weil sie löchrig werden können. Werden sie löchrig, können Tropfen des toxischen Stoffs entweichen und sich durch die Haut brennen. Welchen Schaden haben meine Venen dieses Mal genommen? Sie sind sowieso zu dünn, um allmonatlich zwei Blutabnahmen und eine Chemo-Infusion auszuhalten. Nach den vielen Jahren wird mir endlich klar, dass Chemotherapie die Venen zerstört. Irgendjemand hat diese Bemerkung mal ganz *en passant* fallen lassen, eine Arzthelferin bei der Blutabnahme oder eine Krankenschwester. Es ist wie in der Politik: Die entscheidenden Fakten werden einem erst viel später klar, zehn, zwanzig oder noch mehr Jahre später.

Die einzigen benutzbaren Venen, die mir noch bleiben, sind eine winzige auf dem Rücken der rechten Hand und eine im Handgelenk. Die wunderbaren Venen in meinem linken Arm werden immer wieder bewundert, dürfen aber nicht benutzt werden, weil auf der linken Seite die brusterhaltende Operation durchgeführt wurde. Es führt kein Weg drum herum: Ich brauche einen neuen Port. Anders kann Chemotherapie auf Dauer nicht verabreicht werden.

Nach mehreren Monaten fällt es mir immer und immer schwerer, mit der niedrigdosierten, langfristigen Chemotherapie weiterzumachen.

Wieder habe ich ja gesagt zur Chemotherapie. Ich wollte nicht. Ich musste.

Im Park rufen mich die Baumwipfel.

Auf einem neuen CT-Bild ist zu sehen, dass eine Gruppe von Krebszellen so schlau war, eine neue Geschwulst im Lebertumor zu bilden. Die Onkologin beschließt, mich auf eine andere Chemotherapie zu setzen. Als ich das höre, wird mir so schwer ums Herz und so schwarz im Kopf, als lastete ein Tiefdrucksystem auf mir. Ich bin in Alarmbereitschaft, meine Zweifel werden immer größer. Im Krankenhaus bin ich ständig mit grauen, ausgemergelten Menschen konfrontiert. So viele haben diesen Weg schon beschritten – eine Chemotherapie nach der anderen, bis die Onkologin eines Tages zu ihnen sagt: Ich kann nichts mehr für Sie tun.

Allein in meiner neuen Heimat habe ich schon fünf Freundinnen verloren. In der alten Heimat sind einige meiner lesbischen Freundinnen schon vor langer Zeit verstorben. Diesen Weg will ich nicht gehen. Ich will nicht mit einem Körper voller Gift sterben. Ich will nicht zu Tode chemotherapiert werden. Ich selbst kann meine Lage nicht mehr gut einschätzen. Eine gehörige Portion meines Überlebenstriebs hat sich in Luft aufgelöst. Es reicht nicht, keine von den grauen Menschen sein zu wollen, mir zu wünschen, stark genug zu sein, um mit meinem Leben weiterzumachen. Mir fehlt die Kraft, an Energieheilung zu glauben oder sie selbst praktizieren zu können.

Gelassene und verzweifelte Augenblicke wechseln sich in unablässigen Wellen ab. Im Krankenhaus werde ich immer wieder von abgrundtiefem Ekel befallen. Ich weiß nie, wann mich das Gefühl überkommt. Ich betrete eine Krankenhaustoilette und werde bei dem Gedanken, wie viele Menschen diese Toilette schon vor mir benutzt haben, von Hass überfallen. Vielleicht gibt es Urinspritzer auf der Klobrille oder rund um die Toilette, oder es liegt Toilettenpapier auf dem Boden. Ein feuchter Türknauf reicht, dass es mich vor Ekel schüttelt.

Im Warteraum und bei der Chemotherapie gibt es Menschen aus allen Gesellschaftsschichten. Es gibt Übergewichtige in Jogginghosen, Modebewusste in engen Jeans, nervöse Unruheverbreiterinnen, Frauen in viel zu weiten Hosen und unglaublich dünnen Beinen. Frauen mit Make-up, gestylten Frisuren und Schmuck werfen mir einen abschätzigen Blick von der Seite zu. Man muss die Mitmenschen wirklich lieben, um seine Mitmenschen hier lieben zu können. Wenn ich es schaffe, sehe ich, dass sie alle auf ihre eigene Art glücklich oder unglücklich sind und sich bemühen, so gut es geht durchs Leben zu kommen.

Der Chemotherapietag verstrickt mich in widerstreitenden Gefühlen. So ein Tag ist wie ein ganzer Arbeitstag. Man hat von morgens acht bis nachmittags fünfzehn oder sechzehn Uhr zu tun. Ich strenge mich sehr an, ihn nicht als verlorenen Tag anzusehen. Wenigstens habe ich Zeit, Literatur-Podcasts zu hören.

So ein Tag ohne sonstige Pflichten erinnert mich an das Gefühl, bevor man ein Flugzeug besteigt. Wie auf einem Flug über den Atlantik befinde ich mich in einem der Zeit enthobenen Zwischenzustand, in dem ich mit meinem Alltagsleben nicht weitermachen kann. (Die Möglichkeit, im Krankenhaus auf einem Laptop zu arbeiten, nehme ich bewusst nicht wahr). Vielleicht ist das ja der eine freie Tag pro Woche, den wir alle so nötig haben?

Ich höre zum ersten Mal die Stimme von James Baldwin, eine historische Aufzeichnung, die mich stark anspricht. Aus jedem Wort, mit dem er über das System der Sklaverei spricht, klingen Leidenschaft und Zorn heraus. Ich höre mir Dionne Brands Vortrag beim Writers' Trust of Canada 2012 an und was sie über die linke Buchseite zu sagen hat.

Auf die Blutabnahme am frühen Morgen folgt eine zwei- bis dreistündige Wartezeit, dann sehe ich einmal im Monat die Onkologin, und die Chemotherapie beginnt mittags gegen zwölf oder dreizehn Uhr dreißig. Im alten Krankenhaus bin ich oft auf den Berg gestiegen und eine Stunde oder länger spazieren gegangen. Oder ich bin runtergelaufen zur Sherbrooke Street und mit dem 24er-Bus zur Paragraph-

Buchhandlung gefahren. Wenn ich draußen zwischen den Bäumen an der frischen Luft oder drinnen zwischen Büchern unterwegs war, hatte ich nicht das Gefühl, den ganzen Tag vergeudet zu haben.

Das neue Krankenhaus steht in einer Asphaltwüste. Man kann nirgendwo hin. An den Chemotagen sitze ich dort gefangen. Wenn ich nach fast zwei freien Wochen wieder hinmuss, ist mir nach Sterben zumute. Wieder hatte ich vergessen, wie schrecklich es hier ist, so beschäftigt war ich damit, jede Minute meines Lebens zu genießen.

Dann betrete ich den Chemo-Raum mit den vielen Infusionsständern, piepsenden Maschinen, Patientinnen in Liegesesseln. Es kommt mir vor wie ein Opfergang, wie verschwendete Zeit. Zorn durchfährt mich, dass ich da reingehen und mir giftige Substanzen in die Adern pumpen lassen muss. Ich weiß nicht mehr, wie man eine positive Atmosphäre schafft, wie man mit dem Strom schwimmt, sich nicht dagegenstemmt.

Ich rege mich darüber auf, dass in Montreal in der herkömmlichen Medizin nichts als das Pharma-Modell angeboten wird. Das Konzept »Krebs« ist abstrakt für mich geworden. Es ist nicht der Krebs, der mich belastet und mich manchmal verzweifeln lässt – es sind die Behandlungen und die Krankenhausstrukturen.

Mit einer chronischen Erkrankung zu leben, ist das eine; Gift eingeflößt zu bekommen, um diese behandeln zu lassen, ist etwas ganz anderes. Die Gifte sind nicht spürbar oder sichtbar. Wahrscheinlich gilt das für alle Arzneimittel. Die Eigenschaften und Wirkungen vieler Medikamente sind nachvollziehbar. Ich habe nichts darüber erfahren, wie die in meine Venen tropfende, giftige Chemotherapieflüssigkeit in den Zellen selbst wirkt; ich weiß nur, dass schnell wachsende Krebszellen in Organen oder Geweben damit abgetötet werden sollen. Die Informationen, die ich zu dem Thema von der Krankenhausapothekerin und aus dem Internet bekomme, sprechen nur über die möglichen Nebenwirkungen.

Ich fühle mich finsteren Machenschaften ausgesetzt.

Heilung bedeutet nicht an erster Stelle, etwas loszuwerden. Manchmal bedeutet es auch, etwas zu klären und zu reparieren. Manchmal bedeutet es Weiterentwicklung, Übergang zu etwas Neuem – kurz gesagt also das ganze Potenzial, das von einer Krise geboten wird.

Der grundlegende Ansatz zur Förderung der Selbstheilungskräfte ist die Stärkung des Immunsystems und das Achtsamkeitstraining.

Krebszellen sind dunkler als gesunde Zellen und müssen von Licht durchflutet werden. Durch die Misteltherapie kann wieder Licht in die Körperzellen gelangen. Bei der Visualisierung schaffe ich es, mir Licht vorzustellen und es durch meinen Körper wandern zu lassen. Auch durch kreative Tätigkeiten, Verwendung von Farben, Zeichnen, Bewegung und Musik wird Licht in die Zellen gebracht.

Wenn ich mit Ärzten und Schwestern über diese Themen sprechen könnte, hätten die verhassten Fahrten ins Krankenhaus vielleicht sogar etwas Interessantes. Aber wenn ich Qi Gong oder Achtsamkeitstraining oder Energieheilung erwähne, ist es, als würde ich eine tote Sprache sprechen, dabei bin ich sehr lebendig, und was ich sage, auch! Naturheilkunde auch nur zu erwähnen, sorgt für Ablehnung. Bei einer medizinischen Praxis, die sich einzig und allein an das hält, was das pharmazeutische Protokoll diktiert, fehlt einfach zu viel, was Immunsystem und Lebenskraft der Patienten stärken würde.

Wenn jemand Interesse an den Gedanken zeigt, die man in einem Gespräch vorbringt, dann befeuert das die eigenen Gedanken. Bleibt man zu lang an einem Ort ohne Resonanz, fordert das einen hohen Preis, und die eigene Energie wird geschwächt.

29. JUNI: Ich habe nachgegeben und mich zu einer neuen Art der Chemotherapie bereiterklärt: Gemcitabin. Mal wieder ein kryptischer Name, den ich behalten soll, so ähnlich wie Vinorelbin davor – bekannt unter dem Namen Navelbine. Trastuzumab trägt den Handelsnamen Herceptin.

»Was würde passieren, wenn ich keine Chemo mache?«, fragte ich einen Radioonkologen, schon vor Monaten. Er zögerte. Die Antwort fiel ihm sichtlich schwer.

»Der Krebs würde sich überall ausbreiten«, sagte er schließlich.

Mit anderen Worten: Er würde mich auffressen. Er würde die Macht an sich reißen. Die Schmerzen würden losgehen, und dann wären Morphin und Palliativbehandlung an der Reihe. Eines Tages werde ich mich entscheiden und diesen Weg einschlagen. Der Gedanke ist seltsam und erschreckend, aber zugleich auch eine Erleichterung. Wie soll ich diese Entscheidung fällen und wann? Hätte ich letztes Jahr nicht wieder mit der Chemotherapie angefangen, wäre ich dann jetzt schon tot?

***

Am Abend demoralisiert. Eine Phase der Erschöpfung scheint direkt in die nächste überzugehen. Ich schreibe drei E-Mails und muss mich ausruhen. Die Auskünfte der Apothekerin treffen mich wie Faustschläge in den Magen. Eine junge Frau, vielleicht fünfundzwanzig, mit dem zarten Gesicht eines schüchternen jungen Mädchens, übermittelt der Patientin die zutiefst beunruhigenden Fakten: Die Haut in meinen Handtellern und an den Fußsohlen wird sehr trocken werden und sich vielleicht sogar ablösen. Ich muss mich ständig eincremen. Beim Abtrocknen darf ich die Hände nicht kräftig abrubbeln, und ich darf weder Hände noch Füße heißem Wasser aussetzen. (Was wird dann aus dem Gärtnern?) Falls sich Blasen bilden oder Gehschwierigkeiten entstehen, muss ich die Behandlung abbrechen. Es könnten sich Geschwüre im Mund bilden.

»Gurgeln Sie vorbeugend drei Mal am Tag mit Salzwasser«, hat die Krankenschwester gesagt. »Wenn es schlimmer wird, können wir Ihnen das magische Mundwasser geben, das hilft meistens gut«, sagt die Apothekerin.

»Falls Sie häufiger als drei Mal am Tag oder nachts Durchfall haben: Brechen Sie die Behandlung ab.« Als letztes kommt noch die Anleitung: »Waschen Sie sich die Hände, nachdem Sie die Pillen geschluckt haben, damit Sie keine Spuren auf der Arbeitsplatte in der Küche oder sonst wo im Haushalt hinterlassen.« (Schulterzucken, entschuldigendes Lächeln): »Es ist immerhin Chemotherapie.«

Die Leute, die an Chemotherapie glauben, sie verkaufen, verschreiben und verabreichen, müssen zutiefst zynisch sein. Ich darf keine Spuren davon in meinem Haushalt hinterlassen, um niemanden zu gefährden (da kann ich nur zustimmen), aber ich soll diese unglaublich giftigen Pillen in den Mund stecken und herunterschlucken? Was ist mit der Verseuchung des Abwassers, wenn ich auf dem Land die Toilettenspülung betätige und mein ultratoxischer Urin weggespült wird?

Ich stelle die beiden Tablettenbehälter weg. Die Pillen sind sehr groß, und ich muss drei beim Frühstück und drei beim Abendessen schlucken. Heute Abend geht es los. Warum tue ich mir das bloß an?

Es ist alarmierend, wie belegt sich meine Lunge anfühlt. Meine Gallenblase (oder Milz?) tut weh, oder ist es die vor langer Zeit gebrochene Rippe und die Metastase, die an der

Stelle entstanden ist? Ich will nicht im Sommer sterben. Ich will noch einen ganzen Sommer und Herbst erleben.

In der Leber sitzt ein neuer, fünf Zentimeter großer Tumor, aber den Blutwerten zufolge ist die Leberfunktion gut. Ich mache wieder Mistelinjektionen; die Mistel ist meine Kampfgefährtin. Laut Onkologin gibt es nur noch eine einzige andere mögliche Chemotherapie, eine mit schlimmeren Nebenwirkungen. Was bedeutet, dass sie mir nichts anderes mehr anzubieten hat, falls ich dieses Mittel nicht vertrage. Was meint sie damit genau, wenn sie darauf dringt, ich soll sofort mit den Pillen anfangen, weil es »sonst zu spät sein könnte«? Wenn sie mir sagt, dass ich damit aufhören soll, falls ich sie nicht vertrage? Ich bin immer noch blind wie ein Maulwurf. Genau wie sie.

Gestern war eine Asiatin im Chemotherapieraum, die hatte noch dünnere Arme als ich. Mein Profil im Spiegel zeigt das knochige Gesicht von vor vierzehn Jahren, zu meinen schlimmsten Zeiten während der ersten schrecklichen Chemotherapie mit Adriamycin. Die hageren Konturen der Krebskranken, das ausgehende oder flaumig nachwachsende Haar, das ist das Gesicht von Krebs und jetzt – des Sterbens?

Schreiben im Wettlauf mit der Zeit, bin ich versucht zu sagen, aber diese Floskel klingt nicht richtig. Dabei geht mir die Zeit zum Schreiben wirklich aus. Stimmt das? Ist nicht für alles ausreichend Zeit da? Geht aus, läuft aus: Das körperliche Laufen ist seit Langem vorbei. Es ist weit weg auf einem fremden Planeten oder in einer Kammer mit Körpererinnerungen verwahrt. Ich tue nichts weiter, als morgens eine Ecke bis zum nächsten Café zu humpeln, damit ich zwischen ins Nichts starrenden Seelenverwandten sitzen, denken und schreiben kann. Das ist momentan meine Heilmethode, meine Freude und Leidenschaft – bis ich beim Sitzen zu steif werde und mit sanften Bewegungen anfangen muss.

Alarmierende Neuigkeiten von allen Seiten. Die Geliebte einer Freundin nimmt an einer medizinischen Studie teil, ein neues Medikament aus den USA. Es hat fürchterliche Nebenwirkungen. Die dreiundachtzigjährige Schwester einer Freundin lässt zwölfstündige Chemotherapiesitzungen über sich ergehen und leidet an schrecklichen Knochenschmerzen in den drei Wochen Pause zwischen den Behandlungen. Eine andere Bekannte macht bereits die zweite Studie mit, eine neue Immuntherapie wird getestet – die erste hat nicht gewirkt. Die Schwester einer Freundin hat einen neuen Tumor in ihrem einen, verbleibenden Lungenflügel. Ich habe mich daran gewöhnt, mit den Schwierigkeiten auf meinem Weg fertigzuwerden. Aber es macht mich immer noch außerordentlich wütend, wenn ich von den Krebserkrankungen meiner Bekannten höre und der Folter, der sie sich willentlich unterziehen. Manche Behandlungen sind einfacher zu ertragen als andere. Sie verlängern das Leben, ermöglichen aber gleichzeitig eine hohe Lebensqualität. Im Großen und Ganzen geht die Zahl der Krebserkrankungen aber nicht zurück. Die pharmazeutische Behandlung allein ist nicht überzeugend. Der Krebs breitet sich aus. Die Patientinnen und Patienten sterben.

Mittlerweile passiert es mir öfter, dass ein Arzt oder eine Krankenschwester sich staunend darüber äußern, dass ich so lange überlebt habe und immer noch in guter Verfassung bin. Niemand will je von mir wissen, was ich über die Krankenhausbehandlung hinaus unternommen habe. Wenn ich sage: »Ja, ich mache Qi Gong und ...«, dann nicken sie nur und sind schon wieder mit etwas anderem beschäftigt.

Für mich ist es ein Gefühl, als würde ich mitten in ein Dornengebüsch geführt werden, in dem man mich dann mit meinen letzten Fragen stehen lässt.

Ich liege in der Badewanne, massiere eine Schwellung im Bereich meiner Leber und denke darüber nach, wie seltsam es ist, mit einer todbringenden Kraft im Körper zu leben. Was nicht dasselbe ist wie eine lebensbedrohliche Krankheit. Es bedeutet, mit dem Bewusstsein zu leben, dass der Tod ganz in der Nähe ist. Das trifft auf uns alle zu, sagt man dann so leicht dahin, aber die meisten Menschen leben nicht entsprechend. In meinem Körper ist etwas, das ohne jeden Zweifel eines Tages mein Leben beenden wird. Falls mir nicht der sprichwörtliche Dachziegel auf den Kopf fällt oder ich bei einem Autounfall sterbe. Was bedeutet es, Hand in Hand mit dem Tod zu gehen? Der Tod kann auch eine Verbündete sein. Sie umarmt mich von innen. Beißt hier ein Stückchen ab, da ein Stückchen. Eines Tages werde ich mich zurücklehnen und mich in ihre Arme fallen lassen, bereit – wozu? Aufzugeben? Ihr zu folgen? Mit ihr zusammen wegzugehen? Ich weiß es nicht.

Ich habe mich noch nicht aufs Sterben vorbereitet.

Nach fünfzehn Jahren des Lebens mit Krebs und seinen lebensbedrohlichen Angriffen in den letzten drei Jahren merke ich, dass auch die Angst allmählich weniger geworden ist.

Mir wird die Möglichkeit geschenkt, vor vielem die Angst zu verlieren.

Manche Ängste verblassen, andere werden stärker.

Krebs ist abstrakt geworden, in den Schatten gestellt von den Behandlungen, die mich am Leben erhalten, aber zugleich sehr krank machen.

Krankheit als Teil des Lebens zu begreifen, bleibt schwierig. Krebs ist kein Baby, kein Hund, keine Katze und dennoch so präsent wie jeder andere lebende Organismus. Er ist extrem lebendig. Mit einer chronischen Krankheit zurecht zu kommen, die einen immer wieder zu Boden zwingt, ist für jeden eine Herausforderung. Niemand lässt sich gern an das erinnern, was noch alles passieren könnte. Eine chronische Krankheit bietet keine Abwechslung und keine spannenden Geschichten, die sich gut erzählen ließen. Die Mitmenschen sind in Bewegung, machen weiter, sie wollen die Vergangenheit hinter sich lassen und hören, dass es mir genauso, dass es mir bessergeht: »*back in shape*«.

Chronisch ist weder dynamisch noch fit, nichts geht weiter. Weiter heißt: vorwärts. Aber mein Klavierlehrer sagte immer: »Der kürzeste Weg zwischen A und B ist nicht die gerade Linie.« Oder ein anderer Spruch: »Hexen sind auf krummen Wegen unterwegs.« Wenn man immer zielorientiert lebt, kann man nicht vom Weg abkommen und die abseits der ausgetrampelten Pfade versteckten Schätze entdecken.

Samstag, 23. Juli. Nachts. Unterwegs seit dem 8. Juli, erst nach Maine, dann nach Cape Cod, dann hoch nach Quebec. Ich werde zwar immer gefahren und brauche nicht selbst am Steuer zu sitzen, aber auch das Mitreisen im Auto ist mittlerweile zu beschwerlich für mich. Körper und Geist kommen nicht mehr mit dem Autobahntempo oder den vier Spuren rasenden Verkehrs zurecht.

Vorbei.

Die ganze Hektik.

Je ne suis plus capable.

Weniger heißt weniger. Auch die Mengen angesammelter Dinge werden kleiner. Alles, was mit dem Körper zu tun hat, wird kleiner.

Weniger.

Weniger ist eine Erleichterung.

26. Juli. Ich habe nachgegeben und werde mit dem Herceptin weitermachen. Die Onkologin sagt, es könne immer noch wirken, außerdem gibt es einen praktischen Grund:

Wenn die Chemotherapie-Tabletten in Kombination mit einer Infusion genommen werden, zahlt das Krankenhaus die Rechnung; wenn nicht, muss die Ärztin einen gesonderten Antrag bei der staatlichen Krankenkasse stellen. Das Rezept würde dann an meine Apotheke geschickt, wo ich eine Zuzahlung leisten müsste. Für mich unverständliches, undurchsichtiges bürokratisches Zeug.

Mein schief ausgebeulter Bauch sieht grotesk aus. Die Ärztin hat ihn sich nicht angesehen. Sie hat nur gemurmelt, asymmetrische Bäuche seien relativ häufig. Ich habe noch nie einen asymmetrischen Bauch gehabt. Die Muskeln und das Gedärm sind auf der rechten Seite schwächer. Mein Bauch sieht geschwollen aus. Er fühlt sich aufgebläht an.

Am Abend habe ich an einer Stelle Schmerzen. Ich rufe Renée an und breche am Telefon in Tränen aus. Renée kommt vorbei, befühlt meinen Bauch, spürt es auch: Wie eine Kordel, sagt sie, die wegrutscht und wieder zurückgleitet. Sie macht mir eine Wärmflasche, sitzt bei mir und unterhält sich mit mir.

Die Wärme hilft. Die Kordel löst sich allmählich. Später kann ich auf die Toilette gehen und schlafe mit der Wärmflasche: Die Schmerzen sind verschwunden. Jedes Mal, wenn sich eine neue Gefahr auftut, durchfährt mich die Angst bis ins tiefste Innere. Ich bin verblüfft, mit welcher Intensität mich die Angst trifft.

29. Juli. Beim Einschlafen, beim Aufwachen empfinde ich viel Zärtlichkeit für meinen Körper. Geliebter, weicher Körper, hast immer noch Kraft, bewegst dich immer noch. Aber die Sterblichkeit: So schnell kann einem das Leben genommen werden, so schnell kann es zur Neige gehen. Wie viel Menschen auf der Welt ermordet werden, die vielen Kriege. Überall Krankheiten.

D. ist schon in Palliativpflege. Sterblichkeit. Ich spüre sie sehr tief in meinem Körper.

Ich weiß nicht, wie ich noch einen Winter überleben soll. Sollte ich dann noch am Leben sein, muss mich jemand an einem sicheren Ort warm zudecken, oder ich muss irgendwo sein, wo es warm ist, und sicher.

30. Juli. Im Takt mit den Zweigen der Weymouthskiefer atmen, auf der Matte liegend, auf der Wiese neben dem Garten, wo die Morgensonne als erstes den Boden berührt. Jeder Zweig mit seinen langen, weichen Nadeln ist in sanfter Bewegung – auf dem Boden spüre ich die Brise nicht – ich blicke hoch und sehe Bewegung in der Kiefer und der höheren Tanne dahinter, die in den Himmel ragt. Bisher habe ich diese Tanne noch nie wahrgenommen. Von innen heraus werden die Zweige ein wenig angehoben und bewegt – meine Lunge öffnet sich und bewegt sich mit ihnen. Das Aluminiumplättchen, das an einem Arm der Vogelscheuche hängt, dreht sich und blinkt im Sonnenlicht. Am frühen Morgen sitzen die Reihen zarter Dillwedel voll glitzernder Tautropfen.

2. August.

Du bist der Himmel – alles andere ist nur das Wetter.
Pema Chödrön

Wieder Erschöpfung. Chemo? Ich habe vor drei Tagen mit den Tabletten angefangen. Wir haben den ersten Spaziergang im *Parc Régional des Chutes Monte-à-Peine-et-des-Dalles* gemacht. Wir sind den kürzeren Weg direkt hinunter zur Picknickstelle an den Chutes Desjardins gegangen. Der geliebte Fluss, ein kurzes Bad. Ich bin gut gelaufen; mein Körper erinnert sich noch an das Strandläuferglück. Auf dem Rückweg die letzten zehn Minuten müde und unsicher auf den Beinen. Letzte Nacht habe ich geschlafen wie ein Stein, habe nichts davon mitbekommen, dass uns die Katze mehrmals besucht hat, aber war die ganze Nacht lang nicht sicher, ob ich nun eigentlich schlief oder nicht.

3. AUGUST. Es besteht ein Riesenunterschied, ob man lernt, ganz im Augenblick zu leben, wenn man voll berufstätig ist und sehr viel zu tun hat, oder ob man ein Leben führt, in dem alle äußeren, arbeitsbezogenen Tätigkeiten fehlen: ein Leben voller Augenblicke, gegenwärtiger Augenblicke.

7. AUGUST. Milde Temperaturen unter blauem Himmel, ein paar Wölkchen und plötzlich ein sanfter Sommerregen zur Mittagszeit. Kulturereignisse in der Nähe unseres Landhauses: Ein Freiluftkonzert mit Kent Nagano. Schuberts achte Symphonie und Mozarts Requiem in Joliette. Er begleitet die Musiker, jedes Instrument einzeln, über den Rasen wie bei einer Gehmeditation. Ein zierlicher Mann, der ein ganzes Orchester anleitet, mit *un soupçon* der Bewegung von Hand und Fingerspitzen. Welch Präsenz und Konzentration in jedem Augenblick, jeder Note. Eine Leidenschaft, die mit Händen zu greifen ist.

8. AUGUST. Die richtige Freundin kam im richtigen Augenblick zu Besuch. Während des Abendessens der schlimmste Hustenanfall, den ich je hatte. Manchmal kommt es dazu, wenn ein Krümel in meine Luftröhre gerät und mir das Atmen unmöglich macht. Ich schaffte es nicht, den im Weg sit-

zenden Krümel heraus zu husten, schnappte panisch nach Luft, vorgebeugt, mit den Händen auf den Tisch gestützt, um irgendwo den nächsten Atemzug herzubekommen. Irgendwo. Einsatz der Atemhilfsmuskulatur. Erstickungsangst. Lise reichte mir ein Glas Wasser. Nur ein Schluck Wasser kann Erleichterung bringen. Blockade. Einmal sah ich bei der Sicherheitskontrolle im Flughafen die Röntgenaufnahme meiner Lunge. Etwas an meinem Körper löste ein Piepen aus. Der Hausarzt vermutete später, die metallischen Komponenten der Chemotherapie müssten daran schuld gewesen sein. Was für metallische Komponenten? Eine amerikanische Grenzbeamtin kommandierte mich sofort in eine Glaskabine und raunzte mich an: »Hände hochnehmen, da hin! Auf die Markierungen am Boden stellen!« Damit ich auch ja begriff, dass ich eine Terrorverdächtige war. Als ich wieder herauskam, sah die Beamtin meinen Port. Er ragt wie ein Knopf aus meiner knochigen Brust. Ich sah ihr in die Augen: »Damit wird die Chemotherapie verabreicht.« Sie wurde ein wenig freundlicher.

Ich nutze meine Krankheit schamlos aus, wenn es hilft, einfacher durch eine schwierige Situation zu kommen. Die Leute haben so unglaublich viel Angst vor Krebs, dass sie meist mit Respekt oder einem gewissen Mitleid reagieren. Dann sah ich das Röntgenbild: Die Blockade befand sich wie ein Quadrat in der Mitte meiner Brust. An der Stelle saß auch eine Metastase und ein zementgefüllter Wirbel, Jahre später wurde sie bestrahlt. Ob das bei der Bestrahlung entstandene Narbengewebe die Luftröhre verengte?

Im Augenblick der Erstickungsangst half uns die besänftigende Gegenwart unserer Freundin, von Panik auf Ruhe umzuschalten. Wir sprachen über mögliche Verbesserungen meiner Wohnsituation. Die kleine Wohnung über der von Lise könnte im kommenden Juli frei werden. Dort könnte sie ihr Büro einrichten; dann könnte ich in ihrer Wohnung einziehen. »Juli ist zu weit weg für mich«, rutschte es mir heraus. Eigentlich wollte ich sagen: »Das ist zu spät.«

»Na gut«, sagte Lise. »Dann machen wir es am 1. November.«

Still und friedlich schwebte eine Lösung im Raum.

Im Wald fielen die wilden Himbeeren zu Boden. Zum Sammeln hatte ich nur eine Plastiktüte dabei, aus der auf dem Rückweg der Saft tropfte und meine linke Wade rosa färbte.

17. AUGUST. Wir probierten einen neuen Wanderweg entlang des Swaggin River aus. Ich musste bei jedem Schritt aufpassen, dass ich nicht über Wurzeln und Steine stolperte. Das strapazierte meinen Hals sehr stark. An der Stelle, wo der Fluss sich zu einer großen, ruhig daliegenden Bucht weitet, picknickten wir auf glatten Felsen. Lise schwamm hinaus in den spiegelglatten See. Ich nicht. Ich blieb im Unterhemd auf den Felsen sitzen. Ich bin in meinem Leben in vielen Seen und Flüssen geschwommen. Jetzt sitze ich auf einem warmen Felsen und lasse die Beine ins Wasser baumeln. Schönheit umströmt mich von allen Seiten. Jeder Augenblick ist mit einem anderen Augenblick verbunden, und manchmal ist dieser Augenblick Gegenwart.

18. AUGUST. Gestern kam Lise strahlend von ihrer Wanderung zurück. Sie war zehn Kilometer gelaufen und zwischendrin geschwommen. Am frühen Morgen hatten wir zusammen im Bett gelegen, und die Katze war zu uns gekommen und hatte sich gegen mich geworfen beziehungsweise mit allen Vieren in der Luft in meine Achselhöhle fallen lassen. Sie ist so anhänglich und zärtlichkeitsbedürftig. Dazugehören. Zur Herde. Unter einem Dach zu schlafen und zu wis-

sen, wohin man gehört. Nachts kann ich herumlaufen, auf die Toilette gehen oder spät auf sein, aber ich weiß trotzdem, dass ich Teil eines Paars bin, einer Gruppe, eines Clans, einer Patchwork-Familie. Je größer die Erfahrung körperlicher Verwundbarkeit, desto stärker kommen atavistische Bedürfnisse zum Vorschein. In Sicherheit sein, wenn man schläft.

Lise erzählte mir einen Traum: Ihre Mutter starb. Sie trug sie sehr lange auf dem Arm, immer auf der Suche nach dem richtigen Ort, um sie zur letzten Ruhe zu betten. Schließlich traf sie auf eine Krankenschwester, die ihr bestätigte: *Ja, Sie sind am richtigen Ort angekommen.*

»War sie leicht?«, fragte ich.

»Ja.«

»Wie eine Feder?«

»Ja.«

»Sie hatte eher deine Figur«, fügte Lise hinzu. »Meine Mutter hätte ich gar nicht tragen können.«

»Wie hast du dich gefühlt?«

»Sehr traurig.«

Myriam hatte mir am selben Tag am Telefon erzählt, dass ihre Mutter wahrscheinlich nur noch einen Monat zu leben hatte.

Der Vollmond blendete das Auge und tröstete die Seele. Kalte Nächte, morgens zehn Grad oder weniger, nachmittags 25 bis 28 Grad. Meine Wirbelsäule wurde immer steifer, besonders der Hals. Den Kopf ganz zur Seite zu drehen und über die Schulter zu blicken, war unmöglich. Ich hatte den Verdacht, dass der unterste Halswirbel und der T4-Brustwirbel wieder nachgegeben hatten. Ich verbrachte Stunden in der Hängematte, wo ich sanft unter den Tannen hin- und herschaukelte. Ich summte ein langes Dankeschön in die Zweige und den tiefblauen Himmel darüber: *Danke, dass ich in einer Hängematte unter Tannen liegen darf.*

19. AUGUST. Ich habe es schon wieder gemacht. Ich konnte nicht anders. Den ganzen Sommer über hat mich der Grand Nord Trail durch den *Parc Régional des Chutes Monte-à-Peine-et-des-Dalles* gelockt. Dort fällt mir jeder Spaziergang leicht, und ich kann – fast – voll ausschreiten. Der Weg ist breit und weich mit Moos und Kiefernnadeln gepolstert. Anderthalb Stunden bis zu den Chutes Desjardins, ein kurzes Bad im Rivière l'Assomption, Picknick, Rückweg eine halbe Stunde ... geschafft. Hinterher völlig erledigt. Jetzt kann ich auch wieder am Swaggin River entlanglaufen.

Im Liegen muss sich der kalte rechte Fuß an die warme linke Wade oder den Oberschenkel schmiegen. Wenn ich auf einem Stuhl sitze, ziehe ich das rechte Bein an und schiebe den Fuß unter das linke Bein – ob zu Hause beim Essen oder Schreiben, ob im Kino, dem Konzertsaal oder im Restaurant.

Im Laufe der Zeit hat es immer wieder körperliche Fähigkeiten gegeben, die bedroht oder eingeschränkt wurden oder mir ganz verloren gegangen sind, und ich habe alles, wozu ich noch in der Lage bin, immer lieber gewonnen. Wenn eine verloren gegangene Fähigkeit zurückkehrt, und sei es auch nur zum Teil, freue ich mich ganz besonders daran: meine Stimme, das Heben eines Fußes, das Spreizen der Zehen.

Nachts singe ich Danklieder an das Universum. Das tue ich in meinem Berner Dialekt und oft in Reimen. In früheren Jahren bat ich um Heilung oder Unterstützung bei der Heilung, um mehr Muskelkraft, mehr Energie, mehr Ausdauer. Heutzutage bedanke ich mich für jedes kleine Bisschen, das ich noch kann. Mittlerweile weiß ich, dass selbst die grundlegendsten Funktionen, die ich vorher nie einer Erwähnung werthielt, nicht selbstverständlich sind: schlucken, sprechen, mit zittriger Stimme singen, essen und schlucken, atmen, gehen (mit Stöcken), Essen kochen, Kleider und Schuhe anziehen, selbstständig duschen.

12. September. »Ich schäme mich, das Universum anzurufen«, schrieb eine Frau während des Schreibworkshops an diesem Wochenende. Wie interessant, dass die Scham in Quebecer politischen Gruppierungen so intensiv ausgeprägt ist wie in Deutschland, wenn auch aus anderen Gründen.

16. September. Eine Erfahrung, ein Gefühl, ein Gedanke, die ich nicht in geschriebene Worte fassen kann, bleiben für mich unwirklich.

Das Leben war immer zu überwältigend für mich, wenn ich ein oder zwei Tage lang keine Gelegenheit zum Schreiben hatte, ob ich nun an einem Buch arbeitete oder etwas in mein Tagebuch schrieb, egal was – den Stoff des Lebens. Schreiben ist für mich die einzige Möglichkeit, mit all dem fertig zu werden, was mir das Leben vor die Füße wirft. Schreibend nehme ich das Leben in die Hand, schreibend bearbeite ich die formbare Substanz, die eine Gestalt annehmen und kein Lehmklumpen bleiben möchte.

Der Krebs ist ein Diktator, ein Vergewaltiger, vor dem ich ständig auf der Hut sein muss: Er kann mir, genau wie jede andere schwere Krankheit, jedes Trauma, vorschreiben, was die Mitte meines Lebens zu sein hat. Das ganze Leben organisiert sich um diese Mitte: wegen oder trotz der Krankheit. Was ist dann das Leben? Das Denken dreht sich um etwas anderes als das Leben. Ist das, was das Leben bedroht, auch Leben? Wir wollen nicht, dass das unser Leben ist. Aber was ist dann Leben? Krebs und alles andere auch: Bäume, Tiere, Flüsse, dreckige Flüsse und saubere Flüsse.

Alle, die nach alternativen Behandlungsmethoden suchen, kleben an dem brennenden Wunsch, die ganze Krebserkrankung rückgängig zu machen, eine radikale Remission zu erwirken. Weiterzuleben. *Ich* will anders leben. Ich will das »trotz« loswerden. Ich bin Expertin darin geworden, *trotz* allem einen Sinn in dem Ganzen zu sehen. Alle Bekannten sagen mir, ich sei eine Inspiration für sie, ein großes Vorbild. Ich selbst verstehe mein Leben nicht.

Die, die sich für eine alternative Herangehensweise an die Erkrankung entschieden haben, leben in einer Parallelwelt und halten die Disziplin eines Soldaten oder einer Nonne ein: Ernährung, Visualisierung, acht Gläser Wasser pro Tag, Grünkohl, eine Menge Grünkohl (ich muss an den Cartoon im *New Yorker* denken – Aufschrift auf einem Grabstein: »Der ganze Grünkohl, umsonst«, Machen Qi Gong, Yoga, Sport, Meditieren, ein, zwei, drei Stunden pro Tag. Erfüllt von der heißhungrigen Hoffnung, sich selbst durch die Kraft ihres positiven Denkens und die Unterstützung durch spirituelle Lehrer heilen zu können.

Aber immer lebt man im Verhältnis zum Krebs, in Angst davor (dem Diktator), mit Krebs als Lebensmittelpunkt, im fortwährenden Kampf, den Krebs in Schach zu halten (wie ein gefährliches Tier), ihn zu leugnen, ihn zu überwinden. Hin und wieder erschlaffen die guten Vorsätze, und die gesunden Gewohnheiten und Überzeugungen verlassen einen: Zum Teufel mit den acht Gläsern Wasser am Tag! Schluss mit der Ernährung ohne XY – keine Milchprodukte, kein Fleisch, kein Zucker, kein Alkohol, kein Kaffee! Die Aufschriften auf den Nahrungsmitteln werden immer und immer absurder. Alles muss frei von Unmengen verschiedener Inhaltsstoffe sein, die bedrohlich auf den Körper einwirken könnten – oder handelt es sich vielleicht nur um Propaganda für neue Ernährungstrends und die Nahrungsmittelindustrie?

Heilung – oder im Grunde: lebendig sein – passiert, wenn ich voll und ganz da bin, wenn alles in mir und um mich herum lebendig ist. Wenn es gut genug ist, mit diesem Augenblick zufrieden zu sein. Wenn man dankbar ist, oder sogar glücklich.

DONNERSTAG, 22. SEPTEMBER. Tagundnachtgleiche. Heute morgen um halb sieben bin ich noch halb schlafend, den Arm tastend nach rechts zur Wand ausgestreckt, beim Aufstehen aus dem Bett gefallen. Mit geschlossenen Augen. Habe das Gleichgewicht verloren, bin mit voller Wucht zu Boden gestürzt und habe mir die Rippen an der Ecke des Nachttischs angeschlagen. Habe mit offenem Mund nach Luft geschnappt wie ein Fisch auf dem Trocknen. Bekam keine Luft mehr. Einen Sekundenbruchteil lang war die Leere Erleichterung. *Das war's.* Die Leere ist die Leere. So fühlt es sich an, wenn man nach Luft schnappt und nicht weiß, wo der nächste Atemzug herkommen soll. Gutturale Geräusche tief aus der Kehle, stöhnen, keuchen, dann endlich wieder atmen.

Ein Bluterguss zieht sich diagonal von meiner rechten Brust bis hinunter zur Niere. Wieder hat die Niere einen Schlag einstecken müssen. Höllische Schmerzen, die stündlich zunehmen. Jeder Atemzug muss vorsichtig gemeistert werden. Nicht lachen. Auf gar keinen Fall husten. Oder niesen. Nichts geht mehr. Kein Gärtnern, kein Kartonpacken in meiner Wohnung.

23. SEPTEMBER. Kleines wird ganz groß: Crashkurs in Demut und Geduld. Wenn ich im Bett liege, kann ich die Haare an meinem Hinterkopf nicht glattstreichen, die gegen den Strich auf dem Kissen liegen. Das tut an den Haarwurzeln weh. Ich kann die Arme nicht heben, um ein Kissen schnell zu verschieben oder das unter mir zerknitterte Nachthemd glattziehen. Das Mantra, das mir in solchen Augenblicken

sonst durch den Kopf geht – die vielen Menschen ohne ein Dach über dem Kopf, ohne gemütliches Bett –, hilft nicht. Das Nachthemd fühlt sich knitterig an, die Kissen sind zu warm und nicht dick genug. Kapitulieren. Atmen.

Ich muss sehr sorgfältig planen, was ich im Bett brauchen werde, und ein Wasserglas, die Lesebrille, Buch, Tagebuch, Stift, Tablet und Lichtschalter in Reichweite anordnen und die Ecke des Nachttischs so nah heranrücken, dass ich all diese Gegenstände erreichen kann, ohne mich umdrehen zu müssen. Und vor dem Einschlafen bete ich, dass ich nicht zu husten und nachts nicht auf die Toilette zu gehen brauche, was natürlich eine reine Wunschvorstellung ist. Insofern schlafe ich wie meistens in meinem Leben mit einer Wunschvorstellung ein.

29. SEPTEMBER. Den ganzen Tag tiefe Traurigkeit. Traurigkeit, die sich wie ein schweres Laken über mich legt. Zu traurig zum Weinen zu sein ist Apathie. Mir ist übel. Ich wünschte, ich bräuchte nicht bei Lise einzuziehen, weil ich so schwach und hilfsbedürftig bin und es aus Sicherheitsgründen notwendig ist. Ich bin wie gelähmt und schreibe nicht. In mir regt sich nichts, nichts kann die notwendige Energie anfachen. Galoppierende Gedankengänge. Alle acht Stunden drei Tylenol. Nach diesem Sturz bin ich wieder am Nullpunkt angelangt. Vier Wochen lang keine Turnübungen.

Carole hat mir Sharon Butala mitgebracht: *The Perfection of the Morning*, ich habe ihr im Gegenzug etwas von meinen Malutensilien geschenkt. Die Wohnung wird allmählich leerer. Bald gibt es ein Echo hier drin. Wie sehr wünschte ich mir, wieder stark und gesund und unabhängig zu sein, allein in der Stadt unterwegs zu sein und mich mit meinen Freundinnen treffen zu können.

Alle wollen wissen, ob ich mit meinen angeknacksten Rippen beim Arzt war. Oder im Krankenhaus? Nichts liegt mir ferner. Brauche ich eine weitere zehnstündige Wartezeit in der Notaufnahme? Noch mehr Röntgenbilder meines Körpers? Da höre ich lieber jeden Tag Jon Kabat Zinns Meditation für den ganzen Körper, die beim Abbau von Stress und Schmerzen hilft. Eine Woche später atmet es sich schon leichter. Mit Rippenbrüchen kenne ich mich aus. Mir sind schon Rippen beim Gärtnern oder Husten geknackst. Außer warten, dass es von allein heilt, kann man nichts machen. Eine Freundin erzählt mir, ihr sei mal bei einer Mammografie eine Rippe gebrochen worden. Wie sich herausstellte, passiert das sogar relativ häufig. Unglaublich.

Was für eine Erleichterung, an etwas »Normalem« wie einem Knochenbruch zu leiden, den mein Körper sicherlich selbst wird heilen können.

3. Oktober. Liege ein wenig benommen im warmen Gras auf dem Mont Royal nach einer CT von Brust- und Bauchraum um elf Uhr. Danach wurde ich zusätzlich zu einem Leber-Ultraschall geschickt. Eine freundliche und hochkonzentrierte MTA bewegte die Sonde sehr lange hin und her, zeigte einem Arzt die Aufnahmen und machte dann weiter. »Ihre Leber sieht viel, viel besser aus!«, erklärte sie. »Ich kann den Tumor gar nicht richtig finden!«

Um 13:30 Uhr konnten wir den dunklen Gängen endlich entfliehen und hinaustreten in den blendenden Sonnenschein. Lise hatte sich den Tag freigenommen, um meinen 69. Geburtstag zu feiern. Der *cocktail dinatoire* gestern war ein Fest, eine Feier des Lebens, des Zusammengehörigkeitsgefühls, der Verbindung und des ganz konkreten Glücklichseins. Ich hatte fünfundzwanzig Leute aus »meinem Dorf« von Helferinnen, Heilern und Freundinnen eingeladen.

5. Oktober. 2:49 Uhr. Gestern habe ich Hühnerschenkel in Olivenöl, Kreuzkümmel, Kurkuma und Kardamom eingelegt und im Ofen gebraten, dazu gab es Zwiebeln, Knoblauch, Zucchini und Karotten aus unserem eigenen Garten; danach war ich fix und fertig. Die Rippen tun immer noch weh. Die Sommerhitze hält weiterhin an: Wie sehr braucht man die Umarmung der Wärme vor dem Einsetzen des Winters. Morgen 24 Grad, heute 21 Grad.

Ich habe zwei kleine Kartons mit kostbaren, zerbrechlichen Gegenständen gepackt – Gläser, Raku-Teetassen, die Gegenstände vom Hausaltar. Ein Tag nach dem anderen vergeht, ohne dass ich schreibe. Mir fehlt die Kraft, meinen ganzen Besitzstand durchzugehen und Bücher, Klamotten und Haushaltsgegenstände wegzugeben. Ich muss mein Hab und Gut auf ein Drittel reduzieren. Für mein letztes Zimmer, oder zumindest das letzte vor der Palliativpflege.

2. November. Warme Nachmittagssonne an einem Picknicktisch im Parc Jarry, wo ich ein paar Manuskriptseiten auf Papier korrigiere.

Manche Menschen, besonders die jüngeren, gehen mit solch beiläufiger Anmut vorbei, dass ich nicht anders kann als ihren Gang zu bewundern. Mit schmalem, geraden Rücken bewegen sie erst ein Bein aus der Hüfte, dann das andere, völlig synchron, während sie tief ins Gespräch mit einem Bekannten versunken sind. Manchmal fühle ich mich getrieben, sie zu imitieren und eine entspannt schnelle, glatte Gangart einzulegen. Aber so sehr ich mich auch bemühe, meine beiden Füße bewegen sich einfach nicht im gleichen Takt. Immer hört man eine Synkope: *Ta – Taam, Ta – Taam.* Oder ich versuche, mein Gehirn und Bein zu überlisten und loszurennen. Unmöglich. Ich versuche, mich an meinen Gang von früher zu erinnern, den Rhythmus, das Tempo.

Ich versuche, wie ich selbst zu laufen. Immer entsteht die Synkope.

Aber wenn ich mit Lise tanze, oder nach einer Stunde sanfter Feldenkrais-Bewegungen, bewegen sich meine Beine wieder fast synchron. Auch wenn ich allein tanze oder mich mit einem großen Gymnastikball im Rücken oder am Bauch an der Wand entlang bewege. Und dann gehe ich in die Küche, um mir eine Tasse Tee zu holen, und hinke wieder ganz fürchterlich.

Während der Sommermonate hatte sich mein Gang stark verbessert, nur der gewohnte Schlafmangel warf mir manchmal Knüppel zwischen die Beine.

In Cape Cod über den trockenen oder nassen Strand zu laufen, hat mir in jeder Hinsicht unglaublich gutgetan, körperlich wie seelisch. Ich konnte kilometerweit gehen und die offene Landschaft zwischen Himmel und Wasser tief einatmen. Ich brauchte nicht aufzupassen, wohin ich mit den Füßen trat. Sie fanden festen Halt im Sand. Lise konnte so schnell gehen, wie sie wollte, rennen und schwimmen, konnte ebenfalls frei sein, nicht immer nur auf meine Schritte achten.

Auf unserem Grundstück auf dem Land konnte ich mich jeden Tag auf dem Rasen und der Erde, im Wasser und im Wald auf natürliche Art bewegen. Jeden Tag konnte ich ein wenig gärtnern, und wenn es nur zehn, fünfzehn Minuten waren. Wir unternahmen Spaziergänge in den Wald, die allmählich immer länger wurden. Auf Waldwegen muss ich bei jedem Schritt aufpassen und immer nach unten schauen. Ende August hatte ich zwei meiner liebsten Wanderungen bewältigt, beide ungefähr zwei Stunden lang.

2. November. Traum: *Ich stehe in einem alten, kleinen Steinhaus (wie in den Schweizer Alpen), in einem leeren Raum mit*

Wänden aus unregelmäßigem Naturstein, der ohne Beton aufge-
schichtet ist, und alten, dunklen Holzbalken. Was für eine Er-
leichterung!, sage ich laut. Gibt es etwas Besseres auf der Welt, als
in so einem schönen, alten Raum zu stehen?

20. NOVEMBER. Mein größter Wunsch ist es, still zu sitzen
und zu schreiben und nachzudenken und zu schreiben. Vor
allem zu schreiben. Alles in Worte fassen, das Langweilige
und das Banale, das Gestottere. Wenn ich abends in mein
schönes, warmes, trockenes Bett krieche, überkommt mich
eine Erleichterung, als würde die Last mehrerer Leben von
mir abfallen. Ich fühle mich sicher. Mir wird schockierend
bewusst, wie sehr mich das Gefühl der Unsicherheit monatelang belastet hat. Ich war eingesperrt, ich hätte nicht wegren-
nen oder mich, wenn nötig, verteidigen können. Was wäre
im Fall eines Feuers, Einbruchs, Sturzes, einer Lähmung gewesen? Dem berüchtigten Klopfen an der Tür. Die Kriegsge-
schichten meiner Mutter müssen sich tief in meinem Körpergedächtnis eingegraben und auf mich übertragen haben.
Jede Nacht lag sie auf einer dünnen Schicht aus feuchtem
Stroh in einem tschechischen Kriegsgefangenenlager. Kälte
und Angst krochen ihr in die Nieren. Sie wurde Zeugin von
Vergewaltigungen. Bis zum heutigen Tag weiß ich nicht, ob
sie selbst auch vergewaltigt worden ist oder nicht. Als sie
nach dem Krieg in Sicherheit war, schleppte sie sich durchs
Leben, wagte nicht, an sich selbst zu glauben und ihrem
Drang zum Schreiben und Malen nachzugeben. Ihre zögerli-
che Art, ihre Halbherzigkeit. Das Bleigewicht, gegen das ich
mich immer auflehnte: Nie so zu werden wie sie.

»Du bist immer schon so mutig gewesen«, sagte sie auf
dem Sterbebett zu mir.

Ein abenteuerlustiger Geist, sicher – immer war ich bereit
zu neuen Herausforderungen. Bin immer Risiken eingegan-

gen. Sicherheit anstreben oder das Leben genießen? An beides verschwendete ich noch nicht einmal einen Gedanken im Deutschland des antiautoritären Befreiungskampfs, der feministischen Bewegung der siebziger und achtziger Jahre. Voller Misstrauen betrachteten wir die Generation unserer Eltern, die sich nach dem Zweiten Weltkrieg für Sicherheit und materiellen Wohlstand entschieden hatte. Für mich mussten es immer größere Ziele sein. Im Vergleich zu anderen hatte ich ein leichtes, privilegiertes Leben, selbst wenn ich finanziell harte Zeiten durchmachte. Es gab immer andere Frauen, die ärmer waren, weniger hatten, die traumatisiert waren von emotionaler und körperlicher Gewalt in Beziehungen oder im Krieg.

Ich hatte nie das Gefühl, mein Sicherheitsbedürfnis voranstellen zu dürfen, dazu hatte ich nicht das Recht. Immer stand ich nackt da, exponierte mich in diesem oder jenem politischen Kampf. Als würde die Welt dadurch besser werden, dass ich mir selbst das Privileg einer sicheren Ausgangsbasis versagte.

Jetzt liegt die Katze Tag ein, Tag aus bei mir auf dem Bett.

Die Katze ist eine strenge Lehrerin. Wenn sie geneigt ist, meine Annäherungsversuche und Berührungen anzunehmen, dann weiß ich, dass ich eine gelassene Ausstrahlung habe, dass ich oben schwimme wie ein Korken auf dem Wasser. Aber ich brauche nur die leiseste Anspannung, Angst oder nervöse Bewegungen zu zeigen, und sie wendet mir den Rücken zu und entfernt sich oder faucht mich sogar an. Sie ist für ihre durchdringende Stimme berüchtigt.

Bei der Chemotherapie sagt eine Schwester neulich zu mir: »So gut und fit haben Sie schon lange nicht mehr ausgesehen!«

Ich bin verblüfft. Seit meinem Einzug bei Lise sind ungefähr fünf Wochen vergangen. Ich fühle mich erschöpft vom Umzug, aber dann wird mir allmählich klar, was sie mit der

Bemerkung meint: Sie sieht unermesslich tiefe Entspannung.

Diese Entspannung geht sogar tiefer als in unermessliche Tiefen: Ich habe Zuflucht gefunden. Ich bin aufgenommen worden. Meine Liebste hat keine Mühen gescheut und sich einen Büroraum gesucht, damit ich bei ihr einziehen kann. Die abgrundtiefe Erleichterung mag mit der Erfahrung meiner Familie zu tun haben, dass wir nach dem Krieg von den Eltern meiner Mutter aufgenommen wurden. Oder in mir klingt nur die Erfahrung aller Flüchtlinge nach, die in den westlichen Ländern anlanden. Zuflucht zu finden ist ein primitives, zutiefst menschliches Bedürfnis.

21. NOVEMBER. Traum: *In einem alten, dreistöckigen Holzhaus in den Bergen, alte, dunkle Balken. Ich stehe im zweiten Stock auf dem hölzernen Balkon. Es sist ein traditionell geschnitzter Balkon, der das Haus auf allen Seiten umgibt. Unter mir liegt ein See oder das Meer. Der ganze Hang bis hoch zum Haus ist palmenbestanden. Ich bin die Gärtnerin und zuständig für die Palmen. Manche scheinen schwarz verfärbte Wucherungen (sie sehen aus wie die Ableger einer Grünlilie) am Ende der Wedel zu haben (oder ist das ein Bewuchs?). Die muss ich mit einer Harke an einem langen Stiel entfernen, die an einen Apfelpflücker erinnert. An einer Palme mit sehr hohen Wedeln sind noch zwei übrig. Ich ziehe einen langen Wedel zu mir hin, pflücke die braunen, vertrockneten Wucherungen ab und halte den Wedel fest, um dadurch den weiter entfernten zu mir hinzuziehen. Er ist näher, als ich gedacht hatte, und als ich zum vermoderten Wedel hochgreife, kracht er mit einem Riesenknall auf den Balkon. Er fällt von allein, wie ein Blatt, dass sich im Herbst von seinem Zweig löst, wenn seine Zeit gekommen ist. »Ach, du wolltest abbrechen!«, sage ich in meinem Erstaunen und meiner Erleichterung laut* – dann klingelte das Telefon.

25. November. Traum: *Eine Konferenz, eine spirituelle Zusammenkunft in Europa. Wien? Sommer. Mein Zimmer befindet sich im Erdgeschoss, und das Fenster geht hinaus auf einen großen Innenhof und eine mit Efeu und Blumen bewachsene Mauer. Sie ist an die drei Meter hoch (ich hätte darüber hinwegklettern können). Sie steht vor der mittleren Backsteinmauer des dreiflügeligen, u-förmigen Gebäudes, das verschiedene Eingänge und ein riesiges Tor hat, wie ein altes, hölzernes Scheunentor. Berliner oder Wiener Architektur. Ich gehe nach oben zur Eröffnungsveranstaltung. Zu meiner Überraschung ist es ein Vortrag über Ingeborg Bachmann. »Spiritualität wird morgen auf dem Programm stehen«, sage ich mir und gehe zurück auf mein Zimmer, um etwas zu holen. Andere Frauen sind in der Zwischenzeit angekommen und haben überall ihr Hab und Gut verteilt, auch auf meinem Bett. Ich nehme einen Stoß Handtücher und Kleider und lege sie auf den Flur. Schließe meine Tür und gehe wieder nach unten. Da sage ich mehrmals zu verschiedenen Anwesenden: »Es ist so eine Erleichterung, auf eine alte, schön bewachsene Mauer wie die vor meinem Fenster hinauszublicken!«*

Es fühlt sich wie das alte Europa an. Dabei besteht die Mauer aus Beton, nicht aus Naturstein, aber sie ist alt und hat Spalten und Risse. Ich bin jetzt seit mehreren Tagen hier und merke, wie eine Veränderung in meinem Körper vor sich geht. Ich bin angekommen. Ein Mann fragt mich: »Aber haben Sie nicht die Mauer auf der anderen Seite gesehen (links von meinem Fenster)? Die ist weiß, modern und völlig schmucklos!« Ich bin erstaunt. Ich habe sie bisher nicht bemerkt und habe auch kein Interesse daran. In dem offenen Saal versammeln sich Leute in Erwartung des abendlichen Vortrags. Es gibt eine Bar mit Getränken, Chips und so weiter. Das Publikum ist still und blickt finster drein. Ernste Gesichter. Alle sind in schwarze Hosen und Jacken gekleidet. »Genau, es geht ja um Ingeborg Bachmann«, sage ich, »deswegen müssen die Leute so ernst sein. Dabei hat sie

*in Wirklichkeit gern gelacht, das können Sie mir glauben!« Ich
ernte ungläubige Blicke. »Doch, doch!«, beharre ich. »Sie hat
viel gelacht.«*

Von der Kommunikation mit
einer Krebskranken

November 2016. Wir bewegen uns auf den Planeten Winter zu, die fünf Monate dauernde Jahreszeit, wenn ich im Dezember anfange zu zählen, oder sechs, wenn ich den November mitzähle. Ich lasse Antouka mit ihren Läuferinnenbeinen in der Badewanne liegen. Auf der gegenüberliegenden Straßenseite schwanken die Baumwipfel. Sie rufen mich. Ich muss zu ihnen.

Ich verlasse das Haus.

Zwischen den Bäumen bewege ich meine Arme und Beine in jede nur denkbare Richtung; ich recke und strecke und beuge mich und lasse die Arme beim Gehen flattern. Tropfenweise dringt das Sonnenlicht durch die Zweige und Äste und scheint mir Grüße von blauem Himmel und Wasserflächen zu senden. Ich vollführe höchst seltsame Bewegungen, die nicht wie Laufen aussehen und auch nicht ans Schwimmen erinnern. *Brut* – roh.

Das viele bewegungslose Sitzen, das beim Schreiben notwendig ist! Der Körper wird steif, und die Gedanken rennen wie wild im Kreis. Lösungen fallen einem beim Spazierengehen oder Abwaschen ein. Auf dem Computer und einem Stoß Papier habe ich das Gerüst für einen neuen Roman. An die ungeheure Menge an Energie zu denken, die notwendig wäre, um diesen Roman zu schreiben, die fiebrigen Produktivitätsschübe in meinem Hirn und meinem ganzen Körper, die wahnsinnigen Arbeitszeiten, übersteigt mein Vorstellungsvermögen. Jede Zelle in meinem Körper schreckt davor zurück.

Bewegungen geschehen von innen nach außen, als würde ich, vorsichtig wie ein Vogel in der Morgensonne, meine Flügel entfalten. Zärtlich versorge ich diesen, meinen sich allmählich auflösenden Körper. Ich hatte das Glück, mit einem inspirierten, geschmeidigen Körper gesegnet zu sein, der sich immer gern schnell bewegt hat. Ich verspüre das Bedürfnis, diesen Körper mit der größtmöglichen Würde zu behandeln, ganz gleich, in welchem Zustand er sich gerade befindet.

Eine neue Ruhe hält Einzug in meinem Körper, das Bedürfnis zu meditieren. Ich gedenke der engen Freundinnen und all der Menschen auf der ganzen Welt, die unter ähnlich schwierigen Bedingungen leben. Viele Bekannte in meiner Umgebung leiden an allen möglichen Krankheiten. Sich die Krankheitsgeschichten der anderen anzuhören hilft dabei, das eigene Leid zu relativieren. Oder wie Alice es im Film *Still Alice – Mein Leben ohne Gestern* ausdrückt: *Ich wünschte, ich hätte Krebs!*, sagt sie, als der rasante Verfall ihrer Intelligenz durch Alzheimer losgeht.

Ich gedenke all der Menschen, die an viel Schlimmerem leiden als ich, die Schmerzen haben. Ich registriere den Schmerz und sage: *Schmerz*. Schmerz auf der linken Seite des Brustkorbs. Ein Haarriss in einer Rippe oder eine wachsende Metastase? Ich übe, genau so *Schmerz* zu sagen, wie ich beim Meditieren *Gedanke* sage, dann lasse ich ihn los. Das hilft.

Etwas lastet auf mir und hält mich gefangen wie unter einer Glasglocke. Der Krebs ist ein chiffriertes System, das ich nicht entschlüsseln kann.

Nie im Leben hätte ich es für möglich gehalten, dass mir etwas wie ein Hirntumor zustoßen könnte. Ich las damals keine Bücher über Brustkrebs. Mit jeder neuen Hiobsbotschaft erlebte ich den Schock der ersten Diagnose erneut, dann verdrängte ich sie wieder und fuhr fort mit meinem Leben: Schreiben. Im Jahr 2006 erkrankte ich zum zweiten Mal an Brustkrebs: ein winziger, wenige Millimeter kleiner Tumor, der sich in der Narbe der ersten Operation eingenistet hatte. Ich ließ mich wieder operieren, wehrte mich aber gegen die Bestrahlung.

Bei den Folgeuntersuchungen zeigten sich Knötchen in beiden Lungenflügeln.

»Knötchen« klingt weniger bedrohlich als Karzinom oder Tumor, fast leutselig. Knötchen ist ein Euphemismus, damit man das bedrohliche Wort »Metastasen« nicht auszusprechen braucht.

Die Onkologin riet zu einer Biopsie oder noch besser einer Operation, um herauszufinden, ob die Lungenknötchen Brustkrebsmetastasen waren. Ich weigerte mich. Ich war davon überzeugt, keinen weiteren Krebs im Körper zu haben. Ich wollte nicht noch eine Operation mit Vollnarkose und neuem Narbengewebe.

Ich arbeitete an einem Roman, und den wollte ich unbedingt beenden. Er wurde 2007 unter dem Titel *Fremdschläfer* veröffentlicht, 2008 als *D'ailleurs* auf Französisch.

Stattdessen ging ich in die Lukasklinik in der Schweiz und unterzog mich einer aus der anthroposophischen Medizin stammenden Mistelbehandlung.

Die Computertomographien der folgenden Jahre zeigten zwar, dass die Knötchen in beiden Lungenflügeln sehr langsam wuchsen, aber größer wurden sie trotzdem. Ich brauchte ungefähr fünf Jahre, um die Tatsache in mein Bewusstsein zu lassen, dass es sich in der Tat um Metastasen handelte, dass ich immer noch Krebs im Körper hatte und dass meine Diagnose mittlerweile metastasierter Brustkrebs lautete.

Mir war bewusst, dass sich Brustkrebs auf Lunge, Leber und Knochen ausbreiten kann. Ich wusste, dass die afroamerikanische lesbische Dichterin Audrey Lorde dank Mistel-therapie zehn Jahre mit Lebermetastasen überlebt hatte. Von ihren Onkologen war sie aufgegeben worden.

Ein ganzes Studium wäre notwendig, um die Behand-lungsabläufe auch nur ansatzweise nachvollziehen zu können und wenigstens im Nachhinein zu verstehen, was im Lauf der Krankheitsgeschichte mit mir passiert ist, was in meinem Körper alles zerstört wurde und ob die Nebenwirkungen der Behandlungen und Medikamente womöglich eine Rolle da-bei gespielt haben, dass ich immer noch mehr Krebs bekam. Meine Lebensgefährtin und ein paar enge Freundinnen ver-folgen die Entwicklung dieser Geschichte genau. Für jeden, der keine eigene Erfahrung mit Krebsbehandlungen hat oder noch keine krebskranke Freundin begleitet hat, bleiben die Fakten abstrakt. Die meisten Bekannten sind von der medi-zinischen Terminologie verwirrt.

Informationen per E-Mail weiterzugeben, bringt nichts. Ich schreibe: *Ich muss mich bestrahlen lassen*, und jemand schreibt mir zurück: *Ist die Chemo jetzt vorbei?* Ich versuche, einen neuen Behandlungsplan mit langfristiger, niedrig dosierter Chemotherapie zu erklären. In so einem Satz stecken eine Menge Informationen. Was soll »langfristig« bedeuten?, fragt meine Freundin, zu Recht, dasselbe habe ich die Onkologin auch gefragt. Ich habe eine chronische Krankheit, die eine chronische Behandlung notwendig macht, und das bedeu-tet: Bis an mein Lebensende. Die noch zutreffendere Ant-wort wäre: So lange diese Art Chemotherapie funktioniert, und wenn sie den Krebs nicht mehr an der Ausbreitung hin-dert und die Metastasen nicht zum Schrumpfen bringt, pro-bieren wir eine andere Art Chemotherapie aus und so weiter – eine lange Kette aus lauter stumpfen Plastikperlen. Kein Wunder, dass Freundinnen wissen wollen, ob die letzte Chemo erfolgreich war. Sie wollen, dass es aufhört, dass es vorbei ist. Ich auch. Aber in der Zwischenzeit habe ich die Tatsache begriffen, dass der Krebs in mir ist und immer weiter in meine Organe und Knochen vordringt.

Es gibt Variationen im Ablauf der Woche oder des Monats. Leichte Veränderungen im Rhythmus, die Illusion einer neuen Erfahrung und dadurch das Gefühl, lebendig zu sein. Aber ob es nun eine allwöchentliche oder eine ein- oder zweimonatliche Infusion ist oder Chemotherapie in Tablettenform, die ich zwei Wochen lang schlucke, dann zwei Wochen Pause – der Krebs ist nach wie vor da, überall.

Von den überzeugten Anhängern der Selbstheilung und Komplementärmedizin werde ich manchmal dafür kritisiert, dass ich mich für Chemotherapie und Bestrahlung entschieden habe. Auf der einen Seite stehen die Menschen, die nichts über Krebs und seine konventionelle Behandlung wissen. Auf der anderen Seite gibt es die Ärzte, die hundertprozentig hinter den konventionellen Behandlungsmethoden stehen und bei jeder Erwähnung einer holistischen Herangehensweise die Nase rümpfen. Sie wissen nichts darüber und halten es auch nicht für notwendig, sich über die Komplementärmedizin zu informieren.

Wenn ich mich mit Freundinnen treffe, habe ich eine Stunde lang Energie, manchmal sogar länger. Ich kann ein wenig spazieren gehen oder zusammen mit jemandem essen oder mich ins Kino (dort geht es mir immer besonders gut) und zurück fahren lassen und einen Film anschauen. Die Freundinnen sehen, dass ich in der Wohnung gut laufe. Sie sehen nicht, wie ich zum Café an der Ecke humpele und nach der Rückkehr auf dem Sofa zusammenbreche.

Beim Schreiben dieses Buchs ist mein Geist ganz wach. Die Leidenschaft und Begeisterung für den Prozess des Schreibens, die Neugier auf dieses Abenteuer in einer anderen Sprache schenken mir jeden Tag Energie. Schreiben ist jetzt wie ein Spaziergang am Strand, bei dem ich mich frage, wann die See mich zum letzten Mal rufen wird.

Manchmal bemerken meine Freundinnen das Humpeln. Sie wissen nicht, dass die Zehen am rechten Fuß gelähmt sind und das Knie Zuckungen macht. Wenn ich in Zeitlupe gehe und den rechten Fuß ganz bewusst mit dem Hacken zuerst aufsetze und abrolle und daran denke, die Zehen zu heben, wenn ich ihn vor dem nächsten Schritt anhebe, gelingt mir ein fast flüssiger Bewegungsablauf. Aber dann kann ich mich nicht mehr unbedingt gleichzeitig unterhalten. Ich muss mich voll und ganz darauf konzentrieren, einen Fuß nach dem anderen aufzusetzen und wieder anzuheben. Das Knie unter Kontrolle zu behalten, ist schon schwieriger. Ich muss die Beinmuskeln entsprechend trainieren, besonders den Oberschenkel, damit das Knie nicht unwillkürlich zuckt oder schnappt. Wenn ich allein unterwegs bin, macht es mir nichts aus, langsam zu gehen. Ich muss wie eine Achtzig- oder Neunzigjährige nach einem Hüftbruch aussehen. Selbst wenn ich mir alle Zeit der Welt lasse, um die drei Blocks bis zum Parc Jarry, einmal um den Teich und die drei Blocks nach Hause zurückzulegen, muss ich mehrmals stehenbleiben. Atemnot. Verengung der Brust. Hals und Rücken versteifen sich. Nach dem Ausflug muss ich mich mit einer Wärmflasche unter dem rechten Fuß hinlegen und ausruhen. Selbst nach dem Spaziergang ist er noch kalt.

Wenn ich mit einer Freundin unterwegs bin, lege ich ein anderes Tempo vor und gehe so schnell wie möglich. Ich freue mich, die Ermutigung durch eine starke Person an meiner Seite zu spüren. Es macht mir große Freude, zumindest eine kurze Zeitlang das Gefühl zu haben, mit der Welt Schritt zu halten.

Die Freundinnen sehen nicht, wie oft und wie lang ich mich hinlegen und einen Mittagsschlaf halten muss, damit ich lesen und schreiben kann. Wie wenig konzentrierte Energie an einem Tag zur Verfügung steht. Oft erscheint es mir klüger, die Freundin zu beruhigen: Ja, ich fühle mich gut. Selbst für mich ist es oft schwierig, meine Fortschritte und Rückschläge zu verstehen, wie sollen Freunde und Bekannte da durchblicken?

Lob und positive Einschätzungen werden großzügig an mich ausgeteilt. »Du bist so fit! Du bist ein Vorbild für uns alle! Du bist eine Inspiration. Du bist so tapfer!«

Die mittlerweile verstorbene Eva Saulitis schrieb, dass sich ihr bei solchen Kommentaren immer alles sträubte. *Die Heilung ist ein Labyrinth, kein Wiederherstellungsprozess*, schrieb sie. Auch sie kämpfte damit, die richtige Antwort auf die Bemerkungen ihrer Freunde zu finden. Am Ende kam sie zu dem Schluss: »Vielleicht kann man ganz ehrlich antworten: Es geht mir gut, wirklich. Nur nicht in der Art, *wie du es dir vorstellst.*«

Auf der Suche nach Seelenverwandten habe ich einige Bücher über Krebs gelesen, verfasst von krebskranken Autorinnen und Autoren oder von Menschen, die Kranke begleitet haben. Ich habe ihre Worte gelesen und wie sie diese Erfahrung in Sprache übersetzt haben. Kolleginnen, Schriftstellerinnen, Krebspatientinnen, Krebs-Pflegekräfte.

My Left Breast (kanadischer Film). Eve Enssler, Jenny Diski, Paul Lisicki, Eva Saulitis, Ken und Terya Wilber, Marion Woodman, *Autobiography of a Face*, *Cancer for Two Voices*, *Auf Leben und Tod: Die Krebstagebücher von Audre Lorde*.

Krankenhauspersonal und Ärzten würde ich gern gleichermaßen zurufen: Lest! Lest! Hört auf die Stimme der Krebspatientin, die ebenfalls Expertin auf diesem Gebiet ist. Lernt etwas von dem Menschen vor euch. Wenn von dieser Weisheit, diesem Erfahrungsschatz etwas seinen Weg in die Krankenhausgespräche fände, wie anders ließe sich dort kommunizieren. Es gibt Stimmen dort draußen, STIMMEN! Betroffene, Erfahrungsberichte, Tagebücher, Literatur, Reflexionen. Kreative Menschen, die es geschafft haben, die Worte zu finden, mit denen sich diese Geschichte erzählen lässt.

Die Worte einer anderen Autorin, die ähnlich schreckliche Erfahrungen hinter sich hat, zu lesen, ist nicht nur inspirierend, sondern auch beruhigend. Teil dieser Gemeinschaft von Seelenverwandten zu sein, die aus mehr verstorbenen als lebendigen Schreibenden besteht, vertieft meine Verbindung mit dem Text. Ich lese von ähnlichen Eindrücken bei Chemotherapie und Bestrahlung, von Erfahrungen mit Rippenbrüchen, Erstickungsanfällen, wohltuenden oder gescheiterten Gesprächen mit Ärzten, der ständigen Achterbahn der Gefühle und letztendlich der Auseinandersetzung – oder deren Fehlen – mit Sterben und Tod.

Marion Woodman beschreibt das tragikomische Gespräch mit einer Krankenschwester:

»,(...) ich bin deprimiert', sagte ich, ,weil ich das Gefühl habe, die Große Mutter zu betrügen. Sie liebt mich. Sie hat mir diesen heiligen Körper geschenkt, und ich soll ihn ehren. Und jetzt lasse ich zu, dass er mit Atombomben bombardiert wird wie Hiroshima! Die MRTAs bringen die winzigen Kreuze in den winzigen Löchern in Deckung mit den winzigen Kreisen, die auf meinen Körper tätowiert sind, und sie sind sehr sichere Schützen. Gott sei Dank sind sie das! Ich hoffe, sie treffen nicht meinen Darm oder meine Blase. Anderthalb Millimeter zu tief oder zu weit, und ich habe für den Rest meines Lebens schreckliche Probleme. Natürlich bin ich deprimiert. Ich HASSE alles, was hier mit mir gemacht wird. Aber ich will überleben.'

Das war zu viel. Ihre Augen wurden glasig. ,Wahrscheinlich sollten Sie lieber mit einer Psychologin sprechen', sagte sie. ,Ich weiß, dass ich keine sehr kooperative Patientin bin', erwiderte ich. ‚Aber den Statistiken zufolge haben unkooperative Patienten eine größere Überlebenschance als kooperative. Ich will Sie nicht angreifen. Ich versuche, meine Seele zu finden. Ich glaube, sie schwebt da oben an der Decke und schaut auf uns herunter. Sie ist nicht wütend, und sie gibt sich nicht geschlagen. Sie beschützt mich.'«

15. Dezember. Kältewelle. Nachts sind es weniger als 20 Grad unter null. Aleppo liegt in Trümmern. Assad verkündet den Sieg. Grauenhafte Nachrichten über verbrannte, gefolterte, vergewaltigte Zivilistinnen und Zivilisten, die nicht aus der Stadt gelassen werden. Die Welt sieht zu. Verzweifelte Stimmen kritisieren die nicht eingreifende internationale Gemeinschaft und erinnern an die Zeiten, in denen es »Nie wieder« hieß, und die dann im ehemaligen Jugoslawien, in Ruanda tatenlos zusahen. 1991/92, während des ersten Jugoslawienkriegs, gehörte ich einer Münchner Frauengruppe an, die Kontakte zu Frauenselbsthilfegruppen in Kroatien, Bosnien-Herzegowina, Serbien und dem Kosovo unterhielt.

Wir sammelten Spenden und brachten das Geld und Hilfsgüter per Auto hinunter, je nachdem, wohin man gerade fahren konnte. Auch in anderen europäischen Ländern gab es eine Menge feministische Hilfsaktionen. Einige Frauen von Oxfam England fuhren mit großen Lastwagen voller Nahrungsmittel, Computern, Druckern, Papier, Büromaterialien, Kleidung, Windeln, Arzneimitteln und Kosmetika nach Kroatien.

Ich unternahm die Reise mehrmals zusammen mit einer Freundin und einem mit ähnlichen Gütern vollgeladenen VW-Bus. Auf dem Weg nach Zagreb mussten wir erst die deutsch-österreichische Grenze überqueren, dann die österreichisch-slowenische Grenze und dann die von Kroatien. Zu der Zeit fanden keine Kriegshandlungen in Kroatien statt. Unsere Fahrten waren nicht gefährlich, nur sehr langwierig. Beim Überqueren der Grenzen mussten wir geduldig, hartnäckig und höflich sein; je nachdem, wie die Grenzbeamten drauf waren, mussten wir manchmal bis zu acht Stunden an der Grenze warten. Ich vermisse diese Grenzen. Wir machten etwas Sinnvolles, lernten Frauen kennen, die wussten, wie man in Kriegszeiten überlebt, und knüpften Verbindungen und Freundschaften. Der Krieg bestand nicht nur aus den Schlagzeilen, sondern aus echten Gesichtern, Körpern und Geschichten dieser Frauen. In Kanada gibt es nur eine Grenze, die zu den USA, dem einzigen Nachbarn, und die lässt nichts Gutes erahnen.

Ich vermisse die europäischen Grenzen, die bei diesen Reisen überquert wurden. Jetzt bin ich allerdings seit langem nicht mehr fit genug für Unternehmungen dieser Art. Heutzutage spende ich Geld, singe dem Universum Lieder, murmele im Dunkeln mein Mantra »Mögen alle fühlenden Wesen frei sein von Leid«. Allen Wesen, mich eingeschlossen, Glück zu wünschen, scheint vermessen, auch unvorstellbar. Von mir aus dann so: »Mögen alle fühlenden Wesen in Sicherheit sein und ein Dach über dem Kopf haben, mögen alle fühlenden Wesen genug zu essen haben, mögen alle fühlenden Wesen Frieden finden.«

Währenddessen liege ich ausgestreckt in meinem herrlich gemütlichen Bett unter einer warmen Daunendecke. Ja, in meinem Leben gibt es Krankheiten: metastasierter Brustkrebs, und die meisten Menschen wissen nicht, was das bedeutet. Sie wissen nicht, was sie sagen, wenn sie mich »mutig« oder »stark« finden. Ich bin nicht »toll« oder »bewundernswert«, jedenfalls nicht in dieser Hinsicht.

Ja, ich habe mit vielen Einschränkungen zu kämpfen, die sie sich noch nicht einmal vorstellen können. Ich weiß nicht mehr, wie ich auf solche Kommentare reagieren soll. Ich habe lästige Begleiterscheinungen, manchmal auch Schmerzen. Eine meiner Krebserkrankungen wird mich umbringen. Ich erhalte die beste ärztliche Fürsorge, die ich mir vorstellen kann. Ich brauche nicht damit fertigzuwerden, dass es keine Medikamente mehr gibt oder aus der Luft Bomben auf das Krankenhaus abgeworfen werden. Ich habe genug Geld, um mir eine Heilpraktikerin, eine Osteopathin, einen Akupunkteur und sogar schamanische Behandlungen leisten zu können. Ich brauche nicht in einem schwankenden Boot zu sitzen, das auf der stürmischen See herumgeworfen wird. Ich brauche nicht an einer wildfremden Küste an Land zu kriechen, erste Schritte zu versuchen, in einer vermutlich feindseligen Gesellschaft vollkommen entwurzelt dazustehen. Ja, angefangen mit meiner Kindheit und dann später als Erwachsene musste ich viele Verletzungen einstecken, aber ich hatte alle Möglichkeiten der Welt, mir von den richtigen Menschen helfen und viele Wunden verheilen zu lassen. Manche Knoten sind gelöst worden, andere sind nur etwas weniger verknäult – was soll's. Das ist alles Material, Ausgangsmaterial für Bücher. Ich hatte alle Zeit der Welt für Traumarbeit, Tarotkarten, Astrologie. Konnte mich fünfzig Jahre lang voller Enthusiasmus für eine bessere, feministische Welt einsetzen.

DEZEMBER. Selbst schwere Stürze haben ihr Gutes. Mein Hausarzt will, dass die nächstgelegene CLSC-Ambulanz meine Krankenakte hat, nur zur Vorsorge, falls irgendwann eine Pflegekraft zu mir ins Haus kommen muss. Die Arzthelferin am Empfang ist unzufrieden mit den Auskünften, die ich ihr gebe. Ich bin immer noch in der Lage, selbst das Bett zu machen und mich selbstständig zu waschen. Ich leide nicht unter Harn- oder Stuhlinkontinenz. Erst als ich bestätigen kann, dass ich zu Hause gestürzt bin, ist sie zufrieden.

Das reicht, um mich ins System aufzunehmen. Als nächstes kommt ein Ergotherapeut zu uns ins Haus und überprüft, welche technische Ausstattung ich brauche. Momentan fehlen nur zwei Haltegriffe an der Badewanne. Er malt mir ebenfalls eine Zukunft mit einem anders begabten Körper aus und spricht von Rollator, Rollstuhl und Sauerstoffflasche. Diskret sieht er nach, wie viel Platz ich neben dem Bett habe.

Ihr Chemotag

In einem Untersuchungsraum hängt ein Plakat mit der Aufschrift: *Ihr Chemotag*. In einer Abfolge von Bildern wird gezeigt, wie eine lächelnde Krankenschwester einer lächelnden Patientin die Chemotherapie verabreicht. Es wird als eine freundliche, entspannte Behandlung dargestellt. Auf dem Plakat erfährt man nichts über Schwindel, Übelkeit und Erschöpfungszustände, um nur einige der milderen Nebenwirkungen zu nennen. Auch nichts über den ständigen Mangel an Energie, der für graues Einerlei sorgt. Wenn ich mich zur Chemotherapie ins Krankenhaus begebe, hoffe ich, dass ich pünktlich drankomme, dass ich nicht stundenlang auf die Medikamente warten muss, dass ich möglichst bald wieder zu Hause bin. Zu Hause kann ich mich ausschlafen und wenige Stunden später mein Leben wiederaufnehmen, wieder lesen und schreiben. Ich habe Sachen zu erledigen. Etwas wie *meinen* Chemotag gibt es nicht. Das Possessivpronomen trifft auf *mich* nicht zu. Ein Chemotag ist nichts, was mir gehört oder worauf ich stolz wäre. Er ist weder inspirierend noch wohltuend.

Die Schwestern sind unaufhörlich damit beschäftigt, den vielen Patientinnen ihre verschiedenen Cocktails zu verabreichen, ziehen ständig blaue Einwegkittel an und aus, streifen blaue Latexhandschuhe über, legen einen Mundschutz an und manchmal sogar ein durchsichtiges Visier, mit dem sie wie eine Mischung aus einer Polizistin und einem mittelalterlichen Ritter aussehen. Diese Sichtblende ist dafür da, um ihr Gesicht zu schützen, sollte mal ein Plastikbeutel kaputtgehen und der toxische Wirkstoff herausspritzen.

»Das kommt nur sehr selten vor«, erklärt mir eine der Krankenschwestern, »die Technologie hat sich verbessert. Aber wir sind trotzdem acht Stunden am Tag den Chemikalien ausgesetzt.«

Ständig müssen sie nach dem computergesteuerten Gerät sehen, das die Geschwindigkeit der verschiedenen Infusionen steuert. Von Zeit zu Zeit werden diese Geräte durch neuere Modelle ersetzt. Zwei Computertechniker der Pharmafirma, eine Frau in hohen Schuhen und einem engen, schwarzen Cocktailkleid und ein Mann im Bankeranzug, sind vor Ort, um den Krankenschwestern bei der Bedienung der neuen Geräte zu helfen und den Ablauf zu überwachen. Die Schwestern müssen erst lernen, wie man die komplizierten kleinen Maschinen richtig bedient. Für jedes Medikament muss der exakte zeitliche Ablauf und die richtige Dosierung einprogrammiert werden. Seit vielen Wochen sind die Schwestern total auf die kleinen Anzeigetafeln der Maschine fixiert, wenn sie auf meinen Platz zukommen. Der Maschine zu dienen, hat höchste Priorität. Sind die Vorgänge erst einmal Routine geworden, wird sich ihr extremer Stresslevel verringern. Dann können sie auch wieder zwischen Patientin und Maschine hin- und herblicken.

Wenn Sie bei der Patientin stehen, müssen sie Fragen in einem Katalog abhaken: Übelkeit? Geschwüre im Mund? Verstopfung? Durchfall? Fieber? Die Zahlen aus dem aktuellen Blutbild müssen in den Onkologiepass eingetragen, ein kleiner Bericht muss geschrieben werden. Die Schwestern müssen einen ständigen Hochseilakt zwischen Aufmerksamkeit für die Patientinnen und professionellem Abstand hinlegen. Einmal habe ich eine der Schwestern gefragt, wie lange sie schon in der Onkologie arbeitet.

»Seit zweiunddreißig Jahren«, war ihre Antwort.

Ich konnte meinen Ohren nicht trauen. Ob sie manchmal deprimiert von ihrer Arbeit sei, wollte ich wissen.

»Jetzt nicht mehr!«, antwortete sie mit voller Überzeugung. »Wir haben heutzutage gute Behandlungsmethoden; die Patienten können mit ihrem Leben weitermachen. Vor dreißig Jahren war die Behandlung fürchterlich. Aber jetzt ist es eine echte Freude, hier zu arbeiten. Die Leute genießen eine Menge Lebensqualität.«

Die kleinen Plastikbeutel mit dem hochgiftigen Mittel und der Kochsalzlösung baumeln am Infusionsständer. Mir wird schon übel, wenn ich sie nur ansehe. Der Gedanke, dass ich einen Teil des Gifts, das in meine Venen tropft, mit dem Urin in den Wasserkreislauf abgebe und damit zur Verseuchung unseres Planeten beitrage, ist schrecklich deprimierend für mich. Wenn ich schlecht drauf bin, komme ich mir wie eine Kollaborateurin von Big Pharma vor. Man denke nur an die enormen Mengen von nicht recycelbarem Müll, die für mich erzeugt werden: Plastikschläuche und –beutel, Spritzen, Handschuhe, Kittel und Visiere. Von da ist es nur noch ein kleiner Schritt bis zur Verzweiflung über den Zustand unseres Planeten und seine Zerstörung durch den Zynismus der multinationalen Firmen. Mir wird gesagt, dass die Abfälle aus der Chemotherapie bei sehr hohen Temperaturen verbrannt werden. Wo? Wie? Was geschieht mit den entstehenden Abgasen? Wird die erzeugte Hitze konstruktiv genutzt?

An »Ihrem Chemotag« kann es zu einer Hautverbrennung kommen. Sobald der neue Beutel mit Navelbine angefangen hat zu tropfen, fühle ich ein starkes Brennen auf der Haut. Die Schwester verstärkt umgehend den Zufluss von Kochsalzlösung. Später tut die ganze Stelle rund um die Infusionsnadel weh, dann wird sie gefühllos; mein Unterarm wird in ein warmes, feuchtes Handtuch gewickelt. Der Navelbine-

Tropf dauert nur zehn Minuten, danach wird zwanzig bis dreißig Minuten lang mit Kochsalzlösung nachgespült. Während der letzten Minute der Spülung überwältigt mich ein enormer Druck auf der Brust, alle Muskeln tun weh. Auch im Kopf Blutandrang, dann wieder Kältegefühl.

Endlich eine Geschichte,
die sich gut in fröhlicher Runde
erzählen lässt

ENDE DEZEMBER 2016. »Wann hatten Sie Ihre letzte Chemotherapie?«, fragte mich mein Hausarzt.

Schüttelfrost und Fieber am 26. Dezember, und ein Ausschlag mit roten Pünktchen, den ich für eine Lebensmittelallergie hielt. Ich hatte vier Tage lang Krabbenfleisch zu Weihnachten gegessen.

»Gestern«, antwortete ich, »war der letzte Tag von meinen zwei Wochen oraler Chemotherapie.« Er sagte: »*Oh my God, votre systéme immunautaire est complètement déprimé, il faut voir un bactériologue*, packen Sie eine Tasche und los!«

An diesem Tag, dem 28. Dezember 2016, war ich Nummer 122 in der Notaufnahme des einen der zwei brandneuen Megakrankenhäuser in Montreal. Es war vierzehn Uhr dreißig, und im Wartesaal war kein einziger Platz mehr frei. Ein junger Mann bot mir seinen an. Das war einer jener Augenblicke, in denen man den Glauben an die Menschheit zurückgewinnt. Am Stock zu gehen half auch. Manche Leute waren schon seit morgens um halb acht da. Als der Patient vor mir aus ddem Behandlungsraum kam, schlüpfte ich schnell durch die offene Tür hinein, spürte die bohrenden Blicke der Wartenden im Rücken und flüsterte dem Krankenpfleger zu: »Chemotherapie und zum ersten Mal im Leben Windpocken. Als Kind hatte ich sie nicht.«

Der frankophone Krankenpfleger riss die Augen auf, dass sie wie zwei Murmeln auf unterschiedlichen Rollbahnen aussahen. »*Votre dernier traitement de chimio?*«, wollte er ebenfalls wissen. »Gestern«, sagte ich. »O Gott, o Gott, nein! Setzen Sie sich!«, wies er mich an und konsultierte den Computer. »Neunundsechzigjährige auf Chemo hat zum ersten Mal Windpocken!«, rief er ein paar Sekunden später aufgeregt und fuhr sich mit den Fingern durchs Haar. »Sie müssen sofort isoliert werden, aber ich weiß nicht wo, in der Glaskabine drüben habe ich schon zwei Leute.«

Ich machte eine Handbewegung in Richtung des Wartesaals. »Was ist los?«, fragte ich. »So voll habe ich es noch nie gesehen.«

»Gestern war es noch schlimmer«, sagte er. »Im alten Krankenhaus hatten wir hundert Patienten, wenn es schlecht lief, und hier müssen wir jetzt mit mindestens zweihundert Leuten pro Tag fertigwerden.«

Alle Pfleger und Schwestern sahen ungewaschen aus, als hätten sie die ganze Nacht durchgefeiert – fettige Haare, besorgte Gesichter, durchgeschwitzte T-Shirts. Aber mein Krankenpfleger hatte das Herz auf dem rechten Fleck. Er war völlig präsent und führte mich schnell in ein kleines Untersuchungszimmer mit einem Bett. *Lie down, peace, love.*

Lise saß auf einem Stuhl an meiner Seite, ich döste immer wieder ein. Drei Stunden später sah ein Assistenzarzt nach mir. »Ich habe noch nie eine ältere Dame mit Windpocken gesehen!«, gab er zum Besten und verschwand wieder. Ich war noch nie zuvor als ältere Dame bezeichnet worden und verspürte auch keine Lust, in Zukunft so bezeichnet zu werden. »Neunundsechzigjährige Dame ...«, ist witzig. »Neunundsechzigjährige Patientin« wäre zutreffender. Ich kann unmöglich eine Diskussion mit dem Krankenhauspersonal anfangen, sie sollen mich neunundsechzigjährige Schriftstellerin bzw. Feministin bzw. Lesbe nennen. Dann eben Patientin. Das bin ich jetzt, eine Patientin, zusammengerollt auf meiner Krankenliege, auf der ich in einen der winzigen Räume in der Nähe des Schwesternzimmers auf der Notfallstation gefahren worden bin.

Lise geht in die Cafeteria, um mir eine Tasse glibberige Brokkolisuppe und Salzkräcker zu holen. Meinen Eingeweiden geht es nicht gut. Die Toilette auf dem Gang darf ich nicht mehr benutzen und beäuge den Toilettenstuhl misstrauisch. Es ist jetzt schon klar, dass als nächstes Durchfall auf dem Programm steht, und tatsächlich kommt die nächsten vierundzwanzig Stunden nichts als Wasser aus mir heraus. Zu jeder Mahlzeit wird mir unweigerlich immer wieder dasselbe serviert: Orangensaft, Kaffee, Thunfisch-Sandwich und Schokoladenpudding.

Der Notarzt und ein Onkologe erscheinen kurz in der Tür, beide mit einem ungläubigen Blick im Gesicht: »Haben Sie wirklich zum ersten Mal im Leben Windpocken?«

Diese Story eignet sich gut zum Erzählen in fröhlicher Runde: Da wird es jede Menge *OMG!*-Reaktionen geben. *Ach, du liebes Bisschen!* Das wird meine Freundinnen zum Lachen bringen. Diese Anekdote verspricht Spannung, sogar ein Hauch Lebensgefahr ist mit dabei.

»Chemo macht alles kaputt, aber sie ...«, gibt eine Schwester zum Besten, während sie auf den Computer starrt. Sie beendet den Satz nicht, sie ist zu beschäftigt damit, meine Vitalparameter zu messen und eine Infusion mit Kochsalzlösung in Gang zu setzen, danach eine antivirale Lösung und dazu, Gott sei Dank, einen weiteren kleinen Plastikbeutel mit Benadryl gegen das Jucken. Sie ist die Erste einer ganzen Parade hochqualifizierter, kompetenter, meist schwarzer Krankenschwestern, die zwölf Stunden am Stück arbeiten. Eine ist schöner als die nächste, modisch gekleidet, mit raffinierten Frisuren und geschmackvollem Make-up, so kommen sie durch eine automatisch sich öffnende Schiebetür aus Glas in mein Zimmer gerannt. Blutdruck, die Klemme an meinem Zeigefinger, mit der die Sauerstoffsättigung gemessen wird, unter der Zunge ein Thermometer. Routinebewegungen, eine kleine Choreografie, die mit perfekter Effizienz ausgeführt wird. Ob sie dazu ausgebildet werden, sie wie Fließbandarbeit auszuführen?

Man stelle sich rein als Gedankenexperiment eine einzige, kleine Veränderung im Ablauf dieser Routine vor. Die Krankenschwester käme mit einem Lächeln auf mich zu und würde lächelnd meine Hand nehmen. Meine Hand berühren. Mir in die Augen sehen. Mir den Puls fühlen. Präsent sein. Für den Augenblick ganz bei mir sein. Nichts anderes tun. Wie viele zusätzliche Mitarbeiterinnen wären in dieser riesigen Krankenhausfabrik wohl notwendig, wollte man jede Patientin und jeden Patienten menschlich behandeln? Wie viele zusätzliche Schwestern würden Arbeit finden? Wie vielen Schwestern würden die viel zu langen Schichten erspart bleiben?

Man kann sich vorstellen, wie stark der Stresslevel sinken würde, wenn diese eine Geste achtsam ausgeführt würde. Ob sie nicht beiden, Patientin und Krankenschwester, gut tun und Vertrauen schenken würde? Wie stark würde dieser Augenblick des Angesehen-, des Erkanntwerdens das Immunsystem und die Vitalität der Patientin verbessern und auch bei der Schwester ein positives Gefühl hinterlassen?

»Chemo macht alles kaputt, aber…« Nur wenige Menschen im Krankenhaus sprechen das je so deutlich aus. Ich bin sprachlos vor Schock über die massive Virusattacke auf mich. Mein Körper führt mir mehr als klar vor Augen, was diese Erkrankung bedeutet. Nach zwei Wochen Chemotherapie hat er keinerlei Widerstandskräfte mehr. Zum ersten Mal bin ich erleichtert, einen Infusionsbeutel am Metallständer baumeln zu sehen. Ich bin noch erleichterter, dass ich einen Port habe. Ich habe nur eine einzige Vene übrig, aus der man Blut abzapfen könnte, aber das nicht andauernd. Sie befindet sich auf der Unterseite meiner rechten Hand. Alle anderen Venen im rechten Arm sind verhärtet, hohl oder platzen beim Anstechen. Chemo macht alles kaputt, aber …

Gegen Mitternacht geht Lise, ebenfalls erschöpft vom Schock und dem Krankenhausansturm. Ich schlafe mit Unterbrechungen bis halb vier morgens, dann kommt eine Krankenschwester herein, um einen neuen Infusionsbeutel an den Ständer zu hängen und wieder meine Vitalparameter zu messen. Ich fühle mich schmutzig und erschöpft. Selbst wenn es hier eine Dusche gäbe, würde ich sie nicht benutzen wollen. Mein Körper ist mit Hunderten von rötlich-blauen, flüssigkeitsgefüllten Pusteln bedeckt. Auf gar keinen Fall kratzen. Sie sehen widerlich aus. Ich mag meinen Körper noch nicht mal ansehen und erst recht nicht anfassen. Ich kann mich noch sehr gut daran erinnern, wie ich als Kind Masern hatte. Ich war entsetzt über die Eruption auf meiner Haut und deren Verwandlung in eine Landschaft, die nichts mit mir zu tun hatte.

Im Laufe der Jahre habe ich immer mal wieder Krankenschwestern erlebt, die müde waren und offensichtlich unter der zu hohen Arbeitsbelastung litten. Ab und an fehlt mal ein freundliches Lächeln, oder es gibt keine Reaktion auf den Versuch von Smalltalk. Aber noch nie habe ich eine Schwester erlebt, die ihren Stress an mir auslässt, aber genau damit bin ich nun konfrontiert. Sie ist jung, weiß, frankophon und rennt gereizt bei mir im Zimmer ein und aus. Mit rabiaten Bewegungen misst sie Temperatur und Blutdruck. Ich sage im Kopf ein Mantra auf, das normalerweise immer hilft, angespannte Situationen aufzulockern. *Nimm Freundlichkeit und Nächstenliebe, als Grundlage nimm Offenheit und Her-*

zenswärme. Das sage ich mir die ganze Zeit vor, während sie mit mir zu tun hat, aber ihre schlechte Laune bessert sich nicht. Sie pfeffert die Einweggegenstände in den Mülleimer oder daneben und knallt bei jedem Betreten oder Verlassen des Raums die Tür zu. Welche Laus ihr über die Leber gelaufen ist, warum sie so aggressiv ist, weiß ich nicht.

Ich nicke wieder ein, und als ich aufwache, fehlt der Verschluss einer Spritze, die an meinem Port angeschlossen ist, und das Blut läuft aus. Stolpernd komme ich auf die Beine, halte den leckenden Gegenstand hoch und öffne die Tür zur Schwesternstation.

»Ich blute«, teile ich der dort stehenden Person das Offensichtliche mit. Sie nickt mir zu und macht sich gemächlich auf die Suche nach der Schwester. Etwas ist schiefgegangen, noch mehr Arbeit, die Bettwäsche muss gewechselt werden, mein Krankenhauskittel, die Spritzen, alles. Die Krankenschwester setzt die Plastikteile so heftig zusammen, als wollte sie jemanden versohlen. Ich wiederhole im Stillen mein Mantra und beschließe dann, mein Glück mit einer Frage zu versuchen: »Ist es so voll wie gestern?«

»Es ist immer voll«, murmelt sie.

Ich starte noch einen Versuch: »Schneit es draußen?«

»Ja!«, zischt sie, wirft den verschmutzten Kittel und das Bettzeug ins Waschbecken und lässt ein frisches Laken auf mein Bett fallen. »Brauchen Sie Hilfe beim Bettmachen?«, womit sie sagen will: »Wag es bloß nicht, mich um Hilfe zu bitten!«

Mit einem Arm sein Bett zu machen, während man mit dem anderen den Infusionsständer herumschieben muss, ist schwierig, aber machbar. Ich sage ihr, dass meine Liebste mir helfen wird, wenn sie kommt. Als die Schwester das nächste Mal auftaucht, ist Lise schon da. Die Krankenschwester ist ein Musterbild der Freundlichkeit. Was immer sie in ihren Klauen hatte, jetzt hat es seinen Griff gelockert.

Am nächsten Tag erscheint ein gut ausgeruhter, jovialer Virologe mit seiner Assistentin. Er erklärt der angehenden Fachärztin, was Windpocken sind, woher sie kommen, wie sie übertragen werden. Er macht Abstriche von mehreren Pusteln und lässt sie ins Labor schicken. Lise erzählt mir am Telefon, dass sich ein riesiger Schneesturm durch die Stadt wälzt. Als sie mich besuchen kommt, macht sie die Tür zum Flur auf, damit ich die blütenweiße Welt durch das Fenster dort bewundern kann. Ich sehne mich danach, frische Luft zu atmen. In meinem Kämmerchen bekomme ich nicht genug Luft. Es ist voll blinkender und piepsender Maschinen. Wenige Stunden später werde ich mit einem Fläschchen blauer Pillen entlassen, sechs am Tag, sieben Tage lang.

Die Pusteln sind jetzt mit Schorf bedeckt und heilen gut ab. Ich komme mir vor wie ein schuppiges Urtier. Ich scrolle durch Facebook, da fällt mein Blick auf eine Anzeige: *So vermeidet man Narben bei Windpockenerkrankung.* »Wasser mit geklärter Butter (Ghee) mischen, die Mischung verdünnen, bis sie cremig weiß ist, und täglich auftragen.« Nie zuvor oder danach habe ich eine solche Anzeige gesehen. Die Fenster zum Universum öffnen sich manchmal auf die unvorhergesehenste Art und Weise. Ich befolge den Rat umgehend und buttere mich die nächsten zwei Wochen lang ein. Meine Haut wird nicht nur seidig weich, sondern ich rieche auch wie ein göttliches Plätzchen.

Neujahr 2017
Abbruch der Chemotherapie

»In Notzeiten, wenn man fastet zum Beispiel,
oder wenn bei Krebs- und AIDS-Patienten
die Muskeln abgebaut werden, fällt der Körper
über sich selbst her; die Muskeln atrophieren,
und das Muskeleiweiß wird ausgeschlachtet,
um Aminosäuren freizusetzen ...«

Im Internet sind eine Menge Informationen über Krebs und Muskelabbau zu finden. Ich mache mir Gedanken über den alarmierenden Muskelschwund an meinen Armen und Beinen. Die Hosenbeine meiner Jeans sind seltsam weit geworden. Man kann durchaus sagen, dass der Körper sich selbst ausschlachtet – self-cannibalism: »In Notzeiten, wenn man fastet zum Beispiel ...« Das obenstehende Zitat beginnt mit einem Satz, der sich auch als erste Zeile eines Gedichts eignen würde. Tragik und Verzweiflung sind herauszuhören. Was sind Notzeiten? Eine Hungersnot, eine Naturkatastrophe, Krieg, Verfolgung, Armut, extremer Mangel über lange Zeit hinweg.

Fasten mag eine schwierige Herausforderung sein. *Le vivant se nourrit du vivant.* Beim Fasten fällt der Körper auf seine eigenen Reserven zurück und ernährt sich von diesen. Muskelschwund bei Krebspatienten ist ein weit verbreitetes

Symptom: Das dämmert mir erst jetzt. Tragik und Verzweiflung spielen sich auf dem Niveau der Muskeln ab – eines der vielen unsichtbaren Dramen dieser Krankheit.

In diesen verzweifelten Zeiten erscheint mir im Traum ein Bote.

31. DEZEMBER 2016. *Ich treffe mich mit mehreren Frauen zum Brunch. Ich bin die Letzte. Die anderen haben gerade alle bestellt, und die Kellnerin eilt davon. Ich renne ihr hinterher. Das Restaurant wird renoviert und vollständig umgebaut. Unterwegs, jetzt auf einer breiten Straße in der Stadt, stehe ich auf einmal einem alten Mann gegenüber, mit seidigem weißem Haar auf beiden Seiten des Gesichts, weichen, runden Wangen und einem unglaublich liebevollen Lächeln. Er sieht mir mit einer Zärtlichkeit und Güte in die Augen, die ich noch nie erlebt habe. Wir stehen nicht, wie liegen beide bäuchlings auf dem Bürgersteig und sehen uns an.*

Er fragt: »Was ist mit dir los? Was steht an?« Mit einem freundlichen Lächeln macht er eine Handbewegung in meine Richtung, als wolle er sagen: Das (die Windpocken) ist doch gar nicht so schlimm.

»Ich weiß es nicht«, sage ich, »ich weiß es noch nicht.«

Er nickt ernst mit dem Kopf. »Ich verstehe.« Er will aufstehen.

»Doch, ich weiß es!«, rufe ich im nächsten Atemzug aus: »Ich will nicht mehr, dass mein Körper ständig vergiftet wird. Ich will keine Chemo mehr.«

»Oh?«, sagt er erstaunt, jetzt ernster. »Ich verstehe.«

Ich spüre, dass unser Gespräch durch meine Antwort eine andere Qualität angenommen hat und würde gern weiter mit ihm reden, aber er entfernt sich bereits, am linken Ohr ein Handy, er telefoniert. Ich weiß, dass er den höheren Geistwesen von meiner Entscheidung berichtet. Er trägt einen eleganten, beigefarbenen

Anzug und sieht aus wie ein Arzt. Ich trage eine weiße Bluse, die
mit kleinen, schwarzen Stickereien in Reihen verziert ist. Es ist
Sommer.

Ich suche weiter nach der Kellnerin und versuche, einen Ein-
gang zum Restaurant zu finden. Es ist eine einzige große Bau-
stelle. Jeder Zugang ist blockiert, Teile von Räumen sind abge-
trennt, Türen sind mit Brettern zugenagelt, alles ist unfertig und
chaotisch.

Im Januar 2017 sage ich meiner Onkologin, dass ich nicht
mehr mit der Chemotherapie weitermachen möchte. Ich
fühle mich bestärkt von meinem Traum und verlasse mich
auf den Boten, der mir dort erschienen ist. Doch als ich dann
wieder im Krankenhaus und dem kleinen Untersuchungszimmer bin, spüre ich die Macht der Institution. Die Onkologin ist nicht erfreut über meine Entscheidung. Sie sagt, der
Krebs könne sich sehr schnell im Körper ausbreiten, besonders in der Leber.

»Wenn neue Hirntumore aufträten, würde ich Bestrahlung in Betracht ziehen«, sage ich, als sie sich die Hände
wäscht und mit einem Papierhandtuch abtrocknet. »Und ich
würde weiter CTs und Kopf-MRTs machen.«

»Warum wollen Sie sich weiter untersuchen lassen, wenn
Sie die Behandlung abbrechen?«, erwidert sie und dreht sich
heftig zu mir um. Ich bin sprachlos. Soll das heißen, sie wird
mir alle weiteren Untersuchungen verweigern, wenn ich
nicht mit der Chemotherapie weitermache?

»Würden Sie sich Ihre Entscheidung vielleicht noch einmal überlegen, bis wir uns zu den Ergebnissen der letzten
Scans treffen?«, fragt sie. Ich nicke. Zu mehr bin ich momentan nicht in der Lage, um dieses Gespräch ohne Eklat zu beenden.

Eine Woche später sehen wir uns wieder, und wir wissen
beide, dass eine Entscheidung fallen wird. Meine Freundin

Ginette begleitet mich. Die Onkologin kommt mit ihrem gewohnt freundlichen Lächeln ins Behandlungszimmer, bleibt vor Ginette stehen, stellt sich vor und gibt ihr die Hand. Mir stockt der Atem. Es hat mehrere Jahre gedauert, bevor sie Lise auch nur gegrüßt hat, die Frau an meiner Seite, die immer da war, mitgeschrieben und Fragen gestellt hat. Die Hand hat sie ihr meiner Erinnerung nach nie gegeben. Ein ungutes Gefühl befällt mich. Ich kann es richtig spüren: Hier, schau nur, wie nett wir sind! Sei ein braves Mädchen und tu, was wir dir sagen.

Die Onkologin wiederholt ihre Befürchtungen über eine mögliche Verschlechterung der Leberfunktion innerhalb der kommenden drei Monate. Sollte diese eintreten, wäre die Leber nicht mehr in der Lage, eine weitere Chemotherapie zu verkraften, und sie, die Ärztin, könne nichts mehr für mich tun. Sie will, dass mir diese Sachlage vollkommen klar ist. Ich versichere ihr, dass ich die volle Verantwortung für meine Entscheidung übernehme. Dass ich ihr diese Last gern abnehmen würde. »Das können Sie nicht«, sagt sie. »Die Last ist da, aber das macht nichts.«

Onkologen zücken gern die Angst-Karte: ohne Chemo-therapie droht der Tod. Für viele Menschen ist Krebs eine chronische Krankheit geworden, die sich mit dauernder Chemotherapie behandeln lässt. Ich habe selbst davon profi-tiert. Aber seit der Windpockenerkrankung und dem Traum-boten hat sich etwas verändert. Ein Schleier hebt sich. Es ist eine gewagte Entscheidung, die ich treffe. Ein tiefer Atemzug gibt mir die Kraft, mich auf die Hinterbeine zu stellen. Ich habe frische Luft geschnuppert. Der Salzgeschmack der Frei-heit, in See stechen zu neuen Gestaden – oder dem jenseiti-gen Ufer.

Ich will mein Leben wieder selbst in die Hand nehmen, mein ganzes Leben. Ich hole mir den Teil zurück, der sich auf die Behandlungen verlassen hat. Ja, natürlich verlängern sie das Leben, aber man gibt auch einen großen Teil der Lebenskraft in sich auf. Man vergisst, was man weiß. Man lässt sich von der Chemie beherrschen. Die Chemie dimmt alles herunter. Man wird nachlässiger in den täglichen Qi-Gong-Übungen, mit denen man seine Lebenskraft stärken und neue Energie aufbauen kann.

Als ich gehe, spüre ich das hinter mir aufragende Krankenhaus – mit allem, was ich jetzt nicht mehr zu tun brauche. Beim Betreten der Krebsstation wird man Teil einer riesigen Maschinerie. Man muss die vorprogrammierten Anordnungen der Maschine Schritt für Schritt befolgen. Hin und wieder trifft man zwischen den einzelnen Schritten auf einen echten Menschen. Bei der Blutprobe muss man der Arzthelferin ein Blatt Papier überreichen. An allen Plätzen starren die Sekretärinnen fast ausnahmslos mit gerunzelter Stirn, hochgezogenen Schultern und angespanntem Rücken auf einen Computerbildschirm.

Nach der Blutprobe muss man seine Krankenkassenkarte vor einen Monitor halten und einchecken. Die Karte muss man im genau richtigen Winkel halten, damit eine vertikale rote Linie auf dem Bildschirm den Strichcode erfasst. Dann erscheint der Vorname und die ersten drei Buchstaben des Nachnamens auf dem Bildschirm. Einer der vielen zersetzenden Augenblicke im Lauf eines Krankenhaustages. »Hi Verena«, sagt man zum Bildschirm. »Da bist du ja, und ich bin hier, glaube ich jedenfalls.« Alle versuchen verzweifelt, die Karte im richtigen Winkel zu halten, damit die Maschine sie lesen kann. Freiwillige sind da, um dabei zu helfen. Genau wie bei den Kartenlesegeräten in Supermärkten und Flughäfen muss man lernen, selbst einzuchecken, erst dann ist man »im System«. Danach geht man zum Empfangsbereich und händigt dort einer Sekretärin aus Fleisch und Blut seine Krankenhauskarte aus, damit man in die Warteschlange für einen Arzttermin oder eine Behandlung eingereiht wird. Dann setzt man sich hin und wartet umgeben vom durchdringenden *Ding-dong* der Anzeigetafeln und menschlichen Stimmen aus den Lautsprechern, dass man drankommt. Der Lärmpegel erinnert an einen Busbahnhof. Die Wartehalle ist voll. Jede Frau und jeder Mann, die hier warten, hat Krebs. Die Behandlungszimmer sind voll, die Maschinen laufen nonstop, die Infusionen tropfen *tropf-tropf-tropf*.

Seit dem Sommer 2015 musste ich mich an ein Krankenhaus gewöhnen, das mehr und mehr einer Fabrik ähnelt. Die onkologischen Abteilungen von zwei Krankenhäusern wurden zusammengelegt und in einen der zwei riesigen neuen Krankenhauskomplexe in Montreal verlagert. Das Positive daran ist, dass es relativ saubere Toiletten gibt, bequeme Sessel in den Wartezimmern, alles ist neu und frisch gemalert und nirgendwo läuft lautstark das Fernsehen.

Von den freiwilligen Helferinnen zu den Krankenschwestern, von den medizinisch-technischen Assistenten zu den Ärztinnen – jeder fühlt sich hier entfremdet. Architektur, Entfernungen, die ständigen Lautsprecherdurchsagen und Signaltöne, mit denen Patienten und Patientinnen aufgerufen werden, das alles soll eigentlich für eine reibungslosere Kommunikation sorgen. Aber es verstärkt die Isoliertheit. Eine Freiwillige meines Alter sagt: »Derjenige, der sich dieses System ausgedacht hat, arbeitet garantiert nicht im Gesundheitswesen.«

Das Resultat ist jedenfalls der Genesung kranker Menschen nicht sehr zuträglich. So viele Patienten wie irgend möglich werden hier jeden Tag durch das System geschleust. Angeblich hat sich das Patientenvolumen verdoppelt, aber die Zahl der Mitarbeiter nicht. Das Arbeitspensum der Schwestern und Ärztinnen ist viel höher als im alten Krankenhaus. Das Montrealer Gesundheitssystem entwickelt sich in seiner technokratischen, mechanistischen, »effizienten« Art von schlecht zu noch schlechter. Es geht nur noch um Kostenminimierung. Ausgetragen wird das auf dem Rücken der Patientinnen und Patienten: Sie leiden an dem Schaden, den diese Effizienz anrichtet. Jede und jeder ist nur noch ein Tropfen im Gesamtvolumen der zu behandelnden Masse. So sehen die Monsterkrankenhäuser der Gegenwart und Zukunft aus.

Weil ich vor meiner Ankunft in Montreal fünfzig Jahre lang in der Schweiz und in Deutschland gelebt habe, war ich an die Komplementärmedizin gewöhnt, an die Kombination von Allopathie, Naturheilkunde und Homöopathie. In Montreal musste ich mich an die abschätzige Einstellung allen alternativen Ansätzen gegenüber gewöhnen.

Ohne die allmonatlichen Krankenhausbesuche hebt sich ein Fluch von mir. In der vielen, jetzt wieder freigewordenen Zeit und Energie werden meine Körpererinnerungen von neuem präsent. Genau wie schon als kleines Kind will mich nicht an der Hand nehmen und führen lassen. Ich wiederhole eine der frühesten Gesten meines Lebens, eine Manifestation meiner Freiheitsliebe, meines Wunschs nach Selbstständigkeit seit der frühesten Kindheit: Ich will alleine laufen.

Noch spüre ich die Macht, die die Institution über mich ausübt. Nach meiner Entscheidung fühle ich mich überwältigt und zittrig. Werde ich ohne Anleitungen, ohne das Versprechen eines Sicherheitsnetzes auskommen? Was wird aus mir werden?

Im Laufe der Zeit, aus dem wachsenden Abstand von Zeit und Raum entsteht etwas Neues. Noch ist das Neue hauchzart wie ein Gespinst. Hoffentlich wird es sich irgendwann in ein kräftiges Spinnennetz verwandeln. Momentan spüre ich noch, wie zerbrechlich es ist.

Ich brauche nie wieder in dem bequemen Liegesessel zu liegen und hochzuschauen zu den Plastikbeuteln, die rechts von mir am Infusionsständer baumeln, und zu warten, bis sich die giftige Substanz durch den in meiner Brust sitzenden Port in meinem Körper verteilt hat, ein Tropfen nach dem anderen. Nie wieder brauche ich zu spüren, wie das Gift in mein Blut und in die vielen Gewebsschichten sickert. Ich habe mich oft gefragt, warum die Schwester den Beutel am Ende der halbstündigen Herceptinbehandlung wiederholt ausgedrückt hat, um auch noch den letzten Tropfen heraus zu melken. »Jeder dieser Beutel kostet 2000 Dollar«, hat sie mir mitgeteilt. Ein schreckliches Gefühl. Wie viel Profit schlägt die Pharmaindustrie aus mir? Das Leben in meinem Körper hat sich in eine graue, chemisch fremde Wüstenlandschaft verwandelt. Bleiche, leblose Haut, der Geruch von verbranntem Gummi. Ich will mein Leben wiederhaben, mit allen Farben und allen funkelnden Zellen.

Ich will keine Chemofragen mehr beantworten: Taubheit oder Prickeln in Fingerspitzen oder Zehen? Geschwüre im Mund? Ausschläge? Hautrötung? Schwindelgefühl? Atemnot?

»Es fühlt sich an, als hätte ich kleine Kissen unter den Zehen«, sage ich. Die Krankenschwester nickt und hakt die Frage auf dem Formular ab. »Können Sie den Boden unter Ihren Füßen spüren?«, fragt sie. Das ist also das nächste Stadium, denke ich. Sie fragt nicht, wie es sich anfühlt, mit Kissen unter den Zehen zu laufen, ob ich mich ängstlich oder unsicher beim Gehen fühle. Dass so etwas eintritt, wird vorausgesetzt. Jede Frage ist eine Feststellung, was sich im Körper verändert hat oder noch verändern kann. Der Körper wird umgemodelt und neu zusammengesetzt: So wird sich Ihr zukünftiger Körper anfühlen, so wird er aussehen, von der Chemotherapie entstellt und aus dem Gleichgewicht gebracht. Die Patientin soll sich immer wieder den Verlusten und Schattenseiten anpassen, gefügig werden, und das alles für das größere Gut: die Vernichtung der Krebszellen. Wie der sprichwörtliche Frosch, der in einen Topf mit kaltem Wasser gesetzt wird und sich allmählich an die steigenden Temperaturen gewöhnt, während das Wasser zum Sieden gebracht wird, bis es irgendwann zu spät zum Herausspringen ist.

Mit oder ohne Chemo verbleiben sowieso dreißig Prozent der Krebszellen im Körper der Patientinnen. Wer oder was kümmert sich um diese dreißig Prozent? Mein Immunsystem, dasselbe Immunsystem, das von der Chemotherapie zerstört wird. Es ist ein Teufelskreis. Gebetsmühlenartig drehen sich diese Gedanken in meinem Kopf.

Was ist mit den Vertiefungen und Löchern und Höhlungen in meinem Körper, den eingefallenen oder verschwundenen Venen, den Schleimhäuten, den Darmwänden, dem Muskeltonus? Die gefurchten, brüchigen Fingernägel, die ständig aufgeplatzte Haut an den Fingerspitzen kann ich mit bloßem Auge sehen. Die unsichtbaren Schäden machen mir mehr Sorgen. Für jede Nebenwirkung gibt es eine Pille, die dann womöglich wieder andere Nebenwirkungen hat, gegen die man eine andere Pille einwirft.

»Mir wird schlecht, wenn ich das Krankenhaus nur sehe«, sagte ich einmal zur Onkologin. Sie nickte lächelnd: »Dagegen haben wir eine Pille!«

Nach der Kahlköpfigkeit 2002-03 wuchsen meine bisher glatten Haare in Schäfchenlocken nach. Endlich Locken! Aber der Preis war zu hoch. Nach einem Langstreckenflug waren die Löckchen wieder verschwunden. Als ich aus dem Flugzeug trat, hatte ich glatte Haare wie früher. Die Haare unter meinen Armen und an meinen Beinen waren verschwunden und kehrten nicht wieder zurück. Nach über zehn Jahren zeigte sich unterhalb meiner Knie ab und an mal ein Haar, Begeisterung!

Von den Ärzten kommt in den Krebsgeschichten viel zu oft ein: »Ich weiß es nicht.« Eine schädliche Durchleuchtung nach der anderen ist notwendig, um festzustellen, ob die »Chemo ihre Aufgabe erfüllt« – nur um dabei festzustellen, dass sich wieder irgendwo ein neuer Tumor gebildet hat. In vielerlei Hinsicht sind wir Patientinnen immer noch Versuchskaninchen. Warum werde ich mit meiner nichtpharmazeutischen, alternativen Herangehensweise nicht studiert? Die mangelnde Neugier der etablierten Ärzte ist schockierend. Krebspatientinnen sind Krebsexpertinnen. Vielleicht würden sie ihr Wissen ja gern weitergeben.

Im Freundeskreis erzählt man von Fieber, Verletzungen, Infektionen, Unfällen, Knochenbrüchen. Sogar Brechdurchfälle sind Thema dramatischer und witziger Geschichten. Zähne eignen sich hervorragend als Gesprächsstoff – jeder kann zu dem Thema etwas beitragen. Die Routine einer Chemobehandlung nach der anderen ist viel schwieriger zu vermitteln. Es ist deprimierend. Es ist keine spannende Anekdote, die man seinen Freundinnen gern erzählt. Kein Weitererzählen – noch mehr Isolation.

Oder könnte es sich um den Mythos des Abstiegs in die Unterwelt und die Suche nach dem Weg zurück nach oben handeln? Aber dies ist nicht die Seelenreise oder Visionssuche einer Heldin. Es ist ein chemisch herbeigeführter Abstieg in das knochenfarbene Land. Die menschliche, mythische Dimension fehlt der Chemotherapie. Für die Seele ist in dieser Erfahrung kein Platz. Der benebelte Geist und die ständigen Erschöpfungszustände machen es schwierig, mit der kreativen und spirituellen Sphäre in Verbindung zu bleiben. Ein Blick auf Chemotherapie und Träume könnte interessant sein.

Die Abfolge von Krankheit und Heilung hat sich umgekehrt. Die Fähigkeit des Körpers zu Selbstheilung und Achtsamkeit wird zum Verstummen gebracht. Weiße Blutkörperchen, die normalerweise gegen eine Erkältung oder eine Infektion ankämpfen, werden ebenfalls von den Chemogiften ausgeknockt. Die Zahl der weißen Blutkörperchen im Blutbild geht zurück. Der Körper wird angreifbarer oder völlig wehrlos.

Gehen kann ich noch, aber ich weiß nicht, ob ich noch weiterleben möchte oder nicht. Was genau ist mein Leben? Was bedeutet Stärke? Und was soll ich in der Zwischenzeit tun? Die Liebe zu Lise, meiner Gefährtin der letzten zwanzig Jahre, nimmt täglich zu. Die Dankbarkeit, die ich für unser gutes gemeinsames Leben verspüre, ist so groß wie die Verzweiflung darüber, sie zurücklassen zu müssen. Unsere Liebesbeziehung wird zu Ende gehen, weil mein Leben in der vorhersehbaren Zukunft zu Ende gehen wird. Bei diesem Gedanken krampft sich mein Herz zusammen. Abrupt drehe ich den Kopf, als könnte ich einfach wegschauen. Wir reden nicht oft darüber. Was gibt es auch sonst zu sagen als: Ich will dich nicht verlieren, ich will dich nicht verlassen?

Mir scheint, als hätte ich im vergangenen Jahr immer alles *zum letzten Mal* erlebt. Letztes Mal in New York, letztes Mal in Costa Rica. Mein letzter Umzug in das letzte Zimmer vor Palliativpflege und Sterben. Habe zwei Drittel meiner Besitztümer und Bücher weggegeben. Habe den Drang verspürt, weite Baumwollhosen zu sammeln, lange Hemden, T-Shirts und Schlafanzüge, damit ich gut ausgestattet bin, wenn ich ins Krankenhaus muss oder das Haus nicht mehr verlassen kann. Soll ich mir eine neue Brille, einen neuen Wintermantel kaufen? Lieber warte ich ab, ob ich noch einen Winterschlussverkauf erlebe. Und wenn der Frühling erst einmal da ist, muss ich abwarten, ob mir noch ein letzter Sommer vergönnt ist, ein langer, heißer Sommer, getränkt mit Farben und Licht und Gerüchen und Erde, und dann kann ich mir das mit dem Mantel für den nächsten Winter immer noch überlegen… Fast bin ich bereit, mich vom Leben und dieser Welt zu verabschieden. Diese lebensbedrohliche Krankheit immer und immer wieder zu meistern, scheint die Anstrengung nicht mehr wert zu sein. Ich spüre, welchen Tribut sie von mir gefordert hat. Und ich sage mir: Wir haben alle das Recht zu sterben.

Verena Stefan starb am 29.11.2017 in Montreal.